UTB

UTB **2839**

Eine Arbeitsgemeinschaft der Verlage

Beltz Verlag Weinheim · Basel
Böhlau Verlag Köln · Weimar · Wien
Wilhelm Fink Verlag München
A. Francke Verlag Tübingen und Basel
Haupt Verlag Bern · Stuttgart · Wien
Lucius & Lucius Verlagsgesellschaft Stuttgart
Mohr Siebeck Tübingen
C. F. Müller Verlag Heidelberg
Ernst Reinhardt Verlag München und Basel
Ferdinand Schöningh Verlag Paderborn · München · Wien · Zürich
Eugen Ulmer Verlag Stuttgart
UVK Verlagsgesellschaft Konstanz
Vandenhoeck & Ruprecht Göttingen
vdf Hochschulverlag AG an der ETH Zürich
Verlag Barbara Budrich Opladen · Farmington Hills
Verlag Recht und Wirtschaft Frankfurt am Main
WUV Facultas Wien

MICHAEL HOFMANN

Interkulturelle Literaturwissenschaft

Eine Einführung

WILHELM FINK VERLAG

Der Autor:

Michael Hofmann, geb. 1957, Professor für neuere deutsche Literaturwissenschaft an der Universität Paderborn; Lehrtätigkeit in Nancy, Bonn, Lüttich; Herausgeber des Peter Weiss Jahrbuchs und des Johnson Jahrbuchs, Forschungsschwerpunkte: Literatur der Aufklärung, Weimarer Klassik, interkulturelle Literaturwissenschaft; Publikationen (Auswahl): *Aufklärung* (1999); *Schiller. Epoche – Werk – Wirkung* (2003); *Schiller und die Geschichte* (Hrsg. mit Jörn Rüsen und Mirjam Springer, 2006).

Bibliografische Information der Deutschen Nationalbibliothek

Die Deutsche Nationalbibliothek verzeichnet diese Publikation in der Deutschen Nationalbibliografie; detaillierte bibliografische Daten sind im Internet über http://dnb.d-nb.de abrufbar.

Gedruckt auf umweltfreundlichem, chlorfrei gebleichtem Papier.

(Jühenplatz 1, D-33098 Paderborn)
ISBN 3-7705-4212-6

Internet: www.fink.de

Printed in Germany.
Herstellung: Ferdinand Schöningh, Paderborn
Einbandgestaltung: Atelier Reichert, Stuttgart

UTB-Bestellnummer: ISBN 3-8252-2839-8

Inhalt

Einleitung

Die Idee und das Arbeitsgebiet der interkulturellen Literaturwissenschaft sind nicht unumstritten und damit ‚einfach' gegeben. Es ist vielmehr erforderlich, im Durchgang durch verschiedene Modelle und Konzepte ein zusammenhängendes Programm einer interkulturellen Literaturwissenschaft zu entwickeln. Eine Schwierigkeit gerade für Studierende liegt darin, dass eine Fülle von Stellungnahmen, Projekten und Modellen vorliegt, die sich nicht nur in ihrer Intention und Orientierung, sondern vor allem auch in ihrer Begriffsverwendung und Terminologie fundamental unterscheiden. Das Verständnis und die wissenschaftliche Kommunikation werden zum Beispiel dadurch erschwert, dass mit zentralen Begriffen wie „Interkulturalität", „Fremdheit", „Dialog" völlig verschiedene Gehalte bezeichnet werden. Auch reflexartige Zuordnungen zu bestimmten ‚Schulen' oder ‚Strömungen' sind an der Tagesordnung, mit denen keine konstruktive Diskussion der brisanten Fragen und Probleme zu erreichen ist.

Vor diesem Hintergrund bietet dieses Lehrbuch in einem einleitenden Kapitel eine einführende Reflexion zu zentralen Begriffen wie „Interkulturalität" oder „Fremdheit" und erörtert grundlegende Probleme und unauflösbare Widersprüche, die in der Diskussion um Phänomene der Begegnung verschiedener Kulturen eine wesentliche Rolle spielen. Der Begriff „interkulturelle Literaturwissenschaft" wird auf dem neuesten Stand der kulturwissenschaftlichen Theoriebildung diskutiert. Einzelne Forschungsrichtungen und Positionen werden möglichst sachlich wiedergegeben, und die Diskussionszusammenhänge, in denen sie stehen, finden ebenfalls Berücksichtigung.

Die Arbeitsfelder der interkulturellen Literaturwissenschaft werden in den weiteren Kapiteln anhand von exemplarischen Modellanalysen vorgestellt. Sie beziehen sich auf Bilder des Fremden in der deutschen Literatur und deren Bezug zu Selbstdefinitionen der Deutschen im Kontext von Begegnungen, die nicht ohne Perspektiven von Macht und Herrschaft zu denken sind. Die Beispielanalysen rekonstruieren eine postkoloniale Literaturgeschichte im Hinblick auf die Großräume Afrika und Asien und behandeln wichtige Perspektiven der deutsch-türkischen Literatur, einer wichtigen interkulturellen Artikulationsform in der deutschen Gesellschaft.

Interkulturelle Literaturwissenschaft ist somit selbstverständlich nicht auf eine nationale Perspektive beschränkt. Im Rahmen

Globalisierung und Literatur

der deutschsprachigen Literaturwissenschaft interessiert sie sich allerdings im besonderen Maße für die interkulturellen Prozesse, die bei der Konfrontation deutschsprachiger Leserinnen und Leser mit „fremder" Literatur zu beobachten sind. Dass dabei die außereuropäische Literatur heute einen besonderen Stellenwert einnimmt, kann durchaus als Folge der Globalisierung verstanden werden; der interkulturellen Literaturwissenschaft kommt damit aber auch die Aufgabe zu, gegen die Ökonomisierung der internationalen Beziehungen Widerstand zu leisten und die Auseinandersetzung mit den Kulturen zu fördern, deren Träger im Jargon des Neoliberalismus nur als potentielle Handelspartner oder Kunden in Erscheinung treten. Interkulturelle Kompetenz wird zu einer Schlüsselqualifikation werden – aber nicht (nur) in dem Sinne, dass wir in die Lage versetzt werden, noch im hintersten Winkel der Welt deutsche Produkte zu verkaufen. Es geht vielmehr darum, dass wir durch die Auseinandersetzung mit fremden Kulturen die Begrenztheit unserer Perspektiven erfahren und kritisch reflektieren, dass wir Alternativen zu unseren Verhaltensmustern erdenken und vielleicht realisieren können – aber auch und bescheidener, dass wir von der Idee Abschied nehmen, alle Menschen müssten nach dem deutschen oder westlichen Weg selig werden. In diesem Sinne wird interkulturelle Kompetenz nicht zu verwechseln sein mit der Fähigkeit, jeden und alles zu verstehen. Nein, es geht auch darum, Fremdheit zu akzeptieren – auch dazu kann Literatur beitragen. Auf mittlere Sicht ist auch die Frage zu diskutieren, inwieweit die hier vorgetragenen Überlegungen Auswirkungen auf den schulischen Literaturunterricht haben werden – und inwieweit also eine Veränderung des Literaturkanons wünschenswert ist, die der Konfrontation mit fremden Kulturen eine höheren Stellenwert einräumt. Nicht zuletzt vor diesem Hintergrund sind die Perspektiven einer interkulturellen Literaturwissenschaft von hoher gesellschaftlicher Aktualität.

I. Grundlegung: Modelle und Konzepte

1. Interkulturalität, Fremdheit, Differenz

Als eine grundlegende Aufgabe der interkulturellen Literaturwissenschaft steht die Frage nach dem Verständnis von „Interkulturalität" am Beginn unserer Überlegungen. Als Ausgangspunkt dient ein dynamischer Kulturbegriff, der auf Homogenisierungen und Fixierungen verzichtet und auf diese Weise der Offenheit interkultureller Begegnungen gerecht zu werden in der Lage ist. Definitionen erscheinen ebenso notwendig wie problematisch: Begriffe, mit denen wir operieren, müssen geklärt, gleichzeitig aber so bestimmt werden, dass dem Fließenden der Phänomene Rechnung getragen wird.

Interkulturalität

Gehen wir aus von der Definition des Begriffs „Interkulturalität", die Ernest W. B. Hess-Lüttich vorgeschlagen hat:

> Das Wort *Interkulturalität* ist eine zusammengesetzte Ableitung aus dem Präfix *inter-* (lat. *inter* = unter, zwischen) und dem Nomen *Kultur* (<at. *cultura* = Landbau, Pflege <des Körpers und des Geistes>). Die von Cicero eingeführte Metapher wird im Deutschen erst im Späthumanismus (Pufendorf) wiederaufgenommen und zunächst parallel gebraucht für Feldbau und Bodenbewirtschaftung einerseits, für die Pflege der geistigen Güter (*cultura animi*) andererseits. Aus der zweiten Bedeutung erwächst (seit Herder) der allgemeinere Begriff von Kultur als Bezeichnung für die Gesamtheit der geistigen und artistischen Leistungen einer Gemeinschaft, die für die Ausbildung ihrer Identität als sozialer Gruppe (politischer Nation, sprachlicher Gemeinschaft etc.) konstitutiv angesehen werden kann. <...> Die Phänomenologie der Lebenswelt von Individuen als sozialen Subjekten in kulturell definierten sozialen Systemen (Alfred Schütz) führt zur akademischen Institutionalisierung der *cultural studies*, die wiederum seit den 1960er Jahren für die liberale Programmatik der Philologien in den zunehmend als multikulturell dargestellten Vereinigten Staaten von Amerika (*new ethnicity*) konzeptualisierende Funktion gewinnen und in den

1970er Jahren zur Etablierung des Lehr- und Forschungsgebiets der *Intercultural Studies* beitragen.[1]

Im Anschluss an Ortrud Gutjahr lassen sich Bestimmungen des Begriffes „Kultur" anführen, die in eine ähnliche Richtung weisen, indem sie zwei Komponenten des Terminus betonen: einerseits die Tatsache, dass der Mensch sich mit einer Welt von Symbolen und Bedeutungen umgibt, andererseits dass das je spezifische Netz von Symbolen und Bedeutungen als konstitutiv für die *Identität* einer Gruppe/eines Kollektivs angesehen wird.[2] So charakterisiert Clifford Geertz „Kultur" als „Netz von Bedeutungen, in das der Mensch selbst verstrickt ist"[3]; Terry Eagleton spricht von einem „Komplex von Werten, Sitten und Gebräuchen, Überzeugungen und Praktiken, die die Lebensweise einer bestimmten Gruppe ausmachen"[4]; Doris Bachmann-Medick sieht „Kultur" als „eine Konstellation von Texten, die – über das geschriebene oder gesprochene Wort hinaus – auch in Ritualen, Theater, Gebärden, Festen usw. verkörpert sind"[5].

Bestimmungen von „Kultur"

So zutreffend diese Bestimmungen sein mögen, so haftet definitorischen Bemühungen generell doch leicht eine problematische statische Sichtweise an. Der Eindruck liegt nahe, die Kultur einer Gemeinschaft (einer Nation/ eines Staates) ließe sich fest definieren (Essentialismus) – bestimmte Werte, Sitten und Gebräuche könnten etwa für die eine Nation oder Gruppe als eindeutig charakteristisch angesehen werden (etwa in der Art einer Zuschreibung wie „der sparsame Schwabe", „der frivole Franzose", „der disziplinierte Deutsche"). Gegen eine solche homogenisierende Betrachtungsweise ist einzuwenden, dass sie der Illusion einer Homogenität der Kulturen aufsitzt und *intrakulturelle Differenzen und Alteritäten* ausblendet. Die Kultur einer Gemeinschaft, einer Nation ist aber nicht homogen; es lassen sich vielmehr unterschiedliche kulturelle Orientierungen ihrer einzelnen Mitglieder erkennen, seien diese nun ideologisch, sozial, berufsbezogen, geschlechtsspezifisch oder nach anderen Kriterien differenziert. Schließlich ist der Einzelne zwar an die kulturelle Konstellation seiner jeweiligen Gemeinschaft gebunden; er ist aber gleichzeitig fähig, sich zu konstitutiven Elementen einer vermeintlichen nationalen oder Gruppenidentität abweichend zu verhalten. Kritisch zu befragen sind aber in diesem Kontext auch Begriffe wie „kulturelle Vielfalt" und selbst „multikulturelle Gesellschaft". Zwar werden diese Ausdrücke mit der Absicht verwendet, beispielsweise die Kulturen von Migranten anzuerkennen und zu einem wesentlichen Bestandteil der Einwanderungs-

Essentialismus

Intrakulturelle Differenzen

gesellschaft zu erklären. Es besteht bei ihnen aber auch die Tendenz, etwa die Migranten auf eine kulturelle Identität als „Türken" oder „Afrikaner" festzulegen und die kulturelle Vielfalt gewissermaßen additiv zu verstehen, das heißt als Hinzufügung weiterer (statisch und homogen verstandener) Kulturen zu einer (ebenso homogenen) Mehrheitskultur. Unter „Kulturalismus" verstehen wir eine dem Essentialismus nahe stehende und ebenso problematische Konstruktion, bei der bestimmten Kulturen feste Eigenschaften zugewiesen werden und diese zur Abgrenzung gegenüber anderen Kulturen verwendet werden. In einem solchen Modell bestünde eine interkulturelle Begegnung in dem Aufeinandertreffen verschiedener kultureller Entitäten mit festen Eigenschaften, bei der es nicht zu einer wirklichen Begegnung, sondern lediglich zu einer Summierung dieser Eigenschaften käme (etwa in dem Sinne, dass bei der Fusion von Daimler/Chrysler amerikanische Dynamik und deutsche Zuverlässigkeit „kombiniert" würden). Begegnung der Kulturen bestünde in diesem Denkmodell in einer eigentlich abstrakten gegenseitigen Anerkennung differenter homogener kultureller Einheiten.

„Kulturalismus"

Gegenüber solchen Konzepten legt das in der interkulturellen Literaturwissenschaft verwendete Konzept von „Interkulturalität" den Akzent darauf, dass kulturelle Identität nicht in einem starren Zustand einer Gleichheit mit sich selbst besteht, dass vielmehr die kulturelle Identität einer Gemeinschaft und erst recht die eines Individuums das jeweils nur provisorische und zeitweilige Ergebnis eines unabschließbaren Prozesses darstellt. Kulturelle Differenz ist in diesem Verständnis kein Zustand, der als objektiv bestehende Unterscheidung statischer Gebilde mit klar benennbaren Eigenschaften beschreibbar ist, sondern gerade das Ergebnis einer Zuschreibung, die sich in einem Prozess der Begegnung vollzieht:

> Interkulturelle Literaturwissenschaft denkt Kultur demgegenüber nicht als fest umgrenzte Entität, sondern geht von den Interaktionsprozessen aus, bei denen die kulturelle Differenz zwischen eben diesen Werten, Sitten, Gebräuchen und Praktiken als kulturkonstitutiv verhandelt wird. <...> Interkulturalität meint also nicht Interaktion zwischen Kulturen im Sinne eines Austauschs von je kulturell Eignem, sondern zielt auf ein intermediäres Feld, das sich im Austausch der Kulturen als Gebiet eines neuen Wissens herausbildet und erst dadurch wechselseitige Differenzidentifikation ermöglicht. Die Untersuchung interkultureller Kommunikation bezieht sich somit auf kommunikative Akte zwischen Personen, die sich mittels kultureller

> Zeichen als voneinander unterschiedlich identifizieren. Interkulturelle Literaturwissenschaft reflektiert auf eben diese Verfahren der Bedeutungszuschreibung.[6]

Konstituierung kultureller Differenz

Die kulturelle Differenz ist also in erkenntnistheoretischer Perspektive nicht die Unterscheidung objektiver Eigenschaften zweier Völker oder Gemeinschaften, sondern gerade das Ergebnis einer Erkundung, die sich in der interkulturellen Begegnung vollzieht und mit der Differenzen überhaupt erst erzeugt werden. „Interkulturalität" bezieht sich demnach auf die Konstellation der Begegnung zweier (oder mehrer) Subjekte, die im Austausch die Differenz konstituieren, die in der gegebenen Konstellation als relevant erfahren wird. Im Phänomen des Interkulturellen ist ein Zwischenraum bezeichnet, in dem vermeintlich feste Grenzen verschwinden und in einem Prozess des „Verhandelns" neue Grenzen gezogen werden können:

> Mit der Interkulturellen Literaturwissenschaft kommt also ein prozesshafter und dialogischer Kulturbegriff zur Anwendung, der an der Selbstthematisierungsfähigkeit von Gesellschaft ansetzt und die kontextbezogene Veränderung von Bedeutungen und Menschen, die sich situativ und multipel verorten, untersucht. In diesem Oszillieren zwischen unterschiedlichen Handlungsorientierungen kommt es zur Auflösung und Neuschaffung von Grenzziehungen, Macht- und Gewaltverhältnissen und Geschlechterrollen. So wird mit dem Begriff Interkulturalität eine Grenzüberschreitung in den Blick genommen, bei der weder ein wie auch immer gefasstes Innerhalb oder Außerhalb der Grenze noch die Grenze zum eigentlichen Untersuchungsgegenstand wird, sondern das *Inter* selbst. Mithin geht es um die Funktionsweise von Differenzbestimmungen, die Kulturationsprozesse abstützen, verändern oder neu in Gang setzen.[7]

Nationen und Ethnien

Diese Konzeption einer interkulturellen Literaturwissenschaft verhält sich kritisch gegenüber Positionen, die von einer ethnisch homogenen Kultur oder Literatur ausgehen. Die Herausbildung einer nationalen Identität durch die Hypostasierung einer nationalen Kultur ist als ein Prozess zu verstehen, der im 19. Jahrhundert mit legitimen Beweggründen vorangetrieben wurde, der aber auf einer Modellbildung beruhte, die heute als imaginäre Konstruktion von Gemeinschaft relativiert werden können.[8] Es ist auch darauf zu verweisen, dass „Nation" und „Ethnie" fast nie und erst recht heute nicht synonym zu gebrauchen sind. Das ethnische Denken ist zwar zu Beginn des 21. Jahrhunderts nicht obsolet geworden; viele ethnische Minderheiten in den USA und Europa bewahren ihre Würde gerade dadurch, dass sie ihre kulturelle Identität im Hinblick auf ihre „Herkunftskultur" definieren. Dennoch ist die Situation etwa der Migranten in Deutschland und insbesondere die der in Deutschland geborenen sogenannten zweiten und dritten Generation unzutreffend beschrieben, wenn sie als „Türken" oder „Italiener" identifiziert werden. Die interkulturelle Situation, in der die bezeichneten Personen leben, ist nicht durch die vermeintlich objektiv bestehenden kulturellen Unterschiede zwischen der „Herkunftskultur" und der „Mehrheitskultur" zu definieren; sie ist vielmehr dadurch gekennzeichnet, dass die genannten Personen einen „dritten Raum" besetzen, in dem sie für die relevante Differenzen zwischen deutscher und türkischer Kultur bestimmen und eine hybride Identität ausbilden, die sich eindeutigen Zuschreibungen verweigert. Nicht die Option für die eine oder andere vermeintlich homogene Identität scheint die Lösung zu sein, sondern das erwähnte „Aushandeln" einer neuen, flüssigen Form von Identität, die ein „Patchwork" aufgenommener und bearbeiteter kultureller Perspektiven darstellt:

Dritter Raum

Hybride Identität

> Das Subjekt ist Knoten- und Kreuzungspunkt der Sprachen, Ordnungen, Diskurse, Systeme wie auch der Wahrnehmungen, Begehren, Emotionen, Bewusstseinsprozesse, die es durchziehen. <...> In der Praxis wird es sich wohl als vernünftig erweisen, auf eine *Mehrfachcodierung von personaler wie kollektiver Identität* umzustellen, je nach Kontext, Situation, Referenzrahmen.[9]

Indem die Vieldeutigkeit und Ambiguität einer zeitgenössischen Subjektivität, indem deren Bestimmtheit durch verschiedenste Einflüsse und Bezugsgrößen herausgestellt wird, zeigt sich die besondere Affinität von *Literatur* zu Problemen und Möglichkeiten interkultureller Begegnung – und damit die spezifische Fragestellung der interkulturellen Literaturwissenschaft. Erstens ist gegenüber rationalistischen und eindimensionalen Tendenzen einer (gesellschafts-)wissenschaftlichen Betrachtung interkultureller Konstellationen die Möglichkeit der Literatur zu unterstreichen, multiperspektivische, ambivalente und vieldeutige Texte zu erzeugen und damit der Komplexität einer polyzentrischen Welt gerecht zu werden:

Interkulturalität und Literatur

> Der kulturelle Wert des literarischen Textes <...> ergibt sich aus seiner Mehrfachcodierung innerhalb einer plural verstandenen Welt. So bietet der intertextuell geprägte Umgang mit literarischen Texten ein Modell und Trainingsfeld für den Umgang mit mehrfach codierten, komplexen Identitäten – imaginären Gemeinschaften –, die sich innerhalb des pluralen Bezugsrahmens ‚Welt' ansiedeln.[10]

Zweitens folgt aus dieser Fähigkeit der Literatur, dass sie nicht nur ein untergeordnetes Element innerhalb des Gesamtsystems der Kultur darstellt, sondern dass sie die Fähigkeit hat, die Phänomene und Prozesse der Kultur zu *reflektieren*. Interkulturelle Prozesse werden somit in der Literatur nicht nur als Gegenstand dargestellt, sondern auch kritisch reflektiert, wobei die literarische Form eine wesentliches Moment dieser Reflexion darstellt, das die Vieldeutigkeit und Komplexität der zugrunde liegenden Konstellation unterstreicht. Literatur identifiziert nicht; sie öffnet Reflexionsräume. Indem sie das Andere der „Wirklichkeit" darstellt, indem sie fiktive Welten imaginiert, die gegenüber der empirischen Realität als fremd erscheinen, bietet sie Möglichkeiten der Reflexion über einen adäquaten Umgang mit Fremdem und mit interkulturellen Konstellationen:

> Dabei gewinnt Literatur für die kulturelle Selbstreflexion einen zentralen Stellenwert. Denn mit der symbolischen Formung von Sprache vermag Literatur nicht nur kulturelle Ausdrucksformen der Selbstvergewisserung und Repräsentanz zu erzeugen, sondern auch zu reflektieren. Somit stehen Literatur und Kultur in einem spezifischen Verweisungsverhältnis. Die Literatur schreibt wirkungsmächtig mit am Kanon symbolischer Ausdrucksformen einer Kultur, indem sie diesen zugleich in seinen Konstruktionsbedingungen reflektiert und für Erneuerung offen hält.[11]

Fremdheit

Als erste wesentliche Einsicht der Fremdheitsforschung ist die im Kontext der Interkulturalitätsdiskussion fundamentale Feststellung anzusehen, dass „fremd" nicht die objektive Eigenschaft eines Menschen oder eines Gegenstandes ist, dass es sich vielmehr um einen relationalen Begriff handelt: A ist B fremd im Hinblick auf C; so lässt sich dieser relationale Aspekt formalisieren, was besagt, dass Fremdheit einem Objekt der Erfahrung zukommt, weil dieses nicht dem Erfahrungszusammenhang und dem Erwartungshorizont eines Subjekts entspricht.

Bedeutungen des Wortes „fremd"

Ergiebig ist der Ausgang von sprachlichen Unterscheidungen.[12] Das deutsche Wort „fremd" ist ausgesprochen vieldeutig, was sich schon daran zeigt, dass es in anderen Sprachen mit jeweils verschiedenen Wörtern wiedergegeben werden muss:

1) Als erste und grundlegende Bedeutung lässt sich herausstellen: Fremd ist, was außerhalb des eigenen Bereichs vorkommt. Hier ist also ein topographischer Aspekt entscheidend, der auch in der Etymologie des deutschen Wortes deutlich wird: ahd. „fran“ hatte die Bedeutung „fern“. Fremdheitserfahrungen haben also zu tun mit dem Auszug aus der vertrauten Umgebung, mit Reise, Eroberung, Kolonialisierung, auch mit Kriegszügen. Der „Fremde“ in diesem Sinne ist der von weit her Kommende, auf den in den wichtigen europäischen Sprachen die Wörter „externum“, „peregrinum“, „foreigner“ und „étranger“ verweisen.
2) In einer zweiten Bedeutung kann man formulieren: Fremd ist, was einem anderen gehört, wobei in diesem Verständnis auch der Aspekt der Nationalität eine wichtige Rolle spielen kann. Im Lateinischen und Englischen werden in diesem Zusammenhang die Wörter „alienus“ und „alien“ gebraucht.
3) Die dritte und ganz wichtige Bedeutung von „fremd“ lässt sich wie folgt erläutern: Fremd ist, was von fremder Art ist und als fremdartig gilt. Hier erscheint das Fremde als das Unvertraute, als das, was in seiner Erscheinung und möglicherweise auch in seinem „Wesen“ als grundsätzlich verschieden von dem Subjekt betrachtet wird, von dem die Bestimmung ausgeht. Im Französischen und Englischen wird diese Facette der Fremdheit in sehr glücklicher Weise jeweils mit einem Wort ausgedrückt, das dem die erste Bedeutungsvariante ausdrückenden ähnelt, aber eben nicht mit ihm identisch ist: „étrange“, „strange“.

Als grundlegende Frage im Hinblick auf die bereits auf der sprachlichen Ebene in den Bedeutungen von „fremd“ zu erkennenden Problemkonstellationen erscheint die Überlegung, ob das Fremde fremd bleiben muss und soll oder ob und inwieweit das Fremde vertraut und damit nicht mehr fremd werden kann und soll.

Facetten der Fremdheit

Auch hinsichtlich dieser Frage lassen sich im Anschluss an Ortrud Gutjahr über die rein sprachlichen Bestimmungen hinaus drei Facetten der Fremdheit herausstellen, die für die Problemstellungen der interkulturellen Literaturwissenschaft von entscheidender Bedeutung sind:

> Fremde als Alteritätsrelation zur Selbstbestimmung lässt sich unter räumlicher Perspektive unter drei prinzipiellen Erscheinungsformen fassen: zum einen als das Jenseitige, prinzipiell Unverfügbare und Unzugängliche; zum andern als das unbekannte Draußen, das dem vertrauten Raum, sei es in dem ei-

> genen Körper, der Familie oder der sozialen Gruppe, entgegengesetzt ist; und schließlich als Einbruch in einen als eigen definierten Innenraum. In der Inszenierung dieser raumorientierten Beziehungsverhältnisse hat die Literatur ein Archiv an prototypischen Figuren aufgebaut.[13]

Wesentlich erscheint gerade im Hinblick auf bestimmte Spielformen der *political correctness* und auch in Bezug auf optimistische Konzepte einer auf Konsens ausgerichteten „interkulturellen Kommunikation" die Betonung einer Bedeutungskomponente von Fremdheit, die von der Erfahrung einer nicht zu überwindenden Kluft ausgeht. Wenn jemand sagt, er lebe seit zwanzig Jahren in einer Stadt und sie sei ihm immer fremd geblieben, dann ist von einer Situation auszugehen, bei der dem Betreffenden die Straßen und Gebäude dieser Stadt sehr wohl bekannt sein mögen, es ihm aber nicht gelungen ist, eine Beziehung der Vertrautheit zu dieser Stadt und ihren Menschen aufzubauen. Auch ist uns die Aussage geläufig, dass bisher Vertrautes jemandem fremd geworden sei. All dies spricht dafür, die Erfahrung von Fremdheit in ihrer gewissermaßen existentiellen Dimension ernst zu nehmen und nicht zu leicht mit den Kategorien „Kommunikation" und „Verstehen" zu operieren im Vertrauen darauf, dass Fremdheit immer und prinzipiell überwunden werden kann. Wenn es stimmt, dass das Verständnis des Eigenen mit Bezug auf das Fremde ermöglicht wird, dann ist auf Phänomene zu verweisen, bei denen auch in der Begegnung mit dem Anderen Erfahrungen von Fremdheit vorherrschen:

Der Tod als das radikal Fremde

> Das Fremde als das durch den Menschen prinzipiell Unerkennbare und Unfassbare nimmt die Ordnungsfunktion einer transzendenten Ganzheit ein <...>. Das Fremde bezeichnet das transzendente Außen, das Metaphysische, Ekstatische, das, was der Anschauung, dem Denken, Wissen und Fühlen prinzipiell unzugänglich ist, was aber in seiner Unzugänglichkeit das grundlegende Verhältnis zum Leben bildet. Die prototypische Denkfigur des Fremden, die alle Figuren der Fremde als ihren geheimen Doppelgänger begleitet, ist demnach der Tod. Zwischen dem Leben und dem Tod aber wird ein Raum konstituiert, durch den das Urtrauma der Sterblichkeit mit Figuren der Erinnerung und Unsterblichkeit begleitet wird.[14]

Zwar ist die Beziehung des Menschen zum Tod als das Modell einer radikalen Fremdheitserfahrung nicht unmittelbar als ein interkulturelles Phänomen zu bezeichnen; dennoch ist die Besinnung auf diesen Bedeutungsgehalt des Wortes „fremd" von entscheidender Bedeutung, weil in diesem Kontext deutlich wird, dass der Umgang mit dem Fremden nicht in jedem Fall zu einer Überwindung der Fremdheit führen kann. Dieser Aspekt ist – wie zu zeigen sein wird – auch für interkulturelle Konstellationen von Interesse, weil gerade aus europäischer Perspektive die Tendenz besteht, die Fremdheit fremder Kulturen zu bagatellisieren und das Fremde unter ein universalistisches Modell des Allgemein-Menschlichen zu subsumieren, das seine eurozentrische Herkunft nur schwer verleugnen kann.

Das Fremde als das noch Unbekannte

Aber es gibt nicht nur diese radikale und extreme Erfahrung von Fremdheit. Die sicherlich einsichtigste Facette der Erfahrung von Fremdheit begegnet uns in dem Fremden als dem noch Unbekannten, dem noch nicht Gewussten. Hier öffnet sich das breite Feld der Aufnahme des Fremden, der Überführung von Fremdem in Vertrautes und auch der Bereicherung des Eigenen durch das Fremde. In der interkulturellen Konstellation erscheint hier im Gegensatz zu der ersten Bedeutungsfacette die Forderung nach einem sympathetischen Verstehen des Fremden als legitim und notwendig. Das breite Feld einer interkulturellen Hermeneutik, einer Hermeneutik des Fremden hat hier – aber eben auch nur hier – seinen angestammten Bereich:

> Das Fremde als das noch Unbekannte bezieht sich auf Nicht-Gewusstes, aber auch auf die Möglichkeit des Wissens und Kennenlernens. Bei dieser Inszenierung von Eigenem und Fremden werden Struktur und Topos der Reise für die Ästhetisierung der Selbst- und Fremdbegegnung maßgeblich. Die prototypischen Figuren sind Abenteurer, Entdecker, Forscher, Eroberer, Siedler und Kolonisatoren, die sich aus der Heimat aufmachen, um das Fremde zu suchen. Dass der Mann in die Fremde muss, um die Mission seiner Selbstfindung zu erfüllen, ist als wirkungsmächtiges Muster der abendländischen Literatur vom griechischen Epos über den höfischen Roman bis zum Bildungsroman eingeschrieben.[15]

Die prototypische Reisesituation führt demnach als interkulturelle Konstellation in einem Zwischenraum zu einer Konstruktion, die Eigenes und Fremdes unterscheidet, in Beziehung setzt und dann aber auch das Eigene durch Aufnahme des Fremden erweitert. Das Fremde als das noch Unbekannte ist die bereichernde Form des Unvertrauten, wobei sich die Frage stellt, mit welchen Kategorien und Deutungsmustern das Fremde eben gerade zum Vertauten wird. Der Hinweis auf die Reise als Topos dieser Art der Begegnung mit dem Fremden verdeutlicht, dass die Häufigkeit und die Intensität interkultureller Begegnungen mit der Erweiterung der technischen Möglichkeiten etwa seit Antike und Mittelalter, aber natürlich auch seit der Zeit der Entdeckungen und der beginnenden Kolonialisierung der frühen Neuzeit in extremer Weise zugenommen haben. Auch die Massenmedien, vor allem auch das Internet, tragen zu einem Kontakt mit dem Fremden in dem geschilderten Sinne bei, indem virtuelle Reisen an die Stelle realer treten können. Die Aufnahme von Fremdem in das Eigene, die Offenheit für Fremdverstehen und Fremderfahrung ist als eine Schlüsselqualifikation aller gegenwärtigen Gesellschaften anzusehen, und insofern ist die Einsicht in die Mechanismen der Aufnahme des Fremden von entscheidender Bedeutung für die kompetente Teilnahme an gesellschaftlichen, kulturellen, sozialen und ökonomischen Prozessen.

Das Fremde als das unbekannte Drinnen

In der räumlichen Perspektive ist eine dritte Form der Fremderfahrung zu benennen, die sich darauf bezieht, dass in dem den Menschen vertrauten Raum unbekannte Personen auftauchen, deren „Aufnahme" als ein kulturelles und soziales Problem erscheint:

> Das Fremde als das unbekannte Drinnen ist demgegenüber ein Problem der Sesshaften, die nicht wissen, ob der Fremde in guter oder böser Absicht kommt. Diese Unsicherheit verlangt nach einer Klärung dessen, wer oder was der Fremde ist, verlangt nach einer akuten Lösung des Differenzproblems. Prototypische Figuren sind hier die Nichtsesshaften, die Exilsuchenden oder die Heimkehrer, die für die Daheimgebliebenen fremd geworden sind, aber auch Doppelgängerfiguren, mit denen das Unheimliche in Vertrautes einbricht.[16]

Gerade in den heutigen Gesellschaften ist die interkulturelle Begegnung also nicht mehr nur etwas, das denen widerfährt, welche die Heimat verlassen; nein, auch denen, die zu Hause bleiben, wird eine Begegnung mit dem Fremden zugemutet oder ermöglicht. Dass der Fremde zunächst bedrohlich erscheinen, aber auch eine Faszination auslösen kann, gehört offenbar zu den Grundkonstellationen einer Phänomenologie des Fremden. Das Bedrohliche kann durch eine Überwindung des Unbekannten durch Wissen entschärft werden; ob die Fremdheit des Fremden vollständig aufgehoben werden kann und soll, steht dahin und ist Gegenstand kontroverser Debatten.

Das Fremde als das verdrängte Eigene

Der Gedanke an das Unheimliche, das mit dem Fremden verbunden sein kann, verweist auf eine vierte Form der Fremdheitserfahrung, die gerade als eine „Entfremdungs-Erfahrung" der Moderne beschrieben werden kann und die darin besteht, dass der Mensch sich selbst fremd werden kann. Das Unheimliche ist nämlich nach Freud das verdrängte Eigene, das uns Angst macht und das wir gegebenenfalls auf den anderen, speziell den Fremden projizieren. Wenn wir uns selbst fremd sein können, so ist die Reflexion auf diese Erfahrung eine wichtige Grundlage dafür, dass wir die Fremdheit der anderen akzeptieren können. Dass das Ich sich selbst überhaupt fremd sein kann, ist ideologiegeschichtlich eine Einsicht, welche die Überwindung der idealistischen Subjektphilosophien des bürgerlichen Zeitalters voraussetzt. Indem Freud die Einsicht formulierte, dass das Ich nicht immer Herr im eigenen Hause sei, wird diese Möglichkeit der Fremdheit des eigenen Ich als eine Grunderfahrung moderner Gesellschaften artikuliert:

> Fremdheit <...> begegnet uns nicht nur in Anderen, sie beginnt im eigenen Haus als *Fremdheit meiner selbst* oder als *Fremdheit unserer selbst.* Traditionell gesprochen handelt es sich um eine intrasubjektive Fremdheit im Gegensatz zur interkulturellen Fremdheit. <...> Rimbauds berühmte Formulierung „JE est un autre“, wörtlich also „ICH ist ein anderer“ weist in der agrammatischen Verschränkung von erster und dritter Person darauf hin, daß es nicht nur ein *alter ego*, sondern auch eine *Alterität des ego* gibt, die der Fremdheit erst ihr eigentliches Siegel aufdrückt. Das Ich läßt sich nicht umstandslos als erste Person titulieren, weil es sich selbst in *I* und *me*, in *je* und *moi* verdoppelt. Das ‚Ich‘ des Aussagens deckt sich niemals mit dem ‚Ich‘ des Ausgesagten.[17]

Philosophie der Alterität

Die Philosophie der Alterität, die Bernhard Waldenfels und insbesondere Emmanuel Lévinas entwickelt haben, geht von der Grundthese aus, dass die Begegnung mit dem Anderen eine ursprüngliche Erfahrung darstellt, ohne die eine Konstitution des Ich gar nicht denkbar ist. Im Gegensatz zu der traditionellen Bewusstseinsphilosophie, die von der Existenz eines Bewusstseins ausgeht und dann das Problem zu lösen hat, wie Anderes und vor allem andere Subjekte überhaupt erkannt werden können, fasst diese philosophische Konzeption den Anspruch des Anderen als eine fundamentale Gegebenheit der menschlichen Existenz und die Antwort auf den Anderen als die Konstituierung auch des Eigenen. So wird in dieser Sicht die Fremdheit des Ich mit der Fremdheit des Anderen verbunden und in der Begegnung bis zu einem gewissen Grade aufgehoben. Zurückzuweisen ist damit aber eine Vorstellung von der Begegnung mit dem Fremden, die besagt, dass ein in sich identisches und keinerlei Fremdheit aufweisendes Ich auf ein fremdes Ich trifft, das ebenso als Substanz auftritt. Auf der anderen Seite sollte die Vorstellung von der Fremdheit des Ich auch nicht die Vorstellung einer personalen Identität destruieren. Die oben skizzierte Vorstellung von einem mehrfach codierten Ich mit einer pluralen Identität leugnet nicht das menschliche Bedürfnis nach Identitätsbildung, betont aber deren prozessualen und prinzipiell unabschließbaren Charakter.

Ortfried Schäffter: Modi des Fremderlebens

Der Umgang mit Fremdheitserfahrungen bleibt aber gerade in den zeitgenössischen Gesellschaften ein Grundmodus menschlicher Erfahrung. Welche Deutungsmuster des Fremden, welche Reaktionen auf Fremdheit sich aus den soeben vorgestellten Facetten der Fremdheit ergeben, ist im Folgenden zu skizzieren. Ortfried Schäffter hat in einer soziologisch-anthropologischen Perspektive vier „Modi des Fremderlebens“ beschrieben, die als grundlegende Weisen des Umgangs mit dem Fremden eine fundamentale Bedeutung für die interkulturelle Literaturwissenschaft gewinnen.[18] In dem von ihm vorgeschlagenen Modell zeigen sich „positive“ und „negative“ Haltungen gegenüber dem Fremden, das heißt Formen der Öffnung und der Verschließung gegenüber dem, was Menschen nicht kennen. Es erweist sich aber, dass Öffnung auch Vereinnahmung bedeuten und dass eine reflektierte Form der Distanz gegenüber dem Fremden sehr wohl als eine akzeptable Form der Reaktion begriffen werden kann. Die vorzustellenden Modi der Fremderfahrung sind in unserem Zusammenhang als Grundlagen für die konkreten Textanalysen dieses Bandes zu verstehen, indem sie von der Komplexität der Verhältnisse Zeugnis ablegen, die sich in interkulturellen Konstellationen ergeben können.

Fremdheit als Resonanzboden des Eigenen

Als erste Form der Fremderfahrung lässt sich eine Konstellation erfassen, bei der Fremdheit als „abgetrennte Ursprünglichkeit“[19] erscheint. In diesem Modell, in dem Fremdheit als Resonanzboden des Eigenen erscheint, geht man von einer ursprünglichen Einheit aus, die durch eine kulturelle Entwicklung von einer Ausdifferenzierung von Verschiedenheiten aufgelöst wurde:

> Das „Eigene“ ging erst durch ein Hinaustreten, durch eine Trennung oder einen „Abfall“ aus der ursprünglichen, undifferenzierten Ganzheit hervor, die nun als Außenseite und Hintergrund verfremdet wird und hierdurch der eigenen Identität die Kontrastfläche bietet. In temporaler Deutung erscheint hier das Fremde als das Ursprüngliche, ohne das die Eigenheit nicht

> möglich wäre, zu der sie jedoch im Verlauf einer Identitätsentwicklung in Distanz treten muß.[20]

Zwei wesentliche Aspekte dieser Form der Fremderfahrung sind hervorzuheben: Zunächst wird das Fremde als Ursprung begriffen, als eine Einheit, die man verloren hat und nach der man sich sehnt. Dabei ist das Fremde einerseits ein Vorbild, weil es von den Trennungen verschont zu sein scheint, welche das Eigene in seiner Differenziertheit prägen; das Fremde ist aber andererseits eine überholte Entwicklungsstufe, eben weil das Eigene als das Differenzierte und weiter Entwickelte begriffen wird. Der Kontext dieses für die abendländische Tradition zentralen Modells liegt in Grundüberzeugungen des Christentums, aber auch des Rationalismus der Aufklärung. Die Faszination vieler deutscher Denker wie Herder, Goethe und Friedrich Schlegel für den „Orient" ist in einer Dialektik aus Weiterführung und Kritik dieses Konzepts zu sehen, als eine Sehnsucht nach dem Ursprung in einer sich modernisierenden europäischen Gesellschaft. Der zweite zu beachtende Aspekt liegt darin, dass das Fremde eben dadurch, dass es den gleichen Ursprung wie das Eigene hat, nicht als radikal Fremdes begriffen wird, dass vielmehr die Einheit des Menschlichen als Voraussetzung dafür angesehen wird, dass das Fremde verstanden werden kann:

> Dieses Deutungsmuster im Umgang mit Fremdheit beruht auf der Prämisse einer grundsätzlichen Verstehbarkeit aller menschlichen Ausdrucksformen, sofern man nur selbst Zugang zur gemeinsamen anthropologischen Basis fände. Aus dem theoretischen Konstrukt einer „psycho-physischen Einheit der Menschheit" begründet sich schließlich auch die Möglichkeit zu einer „interkulturellen Hermeneutik". Indem man sich auf „existentielle transkulturelle Erfahrungen" beruft, wird die Fremdheit der anderen Kultur oder Persönlichkeit auf der gemeinsamen Grundlage eines allgemein Menschlichen erfahrbar, so wie grundsätzlich jedes hermeneutische Vorgehen ein gemeinsames „Vorverständnis" als Grundlage von Fremdverstehen vorauszusetzen hat.[21]

Das hier vorgestellte Modell postuliert die prinzipielle Möglichkeit einer Überwindung jeglicher Fremdheit, weil auf der Basis einer gemeinsamen Basis des „Menschseins" jeder Versuch der Sinnstiftung und jede kulturelle Praxis für den anderen Menschen letztlich verstehbar sein soll. Dass die Rede vom allgemein Menschlichen möglicherweise Elemente des jeweils Eigenen absolut setzt und dass dies vor allem in eurozentrischer Perspektive im Austausch mit Menschen aus außereuropäischen Kulturen geschieht, gehört zur Problematik dieser Position und auch zu den Grenzen einer interkulturellen Hermeneutik. Gerade für die Periode der aufklärerischen, klassischen und romantischen deutschen Literatur ist die Bedeutung dieses Modells aber keineswegs zu unterschätzen.

Fremdheit als Gegenbild

Als zweiter Modus des Fremderlebens ist eine gegensätzliche Haltung zu beschreiben, bei der Fremdheit als Gegenbild interpretiert wird. Das Fremde wird hier als Negation der Eigenheit im Sinne von gegenseitiger Unvereinbarkeit begriffen. Nicht der Bezug auf einen gemeinsamen Grund, einen gemeinsamen Ursprung liegt diesem Denk- und Erfahrungsmuster zu Grunde, sondern die Referenz auf eine klar definierte Grenzlinie, die eine deutliche Scheidung zwischen dem Eigenen und dem Fremden bewirkt, die gerade durch diese Abgrenzung bestimmt und definiert werden, wobei das lateinische Wort „finis" gerade den Gedanken an die Grenze plausibel erscheinen lässt. Indem die Integrität des Eigenen gewahrt werden soll, erscheint das Fremde als das Ausgegrenzte, das „wesensmäßig" nicht zum Eigenen gehört, als das „Un-Ding", das Un-Heimliche, das Seltsame, das Nicht-Eigene. Vorstellungen von Reinheit und Gesundheit kontrastieren mit Phantasmen des Schmutzigen und Abartig-Kranken. Indem das Außen als all das bestimmt wird, was nicht im Innen anzutreffen ist, wird das Fremde als latente Bedrohung des Eigenen aufgefasst, wobei sich auch hier eine Ambivalenz zeigt, weil das Andere als das möglicherweise abgespaltene Eigene zu einer verdrängten Faszination führen kann. „Hierdurch erhält das Fremde über den ursprünglich diffusen Bedeutungshof des Ungehörigen, Unzulässigen, Sündhaften, Bestialischen oder undenkbar Schrecklichen hinaus die zunehmend konkretere Bedeutung einer verführerischen unzulässigen Alternative zur reduzierten Eigenheit."[22] Trotz dieser Einschränkung haben wir es bei dem Modus der Fremderfahrung unter der Leitvorstellung des Gegenbildes aber mit einer essentialistischen Deutung des Eigenen und des Fremden zu tun, bei dem beide klar definiert und eindeutig voneinander abgegrenzt sind. Es erscheint plausibel, Phänomene des Nationalismus und Rassismus diesem Modell zuzuordnen. Dabei ließe sich argumentieren, dass ein solches Erfahrungsmuster vor allem dann plausibel erscheinen müsste, wenn Individuen und Gemeinschaften wenig oder gar keinen Kontakt mit Fremden haben. Demgegenüber ist festzuhalten, dass die Deutung des Fremden als Gegenbild oft gerade dann bemüht wird, wenn sich Individuen und Kollektive einer Krisenerfahrung ausgesetzt sehen, deren Bewältigung auf große

Schwierigkeiten stößt. Dann kann es zu einer Besinnung auf ein streng definiertes Eigenes kommen, das in dieser Form vielleicht nie bestanden hat. Die Berufung auf eine „imaginäre Gemeinschaft" (Benedict Anderson) der Nation oder auf die vermeintlich unbezweifelbare Grundlage der Religion im Fundamentalismus kann als Erfindung einer starren Identität interpretiert werden, die sich dadurch ergibt, dass die betroffenen Individuen und Kollektive der Komplexität einer sich modernisierenden und dadurch in Bewegung geratenen Welt überschaubare Ordnungsmuster entgegen halten.

Fremdheit als Ergänzung

Der dritte von Schäffter exponierte Modus des Fremderlebens ist ganz anders bestimmt. Er ist gerade auf die steigende Komplexität einer sich modernisierenden Welt bezogen und deutet Fremdheit als Ergänzung. Subjekte und Kollektive erkennen hier die Gefahr, dass das Beharren auf einem vermeintlich klar definierten Eigenen eine Borniertheit mit sich bringen kann, die zu einem unangemessenen Weltverhältnis führen würde. „Die Produktivität dieser *Ordnungsstruktur* beruht daher nicht auf der Herstellung einer internen Eindeutigkeit und in der schützenden Abgrenzung des Eigenen nach außen, sondern in der Regelung von Prozessen einer Verinnerlichung des Äußeren und einem Entäußern von Innerem."[23] Das Eigene wird nicht mehr als eine statische Größe begriffen, sondern als sich entwickelnd gedacht; und für diese Entwicklung ist die Aufnahme von Fremdem entscheidend. „Das Fremde erhält für ein dynamisches Ordnungsgefüge die *Funktion eines externen Spielraums*, der entwicklungsfördernde Impulse und strukturelle Lernanlässe erschließen hilft und in dem auch unvorhersehbare Entwicklungen möglich werden."[24] In dieser Weise des Fremderlebens entdecken Individuen und Kollektive in der Erfahrung des Fremden das verdrängte Eigene; Fremderfahrung ermöglicht Selbsterfahrung auch im Sinne eines Aufdeckens von Lücken und Fehlern. Die Fähigkeit, das für die eigene Entwicklung relevante Fremde zu entdecken, wird zu einer Grundkompetenz in der so gedeuteten interkulturellen Konstellation. Die Problematik dieses Deutungsmusters liegt darin, dass das Fremde letztlich auf die Funktion reduziert wird, das Eigene zu bereichern und dessen Entwicklung zu fördern; das Fremde wird instrumentalisiert eben für die Entwicklung des Eigenen. Diesem Einwand könnte begegnet werden, indem man argumentiert, dass diese Relation auf Gegenseitigkeit beruhen und interkulturelle Begegnung als gegenseitige Bereicherung verstanden werden kann. Nichtsdestoweniger bleibt ein utilitaristischer Grundzug dieses Modells bestehen, das im Übrigen die Aufnahme von Fremdem auch recht äußerlich in einem quantitativen Sinne begreift, nämlich als Anhäufen von Daten, Informationen und Fertigkeiten, die der eigenen Entwicklung zugute kommen können. Als weitere immanente Problematik dieses Modells ist auch die Gefahr eines Verlusts des Selbst zu benennen, das in einer weitgehenden Assimilation an das Fremde eine Erfahrung eigener Identität zu verlieren droht. Diese Perspektive betrifft in besonderem Maße die Erwartung an Migranten, dass diese sich vorbehaltlos und vollständig der Kultur des „Gastlandes" öffnen sollten. Eine Öffnung gegenüber dem Fremden ohne ein Wissen um die Besonderheit des Eigenen kann aber mit Sicherheit nicht zu einem angemessenen Selbst- und Fremdbezug führen.

Fremdheit als Komplementarität

Von wesentlicher Bedeutung für die interkulturelle Literaturwissenschaft, die sich mit den Konstellationen einer globalisierten Welt befasst und dabei auch die postkolonialen Wanderungsbewegungen und deren Artikulationen in der Literatur analysiert, ist der vierte von Schäffter beschriebene Erfahrungsmodus, in dem Fremdheit als Komplementarität gedeutet wird. Im ersten und dritten der hier beschriebenen Modelle wurde das Fremde immer als prinzipiell in das Eigene integrierbar und somit als nicht radikal fremd verstanden. „Das Fremde wird nicht stehen gelassen in seiner Besonderheit, die Auseinandersetzung damit geschieht nicht partnerschaftlich-dialogisch, sondern alle Andersheit wird auf dem kürzestmöglichen Wege als Eben-doch-Eigenes vereinnahmt."[25] Die Welt der Postmoderne ist dagegen als globalisierte und postkoloniale polyzentrisch, und insofern erscheinen die Modelle interkultureller Kommunikation, die auf Verstehen und Konsens und damit auf eine totalisierende Perspektive hinauslaufen, den komplexen Verhältnissen unserer Gegenwart nicht unbedingt angemessen:

> So läßt sich das für unsere heutige Welt realistischere Bild eines „polykontexturalen" Universums, d. h. einer Realität aus vielen autonomen Einzelzentren rekonstruieren. Aus der nicht mehr zu leugnenden Vielzahl eigenständiger Perspektiven und gleichermaßen „möglicher" Interpretationen der Welt wird erkennbar, daß im Aufeinandertreffen unterschiedlicher Bezugssysteme kein unbestreitbares Fundament und kein allem übergeordneter Bezugspunkt zur Verfügung steht, um über sie zu entscheiden. Die Vorstellung einer universellen Rationalität wird ebenso fragwürdig, wie die einer universell beobachtbaren empirischen Welt.[26]

Dieser Modus der Fremderfahrung stellt bestimmte spontane Vorstellungen in Frage, mit denen der vermeintlich gesunde Menschenverstand das Problem interkultureller Begegnungen anzugehen gewohnt ist. Die Existenz anthropologischer Universalien, das heißt bestimmter Verhaltensweisen, Werte und Bedürfnisse, die allen Menschen gemeinsam sein sollen, wird problematisiert, indem darauf verwiesen wird, dass selbst fundamentale Tätigkeiten wie Essen, Schlafen, Lieben in verschiedenen kulturellen Konstellationen ganz unterschiedlichen Sinnzuweisungen zugeordnet werden. Können wir als Europäer die indische Tradition der Witwenverbrennung verstehen oder das Töten von Zwillingen, wie es uns Chinua Achebe vom Volk der Ibos berichtet? Sollen wir diese Praktiken entrüstet ablehnen und eine Befolgung „zivilisierter“ Maximen erwarten? Oder können wir uns soweit in die fremde Kultur hinein versetzen, dass wir die Motivation für die genannten Praktiken nachvollziehen und in einem weiteren Schritt sogar akzeptieren können? In jedem Fall ist erkennbar, dass die Akzeptanz bestimmter Verhaltensweisen und Normen nicht unbedingt davon abhängt, ob die Europäer sie verstehen und nachvollziehen können. (Dass der Respekt vor der fremden Kultur eine Hinnahme der genannten Gewohnheiten impliziert, ist damit freilich auch nicht gesagt.) Jedenfalls tritt im Rahmen des hier beschriebenen Modus der Fremderfahrung an die Stelle des Postulats interkultureller Kommunikation, die auf Verstehen und Konsens ausgerichtet ist, die Forderung nach der Respektierung des Fremden in seiner Fremdheit: „Im Deutungsmuster komplementärer Fremdheit werden Schwellenerfahrungen nicht mehr als Verlockung zu einer umfassenden und dadurch letztlich inflationären Ausweitung des Innen aufgefaßt, sondern als Zwang zur radikalen Anerkennung einer *gegenseitigen Differenz*, als Sensibilität für gegenseitige Fremdheit.“[27] Diese Fremderfahrung führt uns demnach an die Grenzen des Verstehens:

Grenzen des Verstehens

> Folglich wird gerade bei intensiver Auseinandersetzung mit der Unverständlichkeit des Anderen von einem gewissen Punkt ab nicht mehr mit elastischer Akkomodation geantwortet, sondern mit der Feststellung von „Nicht-Verstehbarkeit“. Es handelt sich dabei keineswegs um eine Verweigerung von Verstehen, sondern um die Anerkennung einer Grenzerfahrung im Sinne einer bedeutungsvollen Einsicht in eine konkrete Grenzlinie eigener Erfahrungsmöglichkeiten. Diese Deutung zieht somit die Konsequenz aus der Erfahrung, daß es externe Bereiche gibt, die prinzipiell nicht aneignungsfähig sind und daher realistischerweise (und nicht nur aus ethischer Überzeugung) in ihrem autonomen Eigenwert respektiert werden müssen.[28]

Wesentlich ist die Unterscheidung dieser Art des Fremderlebens von dem Modus der Fremdheit als Gegenbild. Dort erschien das Fremde als das Andere des Eigenen und wurde zur Abgrenzung und damit zur Definition des Eigenen instrumentalisiert. Fremdes wie Eigenes waren gleichermaßen bekannt und bestimmbar. In dem Modus der Fremdheit als Komplementarität erscheinen gerade Definitionen und fixierende Bestimmungen als unmöglich. Hieraus folgt aber, dass die radikal ausgehaltene Fremdheit des Fremden auch eine fehlende Transparenz des Eigenen bewirkt. Eigenes kann als fremd erscheinen, Fremdes als attraktiv und gleichzeitig abstoßend; eine ständige Bewegung ist zu erkennen, die nie zu einem Stillstand und damit auch nie zu einer starren Fixierung des Fremden und des Eigenen führt:

> Die Ordnung lebt dabei von einem permanenten „Oszillieren" zwischen Positionen der Eigenheit und der Fremdheit, die sich im wechselseitigen Kontakt gegenseitig hervorrufen. Charakteristisch für ihre Offenheit ist daher eine „Wechselbezüglichkeit und Ambiguität der Momente, die in sich selbst nicht zur Ruhe kommen und keine Etablierung einer reinen Innen- oder Außenwelt, einer reinen Eigen- oder Fremdheit zulassen."[29]

Dieser komplexe Modus der Fremderfahrung, der die Migrationbewegungen unserer globalisierten Welt charakterisiert, kann Ängste und Abwehr hervorrufen. Nationalismen und Fundamentalismen können gerade als Widerstand gegen Formen der Fremderfahrung verstanden werden, die eine ‚einfache' Identitätsbildung ausschließen und Einzelne wie Kollektive in einer ständigen Bewegung zwischen dem Eigenen und dem Fremden sehen. Bedeutende Denkmodelle der deutschen und europäischen Tradition wie etwa die Theorien Hegels und Marx' setzten auf eine Aufhebung von Entfremdung und erhoben damit den Anspruch, dass Fremdheit letztlich überwunden werden kann, indem die Welt und die anderen mit den Kategorien des Eigenen verstanden werden. Die Methode des dialektischen Denkens sollte gerade Widersprüche als provisorisch und scheinbar herausstellen und letztlich überwinden. Im Gegensatz zu diesen Denkmodellen ist es für ‚post-hermeneutische' Konzepte kennzeichnend, dass sie das Aushalten der Differenz zu ihrem Grundsatz machen und für die interkulturelle Begegnung ein Respektieren der Fremdheit postulieren.

2. Die postkoloniale Perspektive

Interkulturalität und Postkolonialismus

Die Diskussionen um Interkulturalität und um die Interpretation literarischer Texte, die interkulturelle Perspektiven einbringen und stärken, ist stark durch die Entwicklung einer postkolonialen Literatur- und Kulturwissenschaft beeinflusst, die sich in den 80er und 90er Jahren des zwanzigsten Jahrhunderts vor allem im anglo-amerikanischen Raum entwickelt hat. Eine wichtige Grundlage für die Ausbildung dieser Forschungsrichtung ist die Erkenntnis, dass die meisten Prozesse von Migration und damit von interkulturellen Begegnungen in der globalisierten Welt unserer Tage nicht zu verstehen sind, wenn man die Tatsache nicht berücksichtigt, dass es sich um Interaktionen zwischen Angehörigen und Nachfahren ehemals kolonisierter Völker und ehemaliger Kolonialherren handelt. Die postkoloniale Perspektive verweist damit zunächst darauf, dass interkulturelle Begegnungen nicht mit Modellen interkultureller Kommunikation interpretiert werden können, die davon abstrahieren, dass es sich in den meisten Fällen um von Herrschaft geprägte Beziehungen und Begegnungen handelt. Das „post" in „postkolonial" verweist dabei auf zweierlei: dass nämlich einerseits zwar die institutionelle Entkolonialisierung beendet ist, dass es aber zahlreiche Formen von Neo-Kolonialismus gibt, was dazu führt, dass die ehemaligen Kolonialherren heute noch ökonomisch und politisch eine Vorherrschaft ausüben – und dass andererseits die Menschen der Metropolen wie der ehemaligen Kolonien in einer Situation leben, die durch neue Formen der Vermischung zwischen vermeintlich starren kulturellen Einheiten und Konzepten geprägt sind. „Postkolonial" ist somit nicht nur die Situation in einem afrikanischen Dorf, dessen Bauern von den Weltmarktpreisen für ihre Produkte abhängig sind, sondern auch der Alltag der Weltmetropole London, deren wirtschaftliches und kulturelles Leben entscheidend von Menschen aus ehemaligen Kolonien geprägt ist. Der Postkolonialismus nimmt in seiner Theoriebildung Impulse des Marxismus und der Imperialismus-Forschung auf, überwindet aber ein Denken, das einseitig durch ökonomische Kategorien bestimmt ist, und fragt besonders nach den kulturellen Gegebenheiten der postkolonialen Weltgesellschaft. Dabei ergibt sich, dass schematische Kategorien von Unterdrückern und Unterdrückten nur eine begrenzte Aussagekraft zur Charakterisierung der aktuellen Situation aufweisen. Zwar sind die ökonomische Perspektive und auch der Einfluss der Kulturindustrie und der Markenorientierung (Hollywood, Coca-Cola) immer mit zu bedenken; es stellt sich jedoch heraus, dass die kulturellen Akteure der postkolonialen Gesellschaften der sogenannten Dritten Welt etwa als Künstler und Schriftsteller der Migration selbstbewusst auftreten und die Kultur der Metropolen aktiv mitbestimmen.

Homi Bhabha: Hybridität, dritter Raum, Mimikry

Vor diesem Hintergrund sind die theoretischen Konzepte des an der University of Chicago lehrenden indischen Literaturwissenschaftlers Homi Bhabha für die Grundlagen der interkulturellen Literaturwissenschaft von besonderem Interesse. Bhabha verbindet in seinen essayistischen Arbeiten, die häufig einer assoziativen Ordnung folgen, Impulse der Kritischen Theorie und des Poststrukturalismus zu einer kritischen Theorie der gegenwärtigen Kultur, die durch die Phänomene der Migration und der postkolonialen Konstellation gekennzeichnet sind. Bhabha wendet sich in seinen Arbeiten ebenso scharf gegen konventionelle Konzepte der europäischen Theorie wie gegen fundamentalistische Bestrebungen anti-westlicher Provenienz. Dabei leitet ihn die Grundeinsicht, dass Interkulturalität nicht als das Aufeinandertreffen distinkter, homogener einzelner Kulturen begriffen werden kann, die sich in irgendeiner Weise vermischen würden. Vielmehr betont Bhabha, dass schon die Einzelkultur, aus der ein Mensch stammt, durch die Kreuzung und Opposition der verschiedensten Tendenzen gekennzeichnet ist.

Hybride Identität

Das einzelne Subjekt der postkolonialen Welt kann nur (wie eigentlich alle Subjekte in der menschlichen Geschichte) eine hybride Identität erwerben, das heißt es kann seine Identität nicht durch die Identifikation mit einem einsinnigen Konzept etwa von „den Briten“ oder „den Indern“ fixieren. „Hybridität“, eine Mischung zwischen den divergierende Strömungen einer Einzelkultur und eine Mischung zwischen den verschiedenen Tendenzen verschiedener Kulturen, ist also die Grundbedingung der postkolonialen Existenz. Dies bedeutet für die Menschen der Metropolen, dass sie sich nicht auf eine eurozentrische Selbstdefinition ihrer Identität zurückziehen können; dies bedeutet aber auch für die Angehörigen der ehemaligen Kolonialvölker, dass sie nicht zu einer imaginären Reinheit einer vorkolonialen Kultur zurückkehren können (und auch nicht zu der Reinheit einer identitätsstiftenden dogmatischen Religion). Nein, die grundlegende Selbsterfahrung der postkolonialen Welt ist die Erfahrung der Hybridität, die formelhaft wie folgt definiert werden kann:

> *Hybrid* ist alles, was sich einer Vermischung von Traditionslinien oder von Signifikantenketten verdankt, was unterschiedliche Diskurse und Technologien verknüpft, was durch Techniken der *collage*, des *samplings*, des Bastelns zustandegekommen ist.[30]

Mit dieser Definition wird auf kulturelle Techniken und Methoden der (europäischen) Avantgarde verwiesen, die sich zu Beginn des 20. Jahrhunderts bereits als Opposition gegen nationalistische und bürgerlich-konventionelle Vorstellungen von Kultur und Identität begriffen. Das Selbstverständnis der kulturellen Einheit, das sich durch den Bezug auf die Nation ergibt, wird von Bhabha im Anschluss an Überlegungen von Benedict Anderson einer scharfen Kritik unterzogen, indem sie zeigen, dass die Rede von der „imaginären Gemeinschaft" der Nation eben gerade die divergierenden Traditionslinien, die auf ein Land und eine Gesellschaft einwirken, zu verdrängen sucht.

Der Bereich der Kultur wird von Bhabha als ein Bereich des Transzendierens, des darüber Hinausgehenden bestimmt. Er leitet aber aus dieser scheinbar problemlos konsensfähigen Formel radikale Konsequenzen ab, indem er sich gegen das Ursprungsdenken im Blick auf die Subjektivität wendet: Die Identität eines Menschen ist nicht die Herausbildung einer in ihm fest verwurzelten Anlage, sondern die produktive Auseinandersetzung mit divergierenden Tendenzen, die auf ihn einwirken. Mit Bezug auf die räumliche Dimension stellt Bhabha fest, dass die postkolonialen Subjekte auch nicht in einem definierten Raum leben, der seinerseits ihre Identität bestimmt; in der Migration buchstäblich, aber in der Position ihres Sprechens auch in übertragenem Sinne besetzen die postkolonialen Subjekte einen dritten Raum, der weder der erste Raum einer „Ursprungskultur" noch der zweite Raum der ehemaligen Kolonialmacht ist. Dieser dritte Raum ist der Raum des Hybriden, der an allen Räumen teil hat und doch gleichzeitig exterritorial erscheint.

Dritter Raum

Wenn man diese postkolonialen Subjekte zu verstehen sucht, dann sollte nach Bhabha die Repräsentation von Differenz nicht vorschnell als Widerspiegelung *vorgegebener* ethnischer oder kultureller Merkmale gelesen werden, die in der Tradition festgeschrieben sind. So ist zum Beispiel die deutsch-türkische Literatur, die wir im vierten Teil dieses Buches analysieren werden, nicht durch ihre „Anteile" des Deutschen und Türkischen determiniert: Ein türkischstämmiger Schriftsteller muss nicht notwendig vom Koran und von Ehrenmorden schreiben; er ist nicht als Repräsentant einer fest definierten türkischen Kultur zu verstehen, die sich mit einer vermeintlich ebenso festen deutschen Kultur vermischen würde. Nein, er ist als ein Individuum zu begreifen, das die ihm vorliegenden Traditionslinien neu definiert und strukturiert und dabei das für es in dem individuellen Fall Bedeutsame herausstellt.

Bhabha greift Gedanken von Walter Benjamins Geschichtsphilosophie auf, die in Auseinandersetzung mit der Literatur der Moderne und in Opposition zu der traditionellen hegelianisch-marxistischen Theorie die Kontinuität der Zeiterfahrung in Frage stellen (vgl. die Ausführungen im 3. Abschnitt dieses Teils). Den Vorstellungen von der homogenen Kultur entspricht nämlich die Idee einer kontinuierlichen Zeit sowie einem folgerichtigen und harmonischem Ablauf der Geschichte. Demgegenüber ist die postkoloniale Erfahrung der Zeit als eine Erfahrung von Brüchen zu verstehen, und das Individuum soll nach Bhabha diese Erfahrung des Bruchs produktiv machen. Indem also die postkolonialen Subjekte die Kultur der Vergangenheit neu inszenieren, führen sie andere, inkommensurable kulturelle Erfahrungen von Zeitlichkeit in die Erfindung von Tradition ein. Jeder direkte Zugang zu einer originären Identität oder einer als verbindlich verstandenen Tradition wird zu einem entfremdeten Akt. Soziale Unterschiede werden nicht einfach durch eine bereits als authentisch verbürgte kulturelle Tradition übermittelt; sie sind die Zeichen für das Entstehen einer Gemeinschaft, die als Projekt angesehen wird (als eine Vision und/oder eine Konstruktion), das den Einzelnen wie die Gemeinschaft über sich selbst hinausführt. Kulturelle „Grenz-Arbeit" verlangt nach einer Begegnung mit der „Neuheit", die an dem Kontinuum zwischen Vergangenheit und Gegenwart nicht teilhat. So fordert Bhabha das Aufbrechen der Zeitbarriere einer kulturell zusammenhängenden „Gegenwart".

Erfahrung von Brüchen

Mimikry

Die Aufbrechung einer Kontinuität von Herrschaftsgeschichte zeigt sich für Bhabha auch in dem Phänomen der Mimikry. Dabei handelt es sich um die Entstellung des kolonialen Diskurses in der Aneignung durch die postkolonialen Subjekte. In der variierenden Imitation des kolonialen Sprechens werden dessen Schwachstellen und innere Widersprüche offenbar; in der Artikulation des kolonialen Diskurses erfolgt dessen Destabilisierung. Mimikry erscheint als Widerstand, als Einspruch gegen die Legitimation der kolonialen Ideologie. Dieser Widerstand ist als das Resultat einer Ambivalenz zu deuten, die innerhalb der Erkenntnisregeln der dominanten Denkweisen produziert wird. Die Hybridisierung des dominanten Diskurses ist die Umkehrung des Prozesses der Beherrschung durch Verleugnung, die Aufdeckung des verdrängten Unheimlichen im dominanten Bewusstsein. Die Hybridisierung enthüllt dadurch eine Ambivalenz am Ursprung der traditionellen Diskurse. Die Hybridität des postkolonialen Bewusstseins kehrt die Wirkungen der kolonialistischen Verleugnung um, sodass andere „negierte" Kenntnissysteme von dem dominanten Diskurs Besitz ergreifen und die Basis seiner Autorität verfremden. Das hybride Objekt bewahrt eine Ähnlichkeit mit dem autoritativen Symbol, wertet aber dessen Präsenz um, indem es sich ihm als Signifikant der Entstellung entgegenstellt – und zwar nach der Intervention der Differenz. Die Entfaltung von Hybridität versetzt die Autorität mit der Tücke der Anerkennung (Mimikry) in Schrecken.

Hybridisierung und Ambivalenz

Postkolonialismus und Interpretation

Die Auswirkungen dieser postkolonialen Theoriebildung auf die Praxis der Interpretation, die für die interkulturelle Literaturwissenschaft von besonderem Interesse ist, lassen sich folgendermaßen bestimmen.

Für die ehemals Kolonialisierten gilt:

1) „Hybridität": Die Kultur der Vergangenheit wird neu inszeniert; die entstehende Subjektivität stützt ihre Identität nicht auf eine Widerspiegelung vorgegebener ethnischer oder kultureller Merkmale.
2) Das postkoloniale Subjekt bemüht sich um ein Transzendieren des Überkommenen, um einen Bruch mit dem Kontinuum der Vergangenheit (der kolonialen und der vor-kolonialen).
3) Interpretation beruht damit nicht auf der Synthetisierung verschiedener Perspektiven und Tendenzen, sondern auf der Enthüllung der widerstrebenden Tendenzen, die ein Subjekt bestimmen.
4) Die „Identität" des postkolonialen Subjekts beruht auf einem flüchtigen und vergänglichen „Aushandeln" verschiedener Tendenzen, die auf das Subjekt in Vergangenheit und Gegenwart einwirken.
5) „Mimikry": Die verfremdende Imitation der kolonialen Kultur verändert diese und offenbart das „Unheimliche", das heißt das im Selbstbild der kolonialen Kultur Verdrängte.

Für die Nachfahren der ehemaligen Kolonialherren gilt:

1) Es ergibt sich die Notwendigkeit, eine Selbstkritik der europäischen Moderne aufzunehmen und zu radikalisieren: Deren Vorstellung von Rationalität und Subjektivität beruhen auf einer Verleugnung der (inneren wie äußeren) menschlichen Natur (instrumentelles Denken, Herrschaft, „Dialektik der Aufklärung", Logozentrismus, vgl. die Ausführungen im 3. Abschnitt dieses Teils).
2) Die Verdrängungen des dominanten europäischen Diskurses werden im kolonialen Prozess offenkundig, indem in der Mimikry der koloniale Diskurs entstellt wird.
3) Das „Unheimliche" des kolonialen Diskurses: Verdrängte Begierden (Herrschaftsphantasien, sexuelle Phantasien) zeigen sich hinter dem Anspruch, die nicht-europäische Welt zu humanisieren und zu zivilisieren; die Hybridisierung enthüllt demnach eine Ambivalenz am Ursprung der dominanten Diskurse.
4) Interpretation wird damit zur Kritik der dominanten Diskurse durch die Aufdeckung der Verdrängungsmechanismen, welche diese charakterisieren; starre Identität wird als Schein entlarvt, die Denunzierung der Kolonialisierten als eine unbewusste Wendung gegen verdrängte eigene Phantasien (gegen das „Fremde im Eigenen").

Edward Said: *Orientalism*

Ein bedeutender Anreger der postkolonialistischen Kultur- und Literaturwissenschaft war der in den USA lebende palästinensische Komparatist Edward W. Said, der mit seiner Studie *Orientalism. Western Conceptions of the Orient* aus dem Jahre 1978 eine lebhafte Diskussion über die Bilder des Orients in der westlichen Welt auslöste. Auch wenn in der Zwischenzeit Saids Argumentation und die Methode seiner Arbeiten vehement kritisiert wurden[31], so ist doch die produktive Fragestellung seines Ansatzes zu würdigen, die vor allem in Europa und den USA eine kritische Selbstreflexion über die Art und Weise ausgelöst hat, wie in der westlichen Welt Bilder des Anderen und besonders Bilder des Orients entstehen und verbreitet werden und welche Funktion diese Bilder für das Selbstverständnis des „Okzidents" haben. Es ist deutlich, dass nach dem 11. September 2001 und neuerdings wieder nach dem Karikaturenstreit in den ersten Monaten des Jahres 2006 die Frage nach dem gegenseitigen Bild von Europäern/Amerikanern und den Völkern des „Orients" sowie von Christen und Muslimen keineswegs nur eine akademische Angelegenheit ist. Vielmehr kann man den Eindruck gewinnen, dass der Weltfrieden von dem Gewinn einer Einstellung abhängig ist, bei der beide Seiten klischeehafte Wahrnehmungen des jeweils anderen überwinden. Die interkulturelle Literaturwissenschaft kann ihrerseits darauf verweisen, dass die Literatur an der Überwindung von Feindbildern und Stereotypen einen aktiven Anteil nehmen kann und dass sie deshalb auch und gerade in den Zeiten, in denen ein „Clash of Civilizations" (Samuel Huntington) droht, eine zivilisierende Funktion übernehmen kann.

„Orientalism" als Diskurs

Wenn es nun zunächst darum geht, die Konzeption Edward Saids zu resümieren, so ist darauf zu verweisen, dass „Orientalism" als „Diskurs" im Sinne des französischen Philosophen Michel Foucault zu verstehen ist: Said bezeichnet mit dem von ihm geprägten Terminus das Ensemble des Wissens über den Orient, also das wissenschaftliche wie das populäre, und er betont, dass es sich hierbei nicht um ein „reines Wissen" handelt, das heißt um eine objektive wissenschaftliche Erkenntnis, sondern um ein Ensemble von Wissen, das mit Macht verbunden war und ist – mit Macht und konkret: mit Herrschaft europäischer und/oder amerikanischer Mächte über Gebiete des Nahen Ostens, Indiens, Nordafrikas. „Orientalism" ist damit nicht als ein empirisches Wissen über „objektiv" vorhandene Gegenstände zu verstehen, sondern als Repräsentation, als Konstruktion und als Erzeugung eines Bildes *und damit* eines Objekts des Wissens. „Den Orient" gibt es gar nicht – ein Begriff, der eine Fülle verschiedener Länder von Marokko bis Afghanistan, von Ägypten über Indien bis China zusammenfasst unter dem gemeinsamen Merkmal des Anderen als des Europäischen, beruht nicht auf einer empirisch fassbaren Erfahrung, sondern auf einer Konstruktion, die mit klischeehaften Vorstellungen arbeitet und die Überlegenheit der Europäer über ein Ensemble interessanter, aber als rückschrittlich begriffener Völker zu bezeichnen sucht.

Indem Said sich in die Tradition der Diskursanalyse einordnet, folgt er deren methodischen Prämissen und untersucht wie sie die Strukturen und das Funktionieren eines Diskurses, kann aber nicht *die Wahrheit* gegen *die Unwahrheit* setzen. Gleichzeitig steht Said selbst vor der Gretchenfrage, die sich aus seinem Ansatz ergibt: Ist es möglich, an die Stelle der klischeehaften Bilder des Orients als des Anderen Europas Bilder zu setzen, die nicht stereotyp sind, die dem Anderen seine Andersheit las-

Stereotype und nicht-repressive Bilder des „Orients"

sen und diese auch nicht als eine den Europäern unterlegene Essenz verstehen? Hier stellt die interkulturelle Literaturwissenschaft über Said hinaus Fragen: Entwickelt vielleicht die Literatur Bilder des Orients, die nicht repressiv sind? Wie bilden sich eigentlich die Selbstbilder der ‚orientalischen' Völker? Klar ist, dass eine innere Differenzierung erforderlich ist: Indien ist nicht Marokko, der Libanon nicht Saudi-Arabien usw.; wie sich aber klischeefreie Bilder von Ländern usw. bilden, ist insgesamt umstritten. Grundlegend bleibt jedoch Saids allgemeine These: Das Selbstbild Europas (als rational, aufgeklärt usw.) funktioniert mit Bezug auf ein Bild von „den Anderen", durch eine binäre Opposition mit einem ‚positiven' und einem ‚negativen' Pol. Als ein Teil der von Said unterstellten binären Opposition ist der Gedanke zu verstehen, dass sich der Westen in historischer Veränderung befinde, der Orient hingegen unveränderlich sei (so urteilte zum Beispiel Hegel über China). Während Said einerseits den „Orientalism" eng an den Prozess der Kolonialisierung der Länder des Nahen und Mittleren Ostens durch die europäischen Mächte bindet, stellt er andererseits historische Modelle heraus, die bereits Momente der orientalistischen Herabwürdigung fremder Völker enthalten haben: so das Verhältnis zwischen Griechen und „Barbaren" und die Konfrontation zwischen christlichen Rittern und Muslimen während der Kreuzzüge. Schwerpunkte der von Said behaupteten Entwicklung des „Orientalism" sind aber die Zeit Napoleons, das neunzehnte Jahrhundert und die Epoche der Entkolonialisierung und des Neo-Kolonialismus, die bis in unsere Tage reicht. Allerdings ergibt sich folgende Überlegung: Wenn es stimmt, dass die literarische Moderne (im Prinzip bereits seit der Spätaufklärung) auch eine Kritik der europäischen Modernisierung darstellt, dann müsste die Literatur (auch die Kunst) der Moderne andere Modelle der Identitätsbildung (jenseits binärer Konzepte) zur Verfügung stellen, und dann müsste es denkbar sein, dass eine andere Haltung gegenüber außereuropäischen Kulturen entwickelt wird (vgl. die Darlegungen zur deutschen Literaturgeschichte im Teil II).

Kritische Fragen an Saids Konzept des „Orientalism"

Die Germanistin Andrea Polaschegg hat in ihrer bemerkenswerten Dissertation aus dem Jahre 2005 die kritische Debatte um

Saids Thesen zusammengefasst und pointiert zugespitzt.[32] Dabei ergeben sich folgende Kritikpunkte:

1) Das Verhältnis zwischen dem Orient und Europa wird von Said einseitig im Sinne einer Überlegenheit des Westens dargestellt. Nicht berücksichtigt werden dabei etwa die Herrschaft islamischer Kalifate in Spanien und Sizilien, die Reiche der Byzantiner, der Mongolen und das indische Mogul-Reich sowie die Herrschaft der Osmanen über weite Teile Europas. Dass Bilder des Orients aus der Perspektive Europas immer aus einer Position der Überlegenheit entwickelt worden sein sollen, ist also unzutreffend.
2) Der Orient hat keine Sonderstellung im Hinblick auf die europäische Kolonialisierung der Welt (etwa im Hinblick auf Afrika, Südamerika und die Südsee).
3) „Europa" ist keine monolithische Größe; die Beziehungen Frankreichs und Großbritanniens zum „Orient" unterscheiden sich z.B. von denen Deutschlands. Deutschland zum Beispiel hatte in Goethezeit und Romantik keine Kolonien im Bereich des „Orients" und hatte so die Möglichkeit, zumindest tendenziell Bilder der „orientalischen" Länder und Völker zu entwickeln, die nicht von dem Gedanken an Herrschaft mitbestimmt waren (was freilich die Möglichkeit des Vorhandenseins eurozentrischer Denk- und Vorstellungsmuster nicht ausschließt).
4) Said erklärt einerseits, die Konstruktion von klischeehaften Bildern des Anderen sei notwendig, andererseits erhebt er den Vorwurf des *falschen* Bildes. Wie die Darlegungen zu den Modi der Fremderfahrung gezeigt haben, ist die Konstituierung eines Bildes des Anderen als des Fremden für die Bestimmung der eigenen Identität konstitutiv. Insofern kann es nicht darum gehen, die Existenz von Bildern des Anderen und Fremden als solchen zu kritisieren, sondern eine differenzierte Betrachtungsweise muss die Frage stellen, wie solche Bilder des Anderen und des Fremden geschaffen werden können, die einerseits die Fremdheit des Fremden bis zu einem gewissen Grade bewahren, andererseits aber so flexibel sind, dass eine Fixierung des Anderen im Klischee unterbleibt.
5) Die verzerrte Wahrnehmung des Anderen ist keine spezifische Eigenart der Europäer; es gibt auch eine Art „Okzidentalismus", das heißt eine klischeehafte Wahrnehmung Europas durch die „Orientalen", die zum Beispiel gerade in der aktuellen Diskussion die Europäer als konsumorientiert, zü-

gellos, ohne Religion, als entfremdete Großstadtmenschen usw. darstellen.[33]

6) Wenn die Erkenntnis von Alterität notwendig zur Bestimmung eigener Identität ist, dann kann in der Alterität keine hegemoniale Struktur liegen.

Insgesamt ist festzuhalten, dass Edward Said die postkoloniale interkulturelle Literaturwissenschaft sensibilisiert hat, indem er auf die mögliche Kombination von Bildern des Fremden und Macht verwiesen hat. Er hat damit Anliegen der Kritischen Theorie aufgegriffen und auf interkulturelle Konstellationen bezogen. Damit hat er auf die Grenzen einer literarischen Hermeneutik verwiesen, die interkulturelle Konstellationen unter Abstrahierung von Herrschafts- und Machtverhältnissen zu beschreiben sucht. Said hat aber – wohl aus einem verständlichen Impetus heraus, der sich gegen Hegemonialbestrebungen der USA im Nahen Osten richtete – ein Bild der Beziehungen zwischen Europa/den USA und dem „Orient" gezeichnet, das der Komplexität dieser interkulturellen Begegnungen nicht gerecht geworden ist. Es ist eine wesentliche Aufgabe der interkulturellen Literaturwissenschaft, diese komplexen Beziehungen zwischen Europa und seinen „Anderen" nachzuzeichnen. Dabei ist es von größter Bedeutung, nicht hinter das Problembewusstsein Saids zurückzufallen und die Verbindung von Fremdbildern und Herrschaft zu verdrängen. Auf der anderen Seite kann die interkulturelle Literaturwissenschaft gerade zeigen, dass der literarische Diskurs häufig subversive Wirkungen gegenüber den offiziellen Herrschaftsdiskursen ausüben kann und so die klischeehaften und entwürdigenden Bilder des Anderen umgehen kann, gegen die sich Edward Said mit Recht gewandt hat.

3. Literatur- und Kulturtheorie in interkultureller Perspektive: Hermeneutik des Fremden, Kritische Theorie, Dekonstruktion

Die Überlegungen zum Problem der Fremdheit und zu den Modi der Fremderfahrung in interkulturellen Konstellationen und die Erörterungen zur postkolonialen Perspektive im Hinblick auf die Begegnung zwischen Kulturen haben bereits ergeben, dass die kritische Reflexion der Bedingungen des Umgangs mit fremden Kulturen Konzepte problematisch erscheinen lässt, die das Verstehen des Fremdkulturellen und die Möglichkeit interkultureller Kommunikation fraglos als gelingend und erfolgreich ansehen. Grundsätzlich sind zwei Aspekte zu betonen, die sich aus den bisherigen Überlegungen ergeben haben: Wenn das Fremde *als Fremdes* respektiert und akzeptiert werden soll, kann es nicht umstandslos mit den vertrauten Kategorien des Eigenen erfasst werden. Und: Wenn interkulturelle Konstellationen der Gegenwart angemessen analysiert werden sollen, so ist die Tatsache zu berücksichtigen, dass in der Regel kein gleichberechtigter Dialog der Kulturen stattfindet, sondern dass die europäisch-amerikanische Kultur gemeinsam mit andern Industrieländern als Erbe von Kolonialismus und Imperialismus immer noch Herrschaft ausübt und damit eine gleichberechtigte Beziehung der Kulturen nicht gegeben ist.

Diese Probleme der Fremdheit des Fremden und der Determination von Austausch durch Herrschaft sind auch in der interkulturellen Literaturwissenschaft und damit auch in der interkulturellen Literaturtheorie zu berücksichtigen. Der folgende Abschnitt dieses Buches bietet in dieser Perspektive einen Durchgang durch literaturtheoretische Konzepte, die für die speziellen Fragestellungen der interkulturellen Literaturwissenschaft von besonderem Interesse sind. Dabei geht es zunächst um eine kritische Reflexion der hermeneutischen Konzepte, die als interkulturelle Hermeneutik und als Hermeneutik des Fremden den Anspruch erheben, den Begriff des Verstehens auf fremdkulturelle Gegenstände anzuwenden. Es zeigt sich dabei, dass die Idee eines Verstehens des Fremden letztlich auf der Überzeugung basiert, dass bestimmte Prinzipien und Grundannahmen der europäischen, durch Aufklärung und Humanismus geprägten Kultur *universelle Gültigkeit* haben. Kritiker der interkulturellen Hermeneutik sehen hierin eine mangelnde Reflexion auf die Fremdheit des Fremden und auf die im Namen von Aufklärung und Humanismus begangenen Verbrechen an den außereuropäischen Kulturen und Völkern. Jenseits aller ideologischen Debatten bleibt aber das Postulat, das skizzierte *Vorurteil jeder universalistischen Hermeneutik* selbstkritisch zu reflektieren. Im Zuge dieser selbstkritischen Reflexion sind theoretische Modelle zu berücksichtigen, denen es darum geht, die Grenzen der Hermeneutik zu bestimmen und zu überschreiten. So hat die Kritische Theorie den Zusammenhang von Kultur und Herrschaft akzentuiert und die anthropologischen Fragwürdig-

Hermeneutik und Universalismus

keiten des aufgeklärt-humanistischen Kultur-Modells aufgedeckt. Und die Dekonstruktion hat gezeigt, dass es möglich ist, das Denken der Differenz zur Grundlage einer Kultur- und Literaturtheorie zu machen. Die interkulturelle Literaturwissenschaft, die so die Grenzen der Hermeneutik kritisch reflektiert, wird für konkrete Modelle offen, die den Zusammenhang von kultureller und literarischer Alterität reflektieren und die interkulturelle Literaturwissenschaft als vergleichende Entwicklungsforschung diskutieren.

Hermeneutik der Fremde und interkulturelle Hermeneutik

Interkulturelle Germanistik

Mit der Gesellschaft für interkulturelle Germanistik hat sich unter maßgeblicher Leitung von Alois Wierlacher, Dietrich Krusche und Bernd Thum eine Forschungs- und Ausbildungsrichtung der Germanistik etabliert, die sich aus dem Arbeitszusammenhang des Deutschen als Fremdsprache entwickelt hat und der es darum geht, den Beitrag der interkulturellen Literaturwissenschaft für die Auslands-Germanistik zu verdeutlichen und auch der germanistischen Literaturwissenschaft die Perspektiven des Interkulturellen als Teil ihrer Arbeit bewusst zu machen. Die Verdienste dieser Forschungsrichtung insbesondere im Hinblick auf eine Integration von deutscher und Auslandsgermanistik sind unbestritten, und die vielfältigen Beiträge der verschiedenen Kolloquien und Tagungen sowie weitere Publikationen der Gesellschaft zu methodologischen, aber auch konkreten inhaltlichen Themen bilden eine wesentliche Grundlage auch dieses Buches. Eine kritische Würdigung verdienen in diesem Kontext insbesondere die Versuche von Alois Wierlacher, die Tradition der Hermeneutik und der Theorie des Verstehens so weiter zu entwickeln, dass sie auf interkulturelle Konstellationen angewendet werden können. Wierlacher setzt sich dabei mit den Grundlagen einer geisteswissenschaftlichen Hermeneutik auseinander, wie sie Hans-Georg Gadamer unter Rückgriff auf Konzepte Friedrich Schleiermachers und Wilhelm Diltheys vor allem in seinem Hauptwerk *Wahrheit und Methode* (1960) entwickelt hat. Gadamer hatte das *Konzept des hermeneutischen Zirkels* entwickelt, das eine *Interdependenz des Verstehens von Teil und Ganzem* eines Textes postuliert. Er hatte weiterhin das Verstehen als ein Einverständnis zwischen Text und Leser begriffen und das *Vorverständnis* als die Konsequenz einer Einbindung des Verstehensprozesses in eine Tradition des Ausle-

Geisteswissenschaftliche Hermeneutik

gens stark gemacht. Gleichzeitig hatte Gadamer die Ausbildung der Rezeptionsästhetik vorbereitet, indem er das Verstehen als eine *Horizontverschmelzung* zwischen Rezipient und Kunstwerk (Text) konzipierte. Dass dieses Modell des Verstehens die Fremdheit des Fremden zu verkennen droht und eine Vereinnahmung eben dieses Fremden bedeuten kann, betont Wierlacher:

> <...> das Gelingen geschichtlichen Verstehens besteht für ihn <Gadamer> letztlich in der Herstellung einer horizontverschmelzenden „Einheit“ des „Einen und Anderen“, die der Auflösung des Anderen im Einen bedenklich nahe kommt. <...> Wenn Verstehen als Horizontverschmelzung definiert wird, ist das „allgemeine Problem“ aller Hermeneutik in der Tat die Frage, „wie <...> eine Fremdheit überwunden“ und zu eigen gemacht werden könne. <...> Eine solche Zugriffsposition kann und darf nicht unsere Ausgangsbasis sein. In höchst bedenklichem Maße tradiert sie Denkmuster europäischen Kolonialverhaltens; sie überschätzt die Möglichkeit der Aneignung, weil sie die Spannung zwischen Eigenem und Fremdem übergeht <...>.[34]

Hermeneutik „mit fremden Augen“

Wierlacher plädiert in Abgrenzung zu Gadamer für eine Hermeneutik, die den Leser eines Textes in die Lage versetzt, verschiedene Rollen anzunehmen, mit „fremden Augen“ zu sehen und auf diese Weise die eigene Perspektive zu erweitern. Für das fremdkulturelle Verstehen kommt der Literatur dabei eine besondere Rolle zu, weil diese dem Leser dazu verhelfen kann, spielerisch in eine fremde Identität zu schlüpfen und damit hypothetisch die Sichtweise des Fremden zu übernehmen. Wierlacher postuliert, dass es darauf ankomme,

> <...> Rollendistanz zu üben, Einstellungs- und Sichtwechsel als Lesen mit anderen Augen zu praktizieren. Man kann auch sagen, es gehe darum, Verstehensrollen zu spielen. <...> Denn als explorierende Tätigkeit bricht das Spiel Vorurteile und Klischees auf, verlangt es eben jenen Modus des Verhaltens, den wir als Richtschnur aller Fremderfahrung ansahen, nährt es die Neugier. Ermöglicht es Fremd- als Selbsterfahrung, ist mithin immer schon eine Form aktiven Lebens, ein Ferment aller Kultur.[35]

Das spielerische Einüben fremder Perspektiven und Rollenmuster ist also für Wierlacher der Weg, die Einseitigkeiten der traditionellen Hermeneutik zu überwinden und einen Modus des Fremdverstehens zu konzipieren, der das Fremde nicht auf eine Spielart des Eigenen reduziert. Es ist dabei deutlich, dass in Wierlachers Perspektive die interkulturelle Literaturwissenschaft auf den Begriff des Verstehens nicht verzichten sollte, sondern dass für ihn vielmehr das Verstehen des Fremden in seiner Fremdheit deren Grundlage darstellt.

Universalismus und Kulturrelativismus

Eine kritische Reflexion dieses Konzepts der interkulturellen Hermeneutik und der Hermeneutik des Fremden hat Peter J. Brenner vorgelegt. Brenner verweist zunächst darauf, dass in der Tradition der Aufklärung intensiv über die Problematik der interkulturellen Konstellationen nachgedacht wurde und dass sich dabei eine Spannung zwischen Kulturrelativismus und Kulturuniversalismus ergeben hat: Während nämlich ein mächtiger Strang der Aufklärung, der in der Philosophie Kants kulminiert und in den Neuhumanismus der Weimarer Klassik einmündet, grundsätzlich davon ausgeht, dass es universale Normen und Werte gebe, die etwa die Werteskala der Humanität und des Humanismus begründeten und die erst eine Kommunikation zwischen den verschiedenen Kulturen ermöglichten, zeigten sich auf der anderen Seite kulturrelativistische Strömungen, die wenigstens teilweise in den Schriften Herders zum Ausdruck kommen und den Historismus begründeten, denen es darum ging, die individuelle Eigenart jeder Kultur und der spezifischen Entwicklung der je verschiedenen Kulturen herauszustellen. Während der Universalismus den relativistischen Positionen vorwerfen konnte, dass sie unfähig seien, Verstehen zwischen völlig differenten Kulturen zu erklären, konnte der Relativismus seinerseits bei dem Universalismus eine Unterordnung der fremden Kulturen unter die Werte und Normen der europäischen Aufklärung und des europäischen Humanismus diagnostizieren. Brenner macht darauf aufmerksam, dass selbst die avancierten Versionen der Hermeneutik Verstehen als Überwindung von Fremdheit konzipieren. Wenn bei Gadamer ein eurozentrisch-klassizistisch gedachter Traditionszusammenhang für jedes Verstehen konstitutiv ist, so postuliert Jürgen Habermas als Nachfolger der Kritischen Theorie (vgl. hierzu den folgenden Unterabschnitt), dass die Lebenswelt als gemeinsame Grundlage aller Kommunikation und damit als Voraussetzung für glückende Verständigung zwischen den Kulturen anzusetzen sei. Wenn sich aber interkulturelle Konstellationen zeigen, in denen weder die Gemeinsamkeit einer Tradition und eines wirkungsgeschichtlichen Zusammenhangs noch die Gemeinsamkeit einer Lebenswelt gegeben sind, dann fehlen der interkulturellen Hermeneutik die Voraussetzungen für ihr Modell des Fremdverstehens – und dieser Einwand gilt auch für das Konzept Wierlachers!

Anthropologische Konstanten

Auf diese Aporien des Fremdverstehens kann man reagieren, indem man eine gemäßigte Form des aufklärerischen Humanismus übernimmt und die Existenz anthropologischer Konstanten postuliert. Die Erfahrungen von Geburt und Tod, Liebe und Hass, Jugend und Alter, die Existenz von „Kulturthemen“ (Wierlacher) wie Essen oder Toleranz wären als Grundlage eines interkulturellen Verstehens anzunehmen. Gegen diese Auffassung, die von vielen profilierten Vertretern der interkulturellen Literaturwissenschaft geteilt wird, macht Peter J. Brenner zwei gewichtige Argumente geltend. Zunächst verweist er darauf, dass der Eindruck, die heutige Welt zeige in ihren verschiedenen Kulturen zahlreiche Gemeinsamkeiten, darauf beruht, dass die ganze Erde im Prozess der Kolonialisierung und des Imperialismus des 19. Jahrhunderts europäisiert und dass sie im Prozess der Globalisierung deutlich erkennbar amerikanisiert worden ist. Es besteht also die Gefahr, dass das, was wir als anthropologische Konstanten ansehen, Elemente europäisch-amerikanischer Kultur sind, die den nicht-europäischen Kulturen einfach übergestülpt wurden. Zweitens ist der Verweis auf anthropologische Konstanten und gemeinsame „Kulturthemen“ deshalb problematisch, weil gerade die kulturell verschiedene Ausprägung und Gestaltung der Grundbedingungen menschlichen Daseins die Grundlage einer Fremdheitserfahrung sein kann, die nicht unbedingt durch Verstehen einzuholen ist. Das heißt: Auch wenn alle Kulturen der Menschheit mit Phänomenen wie Geburt, Tod, Essen, Sexualität usw. zu tun haben, so ist die jeweilige Ausgestaltung dieses „allgemein Menschlichen“ gerade die spezifische und potentiell fremde Leistung der jeweiligen Kultur. Das Problem der interkulturellen Hermeneutik als einer Hermeneutik des Fremden besteht nach Peter J. Brenner darin, dass sie partikulare europäische Traditionslinien generalisiert und verabsolutiert und dass sie die Inhalte der eigenen Kulturtradition von der empirischen auf die transzendentale Ebene verschiebt, das heißt dass sie durchaus kontingente Eigenschaften und Normen des europäischen Menschen zu allgemein menschlichen erklärt.

Ethos des Verstehens vs. Beharren auf kultureller Differenz

Das skizzierte Dilemma der Hermeneutik des Fremden erscheint im Prinzip unüberwindbar; es kann auch nicht durch eine leichfertige Aufgabe des hermeneutischen Modells, durch einen Verzicht auf den Impetus zu verstehen aufgelöst werden. Interkulturelle Konstellationen leben unter anderem auch von der Suche nach dem Verbindenden zwischen den Kulturen, und diese Suche wird auch nicht durch Theorien der Multikulturalität überwunden werden. In der Diskussion der im ersten Abschnitt dieses Teils diskutierten Modi der Fremderfahrung nach Schäffter wurde verdeutlicht, dass in dem ersten Modus die Suche nach Gemeinsamkeiten und nach einem gemeinsamen Ursprung die Grundlage für die Kontaktaufnahme mit dem Fremden ist. Es wurde aber auch mit einem weiteren, dem vierten, Modus der Fremderfahrung darauf verwiesen, dass es eine Respektierung des Fremden als Fremden geben muss, dass also eine interkulturelle Konstellation denkbar sein muss, die nicht zu einem Verstehen des Fremden, sondern zu einer Koexistenz des fremd Bleibenden führt.

Eine weitere mögliche Schlussfolgerung aus den Überlegungen zur Problematik der interkulturellen Hermeneutik kann in der Suche nach Modellen des Humanismus und der gegenseitigen Anerkennung bestehen, die das eurozentrische Vorurteil überwinden und die kulturübergreifenden Grundüberzeugungen aller Weltkulturen betreffen. Bestrebungen in dieser Hinsicht sind unter anderen die Suche nach einem Weltethos der verschiedenen Religionen, die von dem Theologen Hans Küng angestoßen worden ist, und – als ein Beispiel aus dem aktuellen Wissenschaftsbetrieb – das 2006 begonnene „Humanismus-Projekt" des Kulturwissenschaftlichen Instituts Essen, das sich als ein interkultureller Dialog über Normen und Werte versteht und das von der Überzeugung ausgeht, dass ein Kampf der Kulturen nur dann zu verhindern sei, wenn einerseits die Differenz der verschiedenen Kulturen bewahrt und respektiert wird, wenn aber andererseits ein Konsens über grundsätzliche Normen der gegenseitigen Anerkennung und Koexistenz besteht. Den anti-hermeneutischen Verfechtern eines post-konsensuellen Multikulturalismus ist im Übrigen auch die Frage zu stellen, wie die Norm des Respektierens des Fremden und des gegenseitigen Anerkennens des Fremden eigentlich zu begründen ist und ob es sich bei dieser Norm möglicherweise um einen interkulturellen Konsens handelt, der jenseits aller Differenzen seine Gültigkeit bewahrt.

Jenseits des Dialog-Modells der Hermeneutik ist gerade auch im Hinblick auf die Fundierung einer interkulturellen Literaturwissenschaft die Problematik der Herrschaft und die herausragende Rolle der Differenz und des fortbestehenden Fremden zu bedenken. Diese kritische Selbstreflexion des hermeneutischen Bewusstseins und der Methodenlehre der interkulturellen Literaturwissenschaft ist im Folgenden mit einem Blick auf die Konzepte der Kritischen Theorie und der Dekonstruktion fortzusetzen.

Kultur und Herrschaft: Konzepte der Kritischen Theorie

Walter Benjamin und Theodor W. Adorno haben im Kontext einer sich verschärfenden Krise der Weimarer Republik und im Angesicht der Barbarei, die sich mit der Machtübernahme und der Herrschaft der Nationalsozialisten ausgebreitet hat, die Frage gestellt, in welcher Weise die bürgerliche Kultur und mit ihr die Kultur- und Literaturwissenschaft an einer Entwicklung beteiligt waren, die zu Unterdrückung, Verfolgung und Völkermord führte. Die Überlegungen Walter Benjamins betreffen die Frage, in welchem Verhältnis Kultur und Barbarei stehen und wie die Kulturwissenschaft den Zusammenhang von Kultur und Herrschaft aufdecken und möglicherweise aufheben kann. In seinen Thesen *Über den Begriff der Geschichte*, die er als seinen letzten Text auf der Flucht vor den Nationalsozialisten verfasst hat, skizziert Benjamin das Programm einer Kulturwissenschaft, die sich gerade die Aufgabe stellt, die skizzierte Kontinuität einer Kulturgeschichte zu unterbrechen, die durch eine Verzahnung von Kultur und Barbarei gekennzeichnet ist. Adorno untersuchte gemeinsam mit Max Horkheimer im amerikanischen Exil, wie die Prinzipien der Aufklärung, die zur Emanzipation und Befreiung des Menschen beitragen sollten, gegen den Willen ihrer Vertreter in die moderne Barbarei des Faschismus führen konnten. In der *Dialektik der Aufklärung* stellen Horkheimer und Adorno die These auf, dass die bürgerliche Vernunft ihren Begriff der Rationalität mit einer Unterwerfung der Natur innerhalb und außerhalb des Menschen verbindet und dass diese Tendenz der Unterwerfung sich gegen den Menschen wendet und im Faschismus zur diktatorischen Unterdrückung dessen wird, was das bürgerliche Subjekt als fremd von sich abgespalten hat. Es ist zu zeigen, dass die Grundmotive Benjamins und Adornos (und Horkheimers) eine wichtige Bedeutung auch für die interkulturelle Literaturwissenschaft haben, denn die Überlegungen zur Kultur und zu den anthropologischen Konsequenzen des aufklärerischen Vernunft-Begriffs führen zu der Einsicht, dass sich die kritisierten Prinzipien einer auf Herrschaft und Unterwerfung zielenden ‚instrumentellen' Vernunft auch und gerade in interkulturellen Konstellationen unheilvoll auswirken. Die Barbarei, die mit der Kultur verbunden ist, zeigt sich nämlich auch in der Unterdrückung einer Kultur durch eine andere, und die Verleugnung der inneren und äußeren Natur der ‚bürgerlichen Vernunft' führt zu ei-

Kultur und Herrschaft

ner Projektion des Naturhaften auf die anderen, wodurch ein wichtiges Erklärungsmodel für Chauvinismus und Kolonialismus gegeben ist. Benjamins Utopie einer Sprengung des Kontinuums der zielgerichtet in die Katastrophe führenden Geschichte und Horkheimers/Adornos utopische Formel eines „Eingedenkens der Natur im Subjekt" sind auch als Wegweiser für interkulturelle Konstellationen zu verstehen, die von Hegemonie und Unterwerfung befreit sein sollen.

Ein wesentliches Moment der *Geschichtsphilosophischen Thesen* Benjamins ist seine Kritik am Historismus. Er stellt die Frage,

> <...> in wen sich denn der Geschichtsschreiber des Historismus eigentlich einfühlt. Die Antwort lautet unweigerlich in den Sieger. Die jeweils Herrschenden sind aber die Erben aller, die je gesiegt haben. Die Einfühlung in den Sieger kommt demnach den jeweils Herrschenden allemal zugut. <...> Wer immer bis zu diesem Tage den Sieg davontrug, der marschiert mit in dem Triumphzug, der die heute Herrschenden über die dahin führt, die heute am Boden liegen. Die Beute wird, wie das immer so üblich war, im Triumphzug mitgeführt. Man bezeichnet sie als die Kulturgüter.[36]

Fortschritt und Kolonialisierung

Das aus der römischen Geschichte übernommene Bild des Triumphzugs verweist darauf, dass die Blüte einer Kultur (wie eben der römischen) in der Geschichte der Menschheit oft mit der Unterwerfung anderer Kulturen verbunden war. Sei es als Abgrenzung des Eigenen gegen die Barbaren wie bei den alten Griechen, sei es als offene Kolonialisierung wie bei den Römern – die behauptete Überlegenheit einer Kultur geht typischerweise mit einer ökonomischen und militärischen Unterdrückung anderer Kulturen einher, wobei eine solche Einschätzung auch für die moderne europäische Geschichte gilt, wenn man an die Eroberung der ‚Neuen Welt' durch die Spanier und andere Europäer, aber auch an die Geschichte der Französischen Revolution und die Eroberungszüge Napoleons denkt. Die interkulturelle Literaturwissenschaft hat vor diesem Hintergrund die Aufgabe, an die Opfer des historischen Prozesses zu erinnern und den Anteil der besiegten und unterdrückten Kulturen hervorzukehren, der von der Geschichte der Sieger systematisch verdeckt ist. Mit pathetischen Worten hat Benjamin diesen Zusammenhang verdeutlicht:

Kultur und Barbarei

> Es ist niemals ein Dokument der Kultur, ohne zugleich ein solches der Barbarei zu sein. Und wie es selbst nicht frei ist von Barbarei, so ist es auch der Prozeß der Überlieferung nicht, in

> dem es von dem einen an den anderen gefallen ist. Der historische Materialist <d.h. in Benjamins Perspektive der Interpret im Sinne der Kritischen Theorie> rückt daher nach Maßgabe des Möglichen von ihr ab. Er betrachtet es als seine Aufgabe, die Geschichte gegen den Strich zu bürsten.[37]

Die Literaturgeschichte des zwanzigsten Jahrhunderts ist in weiten Teilen von einer Tendenz bestimmt, die Benjamins Intentionen einzulösen sucht: Sie reflektiert geschichtliche Prozesse, bei denen es zu der Unterwerfung ganzer Kulturen, aber auch einzelner Gruppen innerhalb bestimmter Gesellschaften kam, und sie sucht diesen unterdrückten Kulturen, Völkern und Gruppen ihre Stimme zurück zu geben. Dies geschieht explizit, wenn in der postkolonialen Literatur die ehemals Kolonialisierten ihre Stimme erheben; dies geschieht aber auch in der deutschen Literatur, der es in ihrer Wendung gegen problematische Entwicklungen der Moderne um ein Gespräch mit den außereuropäischen Kulturen geht (wie die Darlegungen zu Carl Einstein und Alfred Döblin in Teil II zeigen werden); dies geschieht besonders in der deutschen Nachkriegsliteratur, die sich gegen den Rassenwahn der Nationalsozialisten den unterdrückten Völkern Europas zuwendet und die deren Einfluss auf die deutsche Geschichte in positivem Sinne hervorhebt (wie in Grass' *Blechtrommel*) und die insgesamt den Anteil unterdrückter Gruppen, Völker und Kulturen an der Entwicklung einer Weltkultur akzentuiert (wie Peter Weiss in seiner *Ästhetik des Widerstands*).

Walter Benjamin hat die Aufgabe der Kulturwissenschaften mit einem messianischen Pathos beschrieben, das unserer nüchternen Zeit nicht mehr entspricht. Dennoch ist seine Position noch immer ein Maßstab für das Verhältnis der interkulturellen Literaturwissenschaft zu den historischen Texten:

> Der materialistischen Geschichtsschreibung ihrerseits liegt ein konstruktives Prinzip zugrunde. Zum Denken gehört nicht nur die Bewegung der Gedanken sondern ebenso ihre Stillstellung. <...> In dieser Struktur erkennt er <der historische Materialist> das Zeichen einer messianischen Stillstellung des Geschehens, anders gesagt, einer revolutionären Chance im Kampfe für die unterdrückte Vergangenheit. Er nimmt sie wahr, um eine bestimmte Epoche aus dem homogenen Verlauf der Geschichte herauszusprengen; so sprengt er ein bestimmtes Leben aus der Epoche, so ein bestimmtes Werk aus dem Lebenswerk.[38]

Während Benjamins Reflexionen somit eine Rehabilitierung der in der Geschichte unterdrückten Menschen und Kulturen einfordern, lässt sich aus der *Dialektik der Aufklärung* Horkheimers und Adornos ein weiteres Aufgabenfeld der interkulturellen Literaturwissenschaft ableiten, das darin besteht, die anthropologischen und mentalitätsgeschichtlichen Defizite zu analysieren, die sich bei den Herrschenden ergeben haben. Denn diese sind zwar die Nutznießer des historischen Prozesses gewesen, haben aber ihren Sieg über die Natur und über die Fremden mit psychischen Defekten erkauft, die als Voraussetzungen für die Affinität gegenüber der faschistischen Versuchung erscheinen.

Dialektik der Naturbeherrschung

Horkheimer und Adorno haben in einem Exkurs zur *Dialektik der Aufklärung* den Protagonisten der *Odyssee* als Prototyp des bürgerlichen Helden beschrieben, der die Herrschaft über die Gefahren des unzivilisierten Meeres mit einer Verleugnung der eigenen Anteile von Natur bezahlt hat und der so zwar die Herrschaft über die Natur erlangte, aber seinerseits von den Imperativen der instrumentellen Vernunft strenger determiniert erscheint als die ‚Primitiven' vom Mythos. Die List des Odysseus ist die Grundlage der bürgerlichen Vernunft; sie beruht auf Triebverzicht und auf der Fähigkeit, den Bedürfnissen der Natur zu widerstehen, bewirkt aber eine Verhärtung des Subjekts, die dieses zur Grausamkeit und damit zur Unterwerfung unter die ‚bloße' Natur führt:

> Odysseus, wie die Helden aller eigentlichen Romane nach ihm, wirft sich weg gleichsam, um sich zu gewinnen; die Entfremdung von der Natur, die er leistet, vollzieht sich in der Preisgabe an die Natur, mit der er in jedem Abenteuer sich misst, und ironisch triumphiert die Unerbittliche, der er befiehlt, indem er als Unerbittlicher nach Hause kommt, als Richter und Rächer der Erbe der Gewalten, denen er entrann.[39]

Naturbeherrschung und Kolonialismus

Die Dialektik von Naturbeherrschung und Naturverfallenheit, die nach dieser (freilich ihrerseits sehr deterministisch argumentierenden) Konzeption charakteristisch für das europäische Bewusstsein ist, wird im kolonialen Prozess in besonderer Weise deutlich. Die interkulturelle Literaturwissenschaft kann in der kritischen Analyse der kolonialen Literatur zeigen, dass die koloniale Herrschaft nicht nur den unterworfenen Völkern unerträgliche Qualen bereitet, sondern auch die Psyche der Eroberer in spezifischer Weise verformt (vgl. die Analyse von Joseph Conrads *Herz der Finsternis* in Teil III). Der Zusammenhang zwischen der Geschichte der Zivilisation und der des Kolonialismus wird bereits von Horkheimer und Adorno indirekt angedeutet: „Das Organ des Selbst, Abenteuer zu bestehen, sich wegzuwerfen, um sich zu behalten, ist die List. Der Seefahrer Odysseus übervorteilt die Naturgottheiten wie einmal der zivilisierte Reisende die Wilden, denen er bunte Glasperlen für Elfenbein bietet."[40] Die Geschichte der Zivilisation und die Geschichte des Kolonialismus sind primär europäische Geschichten, und sie sind für die Autoren der *Dialektik der Aufklärung* Geschichten der Entsagung, der Verleugnung der Natur und damit letztlich Geschichten des Unglücks auch für die Herrschenden. Das sentimentalische Interesse für die außereuropäischen Zivilisationen, das ein Grundzug der Neuzeit und insbesondere der Kultur des zwanzigsten Jahrhunderts ist, kann als unreflektierter Exotismus kritisiert werden; es ist zweifelsfrei der Ausdruck eines Mangels, der daraus resultiert, dass die Unterwerfung fremder Kulturen nicht nur die Beherrschten, sondern auch die Herrschenden unglücklich gemacht hat:

> Der Listige überlebt nur um den Preis seines eigenen Traums, den er abdingt, indem er wie die Gewalten draußen sich selbst entzaubert. Er eben kann nie das Ganze haben, er muß immer warten können, Geduld haben, verzichten, er darf nicht vom Lotos essen und nicht von den Rindern des heiligen Hyperion, und wenn er durch die Meerenge steuert, muß er den Verlust der Gefährten einkalkulieren, welche Szylla aus dem Schiff reißt. Er windet sich durch, das ist sein Überleben, und aller Ruhm, den er selbst und die andern ihm dabei gewähren, bestätigt bloß, daß die Heroenwürde nur gewonnen wird, indem der Drang zum ganzen, ungeteilten Glück sich demütigt.[41]

Der Prozess der Zivilisation kann freilich nicht rückgängig gemacht werden; dennoch besteht in der Selbstkritik der europäische Kulturen und in einer Öffnung gegenüber den nicht-europäischen Traditionen eine Chance für eine mögliche Korrektur epochaler Fehlentwicklungen. Wie bereits angedeutet, muss der europäische Humanismus eine kritische Selbstreflexion seiner Geschichte unternehmen und den Anregungen nachgehen, die ihm die außereuropäischen Kulturen vermitteln können. Das, was Horkheimer und Adorno das „Eingedenken der Natur im Subjekt" genannt haben und was als die Entwicklung einer Kultur ohne Herrschaft über andere beschrieben werden kann, bedeutet freilich einerseits eine Umwälzung der Machtverhältnisse in der globalisierten Welt; andererseits sind die Kunst und die Literatur als ein Experimentierfeld anzusehen, auf dem eine echte Begegnung zwischen den europäischen und den nicht-europäischen Kulturen stattfinden kann. Es wird zu zeigen sein, dass etwa der magische Realismus der neueren südamerikanischen Tradition als ein hybrider literarischer Stil verstanden werden

Kritische Selbstreflexion des europäischen Humanismus

kann, der indianisch-mythische und westlich-rationale Tendenzen verbindet, damit auch das Mythisch-Naturhafte im europäischen Geist enthüllt und auf der Ebene der Fiktion eine Erneuerung des Denkens zu vermitteln sucht, die auch eine Erneuerung des europäischen Geistes bewirken könnte. Interkulturalität beruht jedenfalls auf der immanenten Utopie einer herrschaftsfreien Begegnung der Kulturen und damit auch auf dem Gedanken, dass es notwendig ist, die epochalen Defekte des europäischen Geistes zu überwinden durch eine Reform, die nur durch die Überwindung der negativen Folgen von Herrschaft zu erreichen ist. Auf diesen engen Zusammenhang von Herrschaft und Kultur und auf die negativen Folgen dieser kulturellen Konstellation hingewiesen zu haben, ist das bleibende Verdienst der Kritischen Theorie – und hierin liegt auch deren Aktualität für eine interkulturelle Literaturwissenschaft, die sich ihrer gesellschaftlichen und politischen Verantwortung bewusst ist.

Der Vorrang der Differenz: Dekonstruktion

Primat der Fremdheit und der Differenz

Von grundlegender Bedeutung für die interkulturelle Literaturwissenschaft ist das Denken der Dekonstruktion von Jacques Derrida das im Gegensatz zur Hermeneutik nicht die Konstitution von Sinn ins Zentrum der Beschäftigung mit literarischen Texten stellt, sondern darauf verweist, ~~dass e~~s sich bei der (literarischen und philosophischen) Suche nach Bedeutung um ein unabschließbares Spiel der Differenzen handelt, das nicht in einer Synthese oder einem Zentralbegriff zur Ruhe gebracht werden kann. Während die Hermeneutik – wie gezeigt – mit ihrem Drang zum Verstehen in der Gefahr steht, in der interkulturellen Konstellation die Fremdheit des Fremden zu verfehlen, sieht die Dekonstruktion einen Primat der Fremdheit und der Differenz, der sie gewissermaßen zu dem Antipoden der Hermeneutik macht.

Ausgangspunkt von Derridas Denken ist seine Kritik am geschlossenen System des klassischen Strukturalismus. Er orientiert sich an dem Gedanken, dass das einzelne Zeichen innerhalb eines Ganzen durch seine Differenz von den anderen Zeichen definiert ist, und geht gleichzeitig über dieses Postulat des Strukturalismus hinaus:

> Indem der Strukturalismus die Ebene der *langue* als ein geschlossenes Feld von Zeichen begreift, das auf der Differentialität seiner einzelnen Elemente beruht, denkt er die Differenz

> nach Derrida nicht radikal genug. Statt die Differentialität des Zeichens selbst zum Ausgangspunkt der eigenen Theorie zu machen, verlasse sich das strukturalistische Denken auf die Idee, dass die Struktur über ein Zentrum verfüge, das der Differenz selbst nicht mehr unterworfen sei.[42]

Der klassische Strukturalismus begrenzt somit das Spiel der Differenzen, indem er ein Zentrum des Systems, der Struktur annimmt, das selbst nicht mehr der Veränderung unterworfen sein soll und dadurch die Identität der einzelnen Elemente in der jeweiligen Differenz sichert. Derridas Einwand gegen dieses Modell liegt darin, dass er die Rede von der Stellung dieses System-Zentrums als paradox bezeichnet:

> Man hat daher immer gedacht, daß das seiner Definition nach einzige Zentrum in einer Struktur genau dasjenige ist, das der Strukturalität sich entzieht, weil es sie beherrscht. Daher läßt sich vom klassischen Gedanken der Struktur paradoxerweise sagen, daß das Zentrum sowohl *innerhalb* der Struktur als auch *außerhalb* der Struktur liegt. Es liegt im Zentrum der Totalität, und dennoch hat die Totalität *ihr Zentrum anderswo*, weil es ihr nicht angehört. Das Zentrum ist nicht das Zentrum.[43]

An die Stelle des geschlossenen Systems des klassischen Strukturalismus tritt also in Derridas Denkmodell ein offenes Spielfeld, in dem die Differenzen sich ablösen, ohne dass sie einer zentralen Struktur oder Totalität untergeordnet wären. Mit dieser Infragestellung des Elements der Totalität, das die Struktur beherrscht, richten sich Derridas Überlegungen auch gegen die Grundannahmen der Hermeneutik, bei der die Wechselwirkung zwischen dem Ganzen und seinen Teilen die Konstitution von Sinn erklären soll. Da, wo die Hermeneutik das Ganze und da, wo der Strukturalismus das Zentrum eines Systems vermutet, erkennt die Dekonstruktion eine Leerstelle, und sie erklärt die Leitbegriffe der wissenschaftlichen und philosophischen Sinnsysteme zu *Supplementen* dieser Leerstelle. In der Geschichte des abendländischen Denkens sieht Derrida insbesondere im Platonismus ein Denken der Fülle und der Präsenz, bei dem das einzelne Zeichen als ein mithilfe der Stimme artikuliertes eine Präsenz erlangt, die ihm seine metaphysische Bedeutung garantiert. An die Stelle dieser Metaphysik der Stimme setzt Derrida ein neues Verständnis der Schrift, nach dem alle Zeichen aufeinander verweisen und keines eine metaphysisch ausgezeichnete Präsenz besitzt. Im Zentrum von Derridas Modell steht damit aber „nicht die Differentialität des Zeichens, sondern die Differenz selbst, das Spiel, das es erst ermöglicht, dass es überhaupt Differenzen

Supplemente der Leerstelle

gibt."[44] Derrida geht also aus von der „Form eines jeder sprachlichen Differenz vorgängigen Prozesses"[45], einer Bewegung, durch die überhaupt erst Differentialität ermöglicht wird. Derrida prägte zur Bezeichnung dieser ursprünglichen Form der Bewegung das Kunstwort „différance", in dem sich die französischen Bezeichnungen für Differenz (Unterschied) und Aufschub verbinden. Die Bewegung der „différance" bewirkt somit, dass das einzelne Zeichen sich nicht nur von den anderen Zeichen unterscheidet, sondern dass eine definitive Bedeutungszuweisung für das einzelne Zeichen aufgeschoben, suspendiert wird – ohne dass dieser Aufschub jemals zu einem Ende gelangen würde. Die Textarbeit der Dekonstruktion besteht damit in dem Nachweis, dass dem einzelnen literarischen Text kein Sinn zugewiesen werden kann, der sich als Synthese der in ihm zu erkennenden Elemente oder als Zentrum der jeweils differenten Zeichen konstituieren würde. Identität und Zuweisung von Bedeutung werden im Sinne dieses Denkens immer gesucht und angestrebt, aber nie erreicht; die Identifizierung von Intention und Erfüllung erweist sich im Hinblick auf die Konstitution von Bedeutung als Illusion. Insbesondere die Literatur ist ein Bereich, in dem diese prinzipielle Suspendierung definitiver Bedeutungen durchgespielt wird. Die Interpretation hat vor diesem Hintergrund nicht die Aufgabe, die einzelnen Elemente des Textes im Sinne einer Leitidee unter eine gemeinsame Bedeutung zu vereinigen; vielmehr geht es ihr darum, das Spiel der Differenzen zu verdeutlichen und fortzuschreiben, das gerade den literarischen Text kennzeichnet. Und auch das Verhältnis von Form und Inhalt des literarischen Texts ist in diesem Kontext neu zu interpretieren: Form und Inhalt sind nicht identisch wie in der klassischen Theorie der Literatur; vielmehr ist die Form ein Element des literarischen Textes, das an der Suspension des Sinnes mitarbeitet und die inhaltliche Eindeutigkeit des Geschriebenen aufhebt.

„Différance": Unterschied und Aufschub

Suspendierung definitiver Bedeutungen

Die Bedeutung dieser Konzeption für die Interpretation interkultureller Phänomene und damit für die interkulturelle Literaturwissenschaft ist evident. Denn die Dekonstruktion hebt die Erfahrung von Differenz als ein Grundmuster der Lektüre von Texten und von Verstehensprozessen im Allgemeinen hervor, und sie ermöglicht damit eine Öffnung gegenüber dem Spiel der Differenzen, das sich eben auch in den interkulturellen Konstellationen ausprägt. Die Dekonstruktion ist damit ein wichtiger Repräsentant des poststrukturalistischen und postmodernen Denkens, das nicht mehr die Überwindung der Differenzen in übergreifenden

Differenz als Grundmuster

Synthesen postuliert, sondern das Aushalten der Differenzen als eine grundlegende Haltung in einer nach-metaphysischen Welt propagiert. Indem die Literatur als ein Bereich verstanden wird, in dem sich dieses Spiel der Differenzen in einer hervorragenden Weise artikuliert, ist die Bedeutung der Literatur für den Umgang mit interkulturellen Konstellationen zweifelsfrei verdeutlicht.

Die interkulturelle Literaturwissenschaft kann die Anregungen der Dekonstruktion aufnehmen und deren Kritik der Hermeneutik dahingehend aufnehmen, dass sie das Aushalten der Differenz und die Hinnahme des Fremden als Fremden als ein wichtiges Moment auch der interkulturellen Literaturwissenschaft begreift. Es bleibt freilich die Frage, ob die Dekonstruktion nicht – gewissermaßen als Zwilling der Hermeneutik – ihrerseits nicht die Synthese und die Totalität, sondern den Widerstreit und die Differenz zu einem nicht hinterfragbaren Grundprinzip erklärt. Zweifelsfrei ist die interkulturelle Konstellation und auch die Interpretation interkulturell relevanter literarischer Texte von einer Spannung zwischen Differenz und Identität, zwischen Vielfalt und Gemeinsamkeit gekennzeichnet. Es erscheint als eine sinnvolle Position der interkulturellen Literaturwissenschaft, eine Entscheidung zwischen beiden Methoden und Theorien zu verweigern und die Spannung zwischen Hermeneutik und Dekonstruktion, zwischen Synthetisierungswillen und Hochhalten der Differenz auszuhalten. Die konkrete Arbeit mit literarischen Texten kann sich flexibel an Optionen für Synthesen und Differenzen orientieren, und sie sollte keine Vorentscheidung fällen zugunsten einer Position, da sie sonst Gefahr liefe, die literarischen Texte nur als Illustrationen einer vorformulierten Theorie der Interkulturalität zu missbrauchen. Wie sich aber das Programm einer interkulturellen Literaturwissenschaft im Lichte der grundlegenden Reflexionen zu Interkulturalität und Fremdheit, zur postkolonialen Perspektive und zur Literaturtheorie zwischen Hermeneutik des Fremden, Kritischer Theorie und Dekonstruktion konkret ausmacht, soll im Folgenden als Zusammenfassung des ersten Teils dieses Buches dargelegt werden.

Spannung zwischen Differenz und Identität

4. Das Programm der interkulturellen Literaturwissenschaft

Es wurde dargelegt, wie sich der Begriff der Interkulturalität im Kontext eines erweiterten Kulturverständnisses entwickelt, wie

Erfahrungen anderer Kulturen und Erfahrungen von Fremdheit in einer auf Austausch und Begegnungen mit dem Fremden ausgerichteten Welt in verschiedener Weise interpretiert werden können. Es wurde dabei deutlich, dass interkulturelle Konstellationen nicht in einem herrschaftsfreien Schutzraum stattfinden, sondern in einem Spannungsfeld, das seit dem Beginn der Neuzeit vor allem durch das Phänomen des Kolonialismus gekennzeichnet war, sodass interkulturelle Konstellationen der Gegenwart immer auch im Kontext des Postkolonialen begriffen werden müssen. Es wurde auch gezeigt, dass wichtige Strömungen der Literatur- und Kulturtheorie auf jeweils verschiedene Weise interkulturelle Konstellationen zu interpretieren suchen, sodass neben eine Hermeneutik des Fremden die kritische Reflexion der Kulturgeschichte als Herrschaftsgeschichte durch die Kritische Theorie und die Betonung eines freien Spiels der Differenzen durch die Dekonstruktion tritt. Im Folgenden ist nun zuspitzend darzulegen, wie der Zusammenhang von Interkulturalität und Literatur genau zu bestimmen ist.

Kulturelle und poetische Alterität

Norbert Mecklenburg hat zu dieser Frage mit seinem aus dem Jahre 1987 stammenden Aufsatz *Über kulturelle und poetische Alterität. Kultur- und literaturtheoretische Grundprobleme einer interkulturellen Germanistik*[46] einen fundamentalen Beitrag geliefert, dessen wesentliche Elemente im Blick auf den spezifischen Beitrag der Literatur und der Literaturwissenschaft zu den Problemen interkultureller Konstellationen hier wiedergegeben werden sollen.

Zwischen Partikularität und Universalität

Norbert Mecklenburg plädiert zunächst dafür, dass die interkulturelle Literaturwissenschaft im Hinblick auf die auch in diesem Buch beschriebene Spannung zwischen Partikularität und Universalität, die sich im Streit zwischen Hermeneutik und Dekonstruktion theoretisch manifestiert, eine flexible Offenheit bewahren sollte:

> Gewiß ist allen universalistischen Entwürfen zu mißtrauen, selbst wenn sie ihre – meist eurozentrisch-modernistische – Perspektivität kritisch-reflexiv einzuholen und auch die Verlustrechnung der Modernisierung aufzumachen versuchen. So krankt der imponierende, an Einsichten reiche Entwurf eines entwicklungslogischen Universalismus von Jürgen Habermas an einer mangelnden Verständnisbereitschaft für die Rationalität fremdkultureller Lebensformen, die als „opake Ge-

> stalten“ und „bizarre Äußerungen“ von ihm marginalisiert werden.[47]

Die universalistische Perspektive verfehlt damit einen Bereich der fremdkulturellen Erfahrung, der insbesondere auch für die Literatur des 19. und 20. Jahrhunderts von entscheidender Bedeutung ist und der dabei eine grundlegende Reflexion der Defizite des europäischen Modernisierungsprozesses bedingt:

> Die Folge ist, daß von solcher Kulturtheorie Bereiche wie Naturbeziehung, Leiblichkeit, Kreativität, Gefühlsleben, Zwischenmenschlichkeit weitgehend ausgeschlossen werden, in denen sich gerade mit Hilfe einer verständnisvollen, wenn auch nicht unkritischen Auseinandersetzung mit nichteuropäischen und vormodernen Lebensformen alternative Perspektiven für unsere moderne Kultur erschließen lassen könnten. Die Verkettung von Rationalität und Destruktivität in der westlich-modernen Kultur zwingt uns gerade zum Lernen von fremden Kulturen und zu stetem Mißtrauen gegen eigene universale Vorgriffe.[48]

Auf der anderen Seite verweist Mecklenburg darauf, dass die Auseinandersetzung mit fremden Kulturen nur unter der Voraussetzung möglich ist, dass das jeweils Verschiedene vor dem Hintergrund von Gemeinsamem erkennbar wird. Die Kulturanthropologie hat in diesem Zusammenhang Erkenntnisse entwickelt, die darauf deuten, dass es zwar nicht immer möglich ist, das Fremde zu verstehen, dass es aber sehr wohl darauf ankommt, das Ungewohnte und Fremde zu *erklären*, das heißt im Rahmen bestimmter gesellschaftlicher und sozialer Beziehungen in einen kausalen Zusammenhang zu bringen. An die Stelle eines unklaren und unwissenschaftlichen Begriffs des „Menschen“ ist im Sinne der modernen Kulturwissenschaft der Bezug auf allgemeine Muster und Strukturen durchaus legitim:

Universalien der Kulturwissenschaft

> Wenn man die dabei ins Spiel gebrachten Strukturen, Codes, Muster als theoretische Konstrukte, nicht als Realität an sich nimmt, dann gibt es keinen Grund, die verschiedenartigen von den modernen Kulturwissenschaften registrierten *Universalien* nicht auch für das Verstehen von kultureller Alterität heranzuziehen. Das wären nicht nur die von der Kulturanthropologie vermittelten Universalien in bezug auf Lebenszyklus, Leiblichkeit, Sexualität, Gefühlsausdruck, soziale Beziehungen, Religiosität usw., sondern auch semiotische, linguistische, kognitive, ästhetische, poetische. <...> Universalien sind nicht absolute, apriorische Größen, sondern empirisch-hypothetisch ermittelte interkulturelle Invarianten von relativ großer Wahrscheinlichkeit. Auch Varianz kann einer (universalen) Regel unterliegen,

> und kulturelle Differenz besteht seltener in ungleichen Merkmalen als in dem unterschiedlichen Stellenwert von gleichen Merkmalen.[49]

Wenn so die kulturelle Alterität im Spannungsfeld von Differenz und Universalismus aufgefasst werden kann, so zeigt sich, dass die Literatur gerade deshalb für das Verständnis von kultureller Differenz und interkulturellen Konstellationen eine besondere Bedeutung hat, weil sich der Phänomenbereich des Literarischen seinerseits durch eine Differenz zu den Erfahrungen und Diskursen des alltäglichen empirischen Lebens konstituiert. Mit Mecklenburg kann man davon sprechen, dass die poetische Alterität, welche die Literatur kennzeichnet, die Voraussetzung für den besonderen Stellenwert darstellt, der dieser im Kontext der kulturellen Alterität zukommt.

Poetische Alterität

Das Konzept der poetischen Alterität kann allgemein so verstanden werden, dass die Literatur eine autonome Sinnsphäre jenseits der Welt des Empirischen konstituiert. Der Leser und die Leserin von Literatur machen also eine Erfahrung von Alterität, indem sie sich in eine andere Welt begeben als die ihres gewöhnlichen Lebens. Mecklenburg erläutert diese Alterität der Literatur im Blick auf verschiedene theoretische Modelle. So verweist die formalistisch-strukturalistische Konzeption darauf, dass die Literatur durch einen von der Norm abweichenden Sprachgebrauch charakterisiert erscheint, der dem Rezipienten von Literatur eine Erfahrung von Fremdheit vermittelt. Der in der Dramentheorie Brechts an prominenter Stelle verwendete Begriff der Verfremdung, der in anderer Form auch im russischen Formalismus auftritt, kann verstanden werden als eine bewusste Reflexion auf diesen Fremdheitscharakter der literarischen Sprache. Die Rezeptionsästhetik deutet diese Fremdheiterfahrung von der Rezeptionsseite her und unterstreicht, dass die Aufnahme von Literatur eben durch die Schaffung einer eigenen Welt im Zusammenspiel von Werk und Rezipient gekennzeichnet ist. In der poststrukturalistischen Perspektive ist die Alterität des Poetischen durch das unabschließbare Spiel der Signifikanten und damit durch den Primat der Differenz gekennzeichnet, den wir in unserer Erörterung der Dekonstruktion herausgestellt haben. Die phänomenologisch-hermeneutische Konzeption unterstreicht den Fiktionscharakter der Dichtung, und sie betont, dass die literarische Sprache nicht nur eine weltdeutende, sondern auch eine welterschließende, ja sogar weltschaffende Kraft besitzt, die dazu führt, dass die fiktive Welt der Literatur gegen die „reale" Welt der alltäglichen Erfahrung gestellt werden kann. Aus die-

Fremdheit der literarischen Sprache

ser Einsicht zieht die dialektische Literaturtheorie im Kontext der Kritischen Theorie die Folgerung, dass es sich bei der poetischen Alterität auch um ein gesellschaftliches Verhältnis handelt. Durch die ästhetische Differenz und die poetische Autonomie wird, so die Konzeption Theodor W. Adornos, ein mimetischer Weltbezug hergestellt, der eine gewaltfreie Synthesis heterogener Elemente schafft und damit ein utopisches Modell vermittelt, das der entfremdeten gesellschaftlichen Wirklichkeit polemisch gegenüber steht.

Alterität und Utopie

Wenn man diese Bestimmungen der poetischen Alterität zusammen nimmt, dann kann man das spezifische interkulturelle Potential der Literatur folgendermaßen bestimmen:

Literatur enthält und vermittelt (1) kulturelle Muster, d.h. sie baut die kulturelle Fremdheit, die sie enthält, gleichzeitig selbst ab. Darüber hinaus vermittelt Literatur aber (2) Sensibilität für kulturelle Differenz überhaupt. (Das kann, mittelbar, gleichfalls Fremdheit abbauen, indem etwa scheinbar interkulturelle Differenzen als intrakulturelle durchschaut werden.) Schließlich (3) sensibilisiert Literatur, als verfremdender Umgang mit Zeichen, für Differenzwahrnehmung überhaupt, und das kann, wiederum mittelbar, dazu beitragen, Fremdheits- und Vertrautheitselemente auch in interkultureller Kommunikation besser zu unterscheiden.[50]

Literatur als Einübung in die Erfahrung von Alterität

Indem Literatur sich also als das Andere gegenüber der vertrauten Wirklichkeit des Lesers und der Leserin präsentiert, kann sie als Einübung in die Erfahrung von Alterität und von Differenz überhaupt begriffen werden. Im Sinne der dargelegten Spannung zwischen Universalismus und Differenz-Denken kann die Literatur damit Kompetenzen für den Umgang mit Alterität, Fremdheit und Differenz vermitteln – und dies wiederum in den skizzierten zwei Richtungen: Sie kann in bestimmten Fällen aus Fremdheit Vertrautheit machen; sie kann aber auch das Fremde als Fremdes erfahrbar machen. Sie kann auf das Eigene im Fremden und auf das Fremde im Eigenen aufmerksam machen; sie kann aber auch das Fremde als Fremdes erkennbar machen und so die Abgrenzung zwischen Eigenem und Fremdem verstärken – und sie kann schließlich eine Erfahrung von Differenzen vermitteln, bei der Verschiedenheit und Fremdheit zu Elementen eines Spiels werden, das seinen Reiz gerade in einer unendlichen Variation der Formen und der Inhalte besitzt. Das Moment der Simulation, des Experiments und des Spiels, das der Literatur wie der Kunst im Allgemeinen inne wohnt, ist damit für die interkulturelle Literaturwissenschaft von zentraler Bedeutung, weil die

Literatur als Simulation fremdkultureller Erfahrung

Literatur in dieser spielerischen und experimentell-simulatorischen Weise in die Erfahrung von Interkulturalität und Fremdheit einführt und dadurch zu verhindern hilft, dass in der sozialen Praxis kulturelle Differenz zu gewalttätigen Auseinandersetzungen führt. Norbert Mecklenburg weist abschließend darauf hin, dass der Umgang mit Heterogenem, den Theodor W. Adorno als das utopische Moment der Kunst konzipiert, auch ein ethisches Modell für die interkulturelle Literaturwissenschaft darstellt. Denn auch für die Literatur gilt: Sie unterscheidet sich von der empirischen Welt der Praxis dadurch, dass in ihr ein Umgang mit dem Anderen zu erkennen ist, der auf eine gewaltsame Einverleibung des Differenten verzichtet: „Der versöhnte Zustand annektierte nicht mit philosophischem Imperialismus das Fremde, sondern hätte sein Glück daran, daß es in der gewährten Nähe das Ferne und Verschiedene bleibt, jenseits des Heterogenen wie des Eigenen."[51] Indem also Literatur eine Erfahrung von Interkulturalität gestaltet, in der das Fremde ohne Gewalt und Unterwerfung seine relative Vertrautheit ebenso zeigen kann wie seine bleibende Fremdheit, wird die poetische Alterität zum Modell eines Umgangs mit interkulturellen Konstellationen, in dem auf Herrschaft und Gewalt und auf deren Übertragung in den Bereich des Denkens verzichtet werden kann.

Interkulturelle Literaturwissenschaft als vergleichende Entwicklungsforschung

Wenn wir nun die konkreten Aufgaben der interkulturellen Literaturwissenschaft in unserer heutigen Welt der Globalisierung betrachten und wenn wir dabei als herausragende interkulturelle Konstellation die Begegnung von europäisch-amerikanischen und nicht-westlichen Kulturen und Literaturen ansehen, so ergibt sich das Problem, wie die eurozentrische Perspektive auf die für uns fremden Literaturen und Kulturen überhaupt überwunden werden kann. Dabei erweist sich, dass ein zentrales Moment der eurozentrischen Sichtweise in einer geschichtsphilosophischen Perspektive zu finden ist, die den europäischen Weg der Modernisierung nicht nur für unumkehrbar hält, sondern auch die Entwicklung der sogenannten Dritten Welt an das Modell der Industrieländer und damit letztlich an das europäische Modell der Modernisierung bindet. Wenn es stimmt, dass die Welt-Wirtschaftspolitik von einer solchen Sichtweise bestimmt wird, die wichtige Wurzeln im Fortschrittsdenken der europäischen Aufklärung und in den geschichtsphilosophischen Syste-

Der europäische Weg der Modernisierung

men von Hegel und Marx hatte, so ist doch in der Literatur und Kultur eine Tendenz zu erkennen, mit der die Menschen der Industrieländer auch von den kulturellen Traditionen und Erfahrungen der außereuropäischen Länder lernen können und wollen. Nimmt man diese Tendenz ernst und betrachtet die Selbstreflexion der europäischen Moderne genauer, so lässt sich feststellen, dass Literatur und Kunst die technische, industrielle und ökonomische Modernisierung von Anfang an mit einer kritischen Distanz begleitet haben. Wenn heute – wie oben dargelegt – der Gedanke zum Allgemeingut geworden ist, dass „Fortschritt" und Moderne mit Destruktivität und Verlusterfahrungen verbunden sind, dann ergibt sich daraus zweierlei: Zum einen kann rückblickend die Literatur zumindest seit dem 18. Jahrhundert als eine (selbst-)kritische Reflexion der europäischen Modernisierung betrachtet werden; zum anderen sind die Texte der außereuropäischen Literaturen ihrerseits als Reflexionen eines Modernisierungsprozesses anzusehen, der sich durch Ähnlichkeiten mit, aber auch Unterschiede zu dem europäischen auszeichnet. Das Interesse der Europäer an den gegenwärtigen außereuropäischen Literaturen wäre dadurch zu begründen, dass in der interkulturellen Konstellation möglicherweise Alternativen zu einem als defizitär empfundenen europäischen Modernisierungsprozess zu erkennen wären. Umgekehrt wäre die deutsche und europäische Literatur seit der Aufklärung für außereuropäische Leser und Leserinnen gerade deshalb von besonderem Interesse, weil in ihr Reflexionen von Erfahrungen mit Modernisierung zu erkennen sind, die für die heutigen Gesellschaften der außereuropäischen Kulturen und Völker relevant sind.

Selbstkritische Reflexion der europäischen Modernisierung

Aus diesen Überlegungen hat Leo Kreutzer das interessante Konzept einer interkulturellen Literaturwissenschaft als vergleichender Entwicklungsforschung entwickelt, das von der Überzeugung ausgeht, dass Literatur ein spezifisches Wissen über gesellschaftliche Entwicklungen enthält. Dieses kann in interkultureller Perspektive dadurch fruchtbar gemacht werden, dass kontrastiv die Erfahrungen mit verschiedenen Formen, Etappen und Geschwindigkeiten von Entwicklung ausgebreitet werden. Kreutzer hat seine Konzeption vor allem in der Begegnung mit der Germanistik des frankophonen Schwarzafrika entwickelt, und er ist von der Erfahrung ausgegangen, dass die Beschäftigung mit deutscher Literatur eine neue Legitimation braucht, wenn die europäische Kultur und das europäische Entwicklungsmodell nicht mehr fraglos als Vorbild angenommen werden kann. Literatur setzt gegen die drohende Uniformierung der Welt

Vergleichende Entwicklungsforschung

Der Eigensinn der Kulturen

durch die Globalisierung den „Eigensinn“ der Kulturen und das Wissen um die Bewahrung menschlicher Bedürfnisse in den problematischen Prozessen einer vermeintlich fortschrittlichen Entwicklung:

> Was die jeweils fälligen Modernisierungsprozesse den Menschen bringen, möchte weltweit auf das gleiche hinauslaufen; was sie ihnen zugunsten einer universalgeschichtlichen Angleichung nehmen, ihr ‚Eigensinn‘, ist hingegen regional unterschiedlich. Von den Unterschieden in der Angleichung spricht die Literatur, darin besteht ihr einzigartiges menschenfreundliches Entwicklungswissen: Sie plädiert für eine *Entwicklung der Unterschiede in der Angleichung*, für synkretistische, nicht für universale Lösungen. So scheint mir gegenwärtig eine interkulturelle Literaturwissenschaft, als Ermittlung einer Ästhetik gesellschaftlicher Modernisierung, auf das Projekt der Erkundung und Verflechtung eines vielgestaltigen ästhetischen Synkretismus hinauslaufen zu können.[52]

Die Kultur Afrikas entwickelt zum Beispiel ganz im Sinne der Überlegungen des postkolonialen Theoretikers Homi Bhabha eine Literatur, die aus den einheimischen Traditionen oralen Erzählens und aus der europäischen Literatur Anregungen empfängt, und es bildet sich ein synkretistischer dritter Ort, der weder als einfache Fortführung der lokalen Traditionen noch als Nachahmung europäischer Vorbilder verstanden werden kann. Die afrikanische Modernisierungserfahrung unterscheidet sich dabei insofern von der europäischen erheblich:

> Die Form, die der europäische Roman seit dem 19. Jahrhundert anzunehmen hatte, entstand in der Auseinandersetzung mit einem vergleichsweise langgezogenen Prozeß gesellschaftlicher Modernisierung, der dem als literaturfähig geltenden, also bürgerlichen Individuum zunehmend die Verfügung über seine Lebensgeschichte und dem Roman auf Dauer unwiderruflich den ‚Faden der Erzählung‘ entzog. <...> <In Afrika> drückt sich im scheinbar gleichen literarischen Resultat doch eine fundamental andere Modernisierungserfahrung aus, die dramatische Erfahrung des Verlusts traditionaler Lebenswelten innerhalb *einer* Generation.[53]

Gestaltung von Modernisierungserfahrungen

Interkulturelle Literaturwissenschaft als vergleichende Entwicklungsforschung beschreibt somit die Art und Weise, wie verschiedene Literaturen verschiedene Modernisierungserfahrungen gestalten – und wie die Rezeption einer fremden Modernisierungserfahrung etwa für die europäischen Leserinnen und Leser die Selbstkritik der eigenen Modernisierung und der eigenen Erfahrungen von Gegenwart bereichern kann. Die neue Weltliteratur ist postkolonial und damit in fundamentaler Weise interkulturell – und sie bietet einen Vergleich verschiedener Wege zur Moderne – einen Vergleich, der auch eine interkulturelle Diskussion über den Zustand dieser Moderne anzuzetteln in der Lage ist. Ob die neue Weltliteratur die Welt ändern kann, erscheint fraglich; sie kann aber auf jeden Fall eine globale Diskussion über die Gestaltung der globalisierten Welt in Gang setzen und dabei die Homogenisierung der Welt im Dienste des Welt-Kapitals zumindest aufhalten.

Interkulturalität und literarische Mittel

Wenn Interkulturalität die Erfahrung des Fremden/des Anderen impliziert, dann stellt sich die Frage, welche literarischen Mittel solche Erfahrungen in exemplarischer Weise gestalten können und welche literarischen Mittel die poetische Alterität in besonderer Weise bewusst machen. Wenn interkulturelle Konstellationen die Infragestellung starrer Normsysteme bedingen, dann werden literarische Gestaltungsmittel notwendig, die eine solche Infragestellung mit den Mitteln der Sprache und der Fiktion ausdrücken. Solche Gestaltungsmittel können u.a. sein: die Satire, die Parodie, die Groteske, die Komik, die Phantastik:

- Die Satire zeigt die Kritik an einer bestimmten gesellschaftlichen Konstellation im Namen eines (implizit oder explizit formulierten) Ideals; dieses Ideal kann mit Elementen einer fremden Kultur verbunden sein. Satire
- Die Parodie kann durch übertriebene und verändernde Nachahmung charakteristische Eigenheiten einer Kultur hervorheben, wobei die Motivation zur Parodie durch Normen und Konventionen einer fremden Kultur gegeben sein kann. Parodie
- Die Groteske zeigt die übertriebene Darstellung einer Person oder einer Sache, wobei deutlich wird, dass gegebene Konventionen verletzt werden; die Verletzung dieser Konventionen kann durch den fremden Blick motiviert sein. Groteske
- Bei der Komik haben wir es mit dem Scheitern einer Norm zu tun, wobei das Lachen als Entlastung zu verstehen ist; dabei kann die Verletzung der Norm ver-lacht oder die Fragwürdigkeit der Norm be-lacht werden; Komik kann demnach durch interkulturelle Konstellationen hervorgerufen werden. Komik
- Phantastik entsteht dadurch, dass die Grenze zwischen Realität und Traum verwischt werden; wenn aber das Verständnis Phantastik

von Realität auf kulturellen Konventionen beruht, verschiebt sich dieses Verständnis in der Begegnung mit dem Fremden (vgl. die Bedeutung von Rauschmitteln in verschiedenen Gesellschaften).

Interkulturalität und Verfremdung

Insgesamt kann die Kategorie der Verfremdung – wie bereits dargelegt – als ein Oberbegriff für die literarischen Mittel und Verfahren verwendet werden, die in besonderer Weise mit Phänomenen des Interkulturellen verbunden sind. Der Begriff stammt in seiner engen Bedeutung aus Brechts Theorie des epischen Theaters und bezeichnet ein Verfahren, bei dem etwas Vertrautes künstlich fremd gemacht wird, weil es als Fremdes aus einer kritischen Distanz betrachtet werden kann. Verfremdung bewirkt also, dass wir das Eigene gewissermaßen mit den Augen des Fremden betrachten, wobei sich dieses Modell auf literarische Interkulturalität übertragen lässt: Indem verschiedene kulturelle Perspektiven konfrontiert werden, entstehen Phänomene des Kontrasts und der Fremdheit – wie etwa das Groteske, das Komische, die Satire, die Parodie, aber auch das Tragische. Diese literarischen Phänomene sind nicht nur im Bereich der Interkulturalität zu beobachten; sie treten hier aber häufig und in spezifischer Ausprägung auf.

Exkurs: Orhan Pamuks *Schnee* aus deutscher Perspektive

Die deutsch-türkischen Kulturbeziehungen sind geprägt durch das distanzierte Verhältnis der deutschen Bevölkerungsmehrheit zu den türkischen „Gastarbeitern“ und Migranten, auch denen der zweiten und dritten Generation, die als Kinder von Migranten in Deutschland geboren sind und eigentlich gar nicht mehr als Fremde bezeichnet werden können (vgl. die Ausführungen über deutsch-türkische Literatur in Teil IV). Im kollektiven Gedächtnis gibt es über dieses Verhältnis hinaus alte Erinnerungen: so die angstbesetzten an die „Türken vor Wien“; aber auch Reminiszenzen an eine lange Kooperation zwischen Preußen/dem Deutschem Reich und dem Osmanischen Reich, die sich in dem geradezu mythischen technisch-industriellen Projekt der Bagdad-Bahn[54] manifestierten. Es gibt die Erinnerung an eine Waffenbrüderschaft zwischen Deutschen und Türken im Ersten Welt-

Deutsch-türkische Geschichte(n)

krieg, die zu einer Duldung des türkischen Völkermordes an den Armeniern durch die Deutschen führte. Und es gibt die Erinnerung an das Exilland Türkei, das in der Zeit des Nationalsozialismus viele Wissenschaftler aus Deutschland aufnahm, die ihre Lehrerlaubnis verloren hatten. Die heutigen Beziehungen sind geprägt durch das Misstrauen der deutschen Öffentlichkeit gegenüber einem fundamentalistischen Islam und durch eine kontroverse Diskussion um die mögliche Aufnahme der Türkei in die Europäische Union.

Orhan Pamuk

Orhan Pamuks Roman *Schnee* ist 2002 in der Türkei erschienen und 2005 in einer deutschen Übersetzung. Der im Jahre 1952 geborene Autor erhielt im selben Jahr 2005 den Friedenspreis des deutschen Buchhandels. Er sah sich zur gleichen Zeit in der Türkei einem mittlerweile eingestellten Gerichtsverfahren ausgesetzt, weil er durch Interview-Äußerungen zu dem erwähnten Völkermord an den Armeniern im Ersten Weltkrieg den Straftatbestand der Beleidigung der Türkei und des Türkentums erfüllt haben sollte. Aus deutscher Sicht hat Pamuks neuester Roman ganz besondere Verdienste dadurch, dass er das Fremdeste an der Türkei zu verstehen sucht, das, was ihm selber eigentlich fremd ist, was aber auch zu der Türkei gehört: den islamistischen Fundamentalismus. So erklärte Pamuk in einem Interview: „Die größte Herausforderung bestand aber darin, mich einzufühlen, mich mit allem und jedem in Kars zu identifizieren: mit den religiösen Fanatikern, den Unterprivilegierten, den Ärmsten der Armen, den Aufgebrachten und Wütenden.“[55] Pamuks Buch ist aber nicht primär politisch: Die Liebesbeziehung zwischen dem Dichter Ka und der schönen Ipek aus der Provinzstadt Kars stehen im Mittelpunkt des Romans, aber auch die Natur in ihrer Schönheit, wobei das Schneekristall in seiner sechseckigen Form als Schönheitsmodell erscheint.

Der Plot des Romans *Schnee*

Der Plot des Romans lässt sich folgendermaßen rekapitulieren:

> In der Stadt Kars, im gebirgigen Nordosten Anatoliens, haben mehrere junge Frauen Selbstmord begangen. Der türkische Dichter Ka reist im Auftrag einer Istanbuler Zeitung aus seinem deutschen Exil dorthin, um die näheren Umstände dieser Todesfälle zu recherchieren und über die anstehenden Kommunalwahlen zu berichten, bei denen ein Sieg der Islamisten erwartet wird. Dabei gerät er in politische und religiöse Auseinandersetzungen und in ein für ihn undurchschaubares Netz von Beziehungen, Machtkämpfen und Intrigen. Auf der Suche

> nach seiner Jugendliebe, der Wahrheit und neuer Inspiration für seine Gedichte bewegt er sich wie in Trance durch die gottverlassene Kleinstadt. Dann geschieht ein Putsch. Heftiger Schneefall verhindert, dass irgend jemand die Stadt verlassen kann. Ka, in der Stadt eingeschlossen und ihr so vollkommen ausgeliefert, verliert durch die eigenartige Atmosphäre seine fatalistische, passive Grundstimmung, die er während seines Frankfurter Exils angenommen hatte. Er nimmt Kontakt auf zum Chefredakteur der örtlichen Zeitung, der schon oft über Ereignisse berichtet, die erst noch stattfinden sollen, besucht Bürgermeister und Polizeipräsident, Religionsführer, jugendliche Islamisten, Freundinnen und Familien der toten Mädchen, spricht mit den wenigen Besuchern der Teehäuser und nimmt an unterschiedlichsten Versammlungen teil.[56]

Am Ende verrät Ka aus Eifersucht den Aufenthaltsort des Islamisten Lapislazuli; Ipek, die neben ihrer Schwester Kadife ebenfalls Lapislazulis Geliebte war, weigert sich, ihm nach Deutschland zu folgen; Anhänger des Rivalen haben Ka vier Jahre später ermordet und offenbar seine Gedichte aus Kars gestohlen.

Ka ist ein Dichter aus gehobenen Istanbuler Kreisen, die stark verwestlicht sind; er lebt vereinsamt in Frankfurt, sucht nach dem Sinn seines Lebens, sucht diesen in der Liebe und in der Poesie, und diese Suche verbindet ihn mit den Islamisten aus Kars, die fast alle in Kadife verliebt sind und selbst zum Teil auch dichten. Die Stellung Kas als Bewunderer des Westens wird in dem Roman kritisch gesehen; die westliche Haltung erscheint als nihilistisch und oberflächlich. Pamuk erklärt: „In ‚Schnee' habe ich nicht zuletzt auch meine zweifelhafte Position thematisiert. Ich stelle ja auch die Frage nach meiner Zuverlässigkeit und Glaubwürdigkeit, wenn ich, ein ‚verwestlichter' Beobachter von Istanbul, ein Urteil über einen derart aufgewühlten und geschundenen Ort meines Landes verbreite."[57]

Hier setzt die Möglichkeit einer interkulturellen Deutung des Romans ein: Der deutsche Leser kann sich mit Ka identifizieren, der als ein Fremder, als ein von ‚westlichen' Werten geprägter Mensch in ein verlassenes anatolisches „Provinzkaff" (Pamuk) kommt; Ka verliert seine vermeintliche Überlegenheit gegenüber den Provinzlern schnell; seine eigene Orientierungslosigkeit, die als Ergebnis der modernen westlichen Lebens erscheint, wird im Verlauf des Romans immer deutlicher; es gibt in dem Roman eine implizite Kritik an dem Pluralismus und der Beliebigkeit der europäischen Kultur. Der islamische Fundamentalismus wird verständlich einerseits als eine Verweigerung gegenüber der westlichen Kultur, die als anmaßend und imperialistisch erscheint, andererseits als Ausdruck einer Sinnsuche, die ganz analog in der Dichtung und in der Suche nach Liebe zu erkennen ist.

Anthropologische Universalien in Schnee

Im Hinblick auf die oben skizzierte Diskussion zwischen Universalismus und dem Konzept der Differenz ist zu bemerken, dass Pamuks Roman von der Existenz anthropologischer Konstanten ausgeht: Solche Konstanten sind die Suche nach Orientierung und Lebenssinn, die religiöse Sehnsucht und die Sehnsucht nach Liebe. Poesie erscheint als Suche nach einer verborgenen Ordnung in der Welt und in der Existenz, die Schönheit der Natur (Schnee) wird als ein Symbol dieser gesuchten Ordnung verstanden.

Figurenkonstellation in *Schnee*

Der Roman bietet eine große Vielfalt von Personen, die ihrerseits die gesamte Bandbreite der türkischen Gesellschaft repräsentieren, dabei gleichzeitig aber ihre individuellen Züge nicht verlieren. Zu nennen sind insbesondere

- der erwähnte Dichter Ka;
- ein Erzähler Orhan, ein Schriftsteller (kein Lyriker wie Ka) und offenbar ein Double des Autors, der die Geschichte nach dem Tode Kas zu rekonstruieren sucht;
- die schöne Ipek, die Ka vom Studium in Istanbul kennt, die aber in Kars lebt; sie ist klug, und Ka sieht den Sinn seines Lebens darin, mit ihr nach Frankfurt zu gehen; es stellt sich heraus, dass sie nicht nur die ehemalige Frau des gemäßigten Islamisten Muhtar, sondern auch die ehemalige Liebhaberin des radikalen Islamisten Lapislazuli ist; sie verzeiht Ka seinen Verrat an dem Freund nicht;
- ihre Schwester Kadife, eine Islamistin; sie ist sehr selbstbewusst und begehrenswert; sie ist die Geliebte Lapislazulis; in dem zweiten Theaterstück am dritten Tag nach dem Putsch ist sie bereit, ihr Kopftuch abzulegen, um den Geliebten zu retten; es handelt sich um eine sehr differenziert gezeichnete Gestalt; Ka spricht ironisch von einer „islamistischen Feministin“; sie ist sehr eifersüchtig und liebt wie ihre Schwester ihren Vater, den ehemaligen Kommunisten, sehr;
- Turgut Bey, der Vater der beiden; früher als Kommunist häufig im Gefängnis und gefoltert, heute ein liebevoller Vater und Hotelbesitzer, sympathisch, aber feige;
- Scheich Saadettin, ein religiöser Führer, offenbar eine Art Mystiker (Sufist), eigentlich von Ka verachtet; aber Ka entdeckt

in dem Zusammensein mit ihm eine verdrängte religiöse Sehnsucht;
- Lapislazuli, ein islamistischer Kämpfer und Frauenheld; nicht sehr sympathisch, aber eben einflussreich auf erotischer Ebene, stirbt, weil Ka ihn offenbar aufgrund seiner Eifersucht verrät;
- Sunay Zaim, ein kemalistischer Schauspieler, der in den anatolischen Dörfern aufklärerische Stücke spielt, um die Provinzler von den Ideen der modernen Republik zu überzeugen; er inszeniert den Theaterputsch und kommt bei der zweiten Aufführung zu Tode;
- Necip, ein junger Islamist, der Kadife liebt und eine poetische Science-Fiction-Geschichte geschrieben hat; Ka ist von seiner ehrlichen Suche nach Orientierung beeindruckt; Necip kommt bei dem Putsch zu Tode und wird von Ka beweint; es zeigt sich bei dem jungen Gläubigen eine Konkurrenz zwischen der Liebe zu Kadife und der Liebe zu Allah.

Interkulturelle Perspektiven der Romaninterpretation

Pamuks Roman und sein Verhältnis zur Türkei

Der Roman enthält eine dezidierte Kritik an den politischen und kulturellen Zuständen in der Türkei: Die armenische Vergangenheit von Kars wird ebenso erwähnt wie die Unterdrückung der Kurden. Eine ambivalente Haltung ist gegenüber den Islamisten zu erkennen: Der Roman bewahrt eine deutlich erkennbare Distanz gegenüber ihrem religiösen Fanatismus, zeigt aber durchaus Respekt vor ihrer religiösen Inbrunst. Islamisten erscheinen als Poeten und Liebende und auch als „edle Verbrecher“. Kritisiert wird die Unterdrückung all derer, die von dem kemalistischen Staatsmodell abweichen.

Trotz aller politischen Implikationen fällt es schwer, Pamuks Roman politisch einzuordnen: Ka sucht die Liebe in Kars; Poesie, Liebe und Natur stehen vor der Politik; die westlich orientierten Kräfte unterdrücken die abweichenden Vorstellungen; Pamuk unterstützt das westlich orientierte Modell einerseits, sympathisiert aber mit den Unterdrückten und den „Unterprivilegierten“, und die Islamisten gehören dazu bzw. sprechen für diese. So verbinden sich in Pamuks Schreiben westliche und „orientalische“ Traditionslinien; er sieht auch die „osmanisch-türkisch-islamische“ Tradition als einen Bereich, aus dem er formal und inhaltlich schöpft.

Der Blick des deutschen Lesers auf den Roman

Von einer besonderen Bedeutung für die interkulturelle Literaturwissenschaft ist die Perspektive des deutschen Lesers, sein besonderer Blick auf die türkische Kultur und Gesellschaft, die ihr der Roman bietet: Die Andersartigkeit, das Fremde der Stadt Kars wird nicht aufgehoben; sie bleibt dem deutschen Leser immer bewusst; indem die fremde Figur Ka aber lernt, die verschiedenen Einwohner von Kars besser zu verstehen, wird auch dem deutschen Leser die Komplexität der türkischen Kultur verdeutlicht; indem differenzierte Figuren entstehen, die den gängigen Klischees widersprechen (wie selbstbewusste, attraktive Kopftuchträgerinnen), werden die gängigen Stereotype in Frage gestellt.

Die Probleme werden aber nicht durch Idealfiguren verkleinert; die Tragik des Widerspruchs etwa zwischen der kemalistisch-laizistischen Ordnung und den „Turban-Mädchen“, die sich weigern, an der Universität ihr Kopftuch abzunehmen, und die durch diese Spannung in den Freitod getrieben werden, wird eindringlich verdeutlicht; der deutsche Leser wird sich nicht mit den fremden Figuren identifizieren, er kann aber deren Position bis zu einem gewissen Grade nachvollziehen.

Vor allem: Das Nicht-Politische spielt eine entscheidende Rolle: Die Suche nach Sinn und Harmonie artikuliert sich in den Bereichen Liebe, Poesie, Natur; diese Suche kann der deutsche Leser ohne Weiteres nachvollziehen; ihm wird aber deutlich gemacht, dass der islamische Fundamentalismus eine fremde Form dieser Sinnsuche sein kann. Darüber hinaus vollzieht sich eine Selbstkritik der europäischen Moderne in der Figur des „verwestlichten“ Dichters Ka. Dessen Selbstkritik kann der deutsche Leser auch in der Beschreibung der „Entfremdung“ im Frankfurter Bahnhofsviertel nachvollziehen. Ein Bedürfnis nach Spiritualität und nicht-autoritärer Religiosität macht der Text ebenso plausibel wie die Kritik an einer Moderne, die auf religiöse Bewusstseinsformen in arroganter Weise herabblickt.

Selbstkritik der europäischen Moderne

In der Konfrontation mit dem Fremden (Türkei) wird also etwas von einer Sinnkrise des Eigenen (Deutschland, „westliche“ Moderne) deutlich; das Andere wird keineswegs in naiver Weise als Projektionsfigur der eigenen Sehnsüchte und Wünsche missbraucht, sondern als problematische Auseinandersetzung mit der Kontingenz der Moderne dargestellt. Die Frage wird formuliert, ob der deutsche Leser als Repräsentant der westlichen Moderne nicht Elemente einer vermeintlich vor-modernen Liebesbereitschaft, einer Öffnung gegenüber Natur und Poesie, einer tiefen Religiosität in sein Weltbild integrieren kann.

Das Ideal der interkulturellen Literatur wäre also in Pamuks Roman eine experimentelle Mischung aus Altem und Neuem,

Mischung aus Altem und Neuem

die Überwindung eines aufklärerischen und geschichtsphilosophischen Dogmatismus (wie sie in Leo Kreutzers Konzept der „vergleichenden Entwicklungsforschung" postuliert wird), eine hybride Kombination von Ratio und Emotion, von Wissenschaft und Religion, von Kalkül und unmittelbarer Menschlichkeit; dies könnte auch ein Ansporn sein zu einer Öffnung gegenüber der Kultur der türkischen Migranten jenseits von oberflächlicher Toleranz und Ghettoisierung.

Anmerkungen:

[1] Ernest W. B. Hess-Lüttich: Interkulturelle Medienwissenschaft und Kulturkonflikt. In: Linguistik online 14 (2003), H.2, 15 Seiten, hier S. 1 (gesehen in www.linguistik-online.de/14_03/hess-luettich.html am 31. August 2005).
[2] Vgl. Ortrud Gutjahr: Alterität und Interkulturalität. Neuere deutsche Literatur. In: Claudia Benthien, Hans Rudolf Velthen (Hrsg.): Germanistik als Kulturwissenschaft. Eine Einführung in neue Theoriekonzepte. Reinbek bei Hamburg 2002, S. 345-369, hier S. 352f.
[3] Vgl. Clifford Geertz: Dichte Beschreibung. Beiträge zum Verstehen kultureller Systeme. Frankfurt am Main 1983, S. 9-12.
[4] Terry Eagleton: Was ist Kultur? München 2001, S. 51.
[5] Doris Bachmann-Medick: Einleitung. In: D. B.-M. (Hrsg.): Kultur als Text. Die anthropologische Wende in der Literaturwissenschaft. Frankfurt am Main 1996, S. 7-64, hier S. 10.
[6] Gutjahr: Alterität und Interkulturalität, S. 353.
[7] Ebd., S. 352.
[8] Vgl. Benedict Anderson: Die Erfindung der Nation. Zur Karriere eines folgenreichen Konzepts. Frankfurt am Main 1993.
[9] Elisabeth Bronfen, Benjamin Marcus: Hybride Kulturen. Einleitung zur anglo-amerikanischen Multikulturalismusdebatte. In: E. B., B. M., Therese Steffen (Hrsg.): Hybride Kulturen. Beiträge zur anglo-amerikanischen Multikulturalismusdebatte. Tübingen 1997, S. 1-29, hier S. 4, 7.
[10] Ebd., S. 7.
[11] Gutjahr: Alterität und Interkulturalität, S. 365.
[12] Vgl. zur folgenden Darstellung Bernhard Waldenfels: Topographie des Fremden. Studien zur Phänomenologie des Fremden I. Frankfurt am Main 1999, S. 20f.
[13] Gutjahr: Alterität und Interkulturalität, S. 360.
[14] Ebd.
[15] Ebd.
[16] Ebd., S. 361.
[17] Waldenfels: Topographie, S. 28.
[18] Vgl. zum Folgenden Ortfried Schäffter: Modi des Fremderlebens. In: O. Sch. (Hrsg.): Das Fremde. Erfahrungsmöglichkeiten zwischen Faszination und Bedrohung. Opladen 1991, S. 11-42.
[19] Ebd., S. 16.
[20] Ebd.

21 Ebd., S. 18
22 Ebd., S. 20.
23 Ebd., S. 22.
24 Ebd., S. 22f.
25 Ebd., S. 25.
26 Ebd.
27 Ebd., S. 26.
28 Ebd.
29 Ebd., S. 25. Das Zitat bei Bernhard Waldenfels: Die Verschränkung von Innen und Außen im Verhalten. In: B. W.: Phänomenologische Forschungen. Bd. 2. München 1976, S. 102-129, hier S. 127.
30 Bronfen, Marcus: Hybride Kulturen, S. 14.
31 Vgl. die umfassende Dokumentation dieser Diskussion in Alexander Lyon Macfie (Hrsg.): Orientalism. A Reader. New York 2000.
32 Vgl. Andrea Polaschegg: Der andere Orientalismus. Regeln deutsch-morgenländischer Imagination im 19. Jahrhundert. Berlin, New York 2005, S. 28-38.
33 Vgl. Ian Buruma und Avishai Margalit: Okzidentalismus. Der Westen in den Augen seiner Feinde. München, Wien 2005.
34 Alois Wierlacher: Mit fremden Augen oder Fremdheit als Ferment. Überlegungen zur Begründung einer interkulturellen Hermeneutik deutscher Literatur (1983). In: Dietrich Krusche, A. W. (Hrsg.): Hermeneutik der Fremde. München 1990, S. 51-79, hier S. 58f. Die Gadamer-Zitate aus Hans Georg Gadamer: Wahrheit und Methode. Grundzüge einer philosophischen Hermeneutik. 4. Auflage Tübingen 1975, S. 279 und H. G. G.: Rhetorik, Hermeneutik und Ideologiekritik. In: H. G. G.: Kleine Schriften I,2. 2. Auflage Tübingen 1976, S. 116.
35 Wierlacher. Mit fremden Augen, S. 68.
36 Walter Benjamin: Über den Begriff der Geschichte. In: W. B.: Illuminationen. Ausgewählte Schriften I. Frankfurt am Main 1983, S. 251-261, hier S. 254.
37 Ebd., S. 254.
38 Ebd., S. 260.
39 Horkheimer, Max und Theodor W. Adorno: Dialektik der Aufklärung. Philosophische Fragmente <1947>. Frankfurt am Main 1988, S. 54f.
40 Ebd., S. 55.
41 Ebd., S. 65.
42 Achim Geisenhanslüke: Einführung in die Literaturtheorie. Darmstadt 2003, S. 97.
43 Jacques Derrida: Die Sprache und die Differenz. Frankfurt am Main 1972, S. 423.
44 Geisenhanslüke: Einführung in die Literaturtheorie, S. 99.
45 Ebd.
46 In: Dietrich Krusche, Alois Wierlacher (Hrsg.): Hermeneutik der Fremde. München 1990, S. 80-102.
47 Ebd., S. 85. Die beiden Zitate nach Jürgen Habermas: Theorie des kommunikativen Handelns. Frankfurt am Main 1981, Bd. 2, S. 588.
48 Mecklenburg: Über kulturelle und poetische Alterität, S. 85.
49 Ebd., S. 87.
50 Ebd., S. 96.
51 Theodor W. Adorno: Negative Dialektik. Frankfurt am Main 1966, S. 192. Vgl. Mecklenburg: Über poetische und kulturelle Alterität, S. 98.

[52] Leo Kreutzer: Eigensinn und Geschichte. Überlegungen zu einer Literaturwissenschaft als interkultureller Entwicklungsforschung. In: Lutz Danneberg, Friedrich Vollhardt (Hrsg.): Wie international ist die Literaturwissenschaft? Methoden- und Theoriediskussion in den Literaturwissenschaften: kulturelle Besonderheiten und interkultureller Austausch am Beispiel des Interpretationsproblems (1950-1990). In Zusammenarbeit mit Hartmut Böhme und Jörg Schönert. Stuttgart, Weimar 1996, S. 591-599, hier S. 595f.

[53] Ebd., S. 598.

[54] Vgl. zum Projekt der Bagdad-Bahn Alexander Honold, Klaus Scherpe (Hrsg.): Mit Deutschland um die Welt. Stuttgart, Weimar 2004, S. 115-126.

[55] Interview mit Hubert Spiegel in der Frankfurter Allgemeinen Zeitung vom 6. Juli 2005. Auch im Internet unter www.faz.net.

[56] Ein Text der ARD-Sendung „druckfrisch“ (www.daserste.de/druckfrisch).

[57] Ebd.

II. Interkulturelle Aspekte der deutschen Literaturgeschichte

Dass die deutsche Literaturgeschichte nicht als abgeschlossene nationale zu verstehen ist, dass sie immer und jederzeit durch die Einflüsse anderer Nationen, Sprachen und Literaturen bestimmt war, ist ein Konsens der heutigen Literaturwissenschaft. Die folgenden exemplarischen Analysen sollen somit nicht diese Einflüsse anderer Kulturen auf die deutsche Literatur demonstrieren; sie sollen vielmehr zeigen, dass interkulturelle Konstellationen in allen wichtigen Epochen der deutschen Literaturgeschichte eine entscheidende Rolle gespielt haben. Interkulturelle Studien zu deutschen Literaturgeschichte fragen damit beispielhaft nach der Thematisierung des Fremden in ausgewählten bedeutenden Texten der deutschen Literatur, und sie stellen heraus, wie das Eigene der deutschen Literatur nur im Bezug auf das Andere und das Fremde bestimmt werden konnte. Bei der Bestimmung dieses Eigenen ist eine große Bandbreite zu erkennen zwischen den Polen „Abgrenzung" und „Bereicherung" (vgl. die Darstellung von Modellen der Fremderfahrung nach Schäffter in Teil I). Entgegen einer verbreiteten ideologiekritischen Tendenz ist aber im Folgenden zu zeigen, das die interkulturelle Perspektive in viel mehr Fällen, als dies vielleicht auf den ersten Blick erscheinen mag, die Öffnung der deutschen Literatur gegenüber dem Fremden, und zwar auch und gerade gegenüber dem außereuropäischen Fremden, zu deren Produktivität beigetragen hat. Erweiterung des Eigenen durch die Öffnung gegenüber dem Fremden – diese Perspektive ist zwischen Aufklärung und Moderne vorherrschend – und es ist die Aufgabe der interkulturellen Literaturwissenschaft, dies herauszustellen.

Die Öffnung der deutschen Literatur gegenüber dem Fremden

Im Rahmen der vorliegenden Einführung kann selbstverständlich nicht der Anspruch erhoben werden, eine umfassende interkulturelle Geschichte der deutschen Literatur vorzulegen. Ein exemplarisches Vorgehen soll vielmehr Anregungen geben, den Blick auf interkulturelle Konstellationen, auf die Bedeutung der Dimensionen des Fremden für die deutsche Literatur zu schärfen. Der Überblick beginnt mit dem Interesse des späten Goethe am Orientalischen in der Gedichtsammlung

West-östlicher Divan und der Auseinandersetzung mit der asiatischen Spiritualität in der Romantik. Was sich bei Goethe andeutet: eine Verbindung zwischen der Hinwendung zum außereuropäischen Fremden und eine Annäherung an die Moderne – dies wird zu Beginn des 20. Jahrhunderts bei dem Schriftsteller und Kunsthistoriker Carl Einstein in der Faszination für die „Negerplastik" deutlich, wobei die Öffnung gegenüber dem vermeintlich „Primitiven" Auswirkungen auf die Epik der Moderne erkennen lässt, wie diese sich etwa bei Alfred Döblin zeigen. Als der Nationalsozialismus deutsche Autoren ins Exil zwingt, werden diese durchaus unfreiwillig mit interkulturellen Erfahrungen konfrontiert, und es erweist sich an Döblins Exilwerk, dass die Auseinandersetzung mit einer fremden Kultur zu einer kritischen Reflexion der Frage führt, wie sich die deutsche Katastrophe im Rahmen der europäischen Zivilisation entwickeln konnte. Dass die Literatur nach 1945 den rassistischen Nationalismus auch und gerade dadurch zu überwinden suchte, dass sie interkulturelle Erfahrungen und Konstellationen literarisch und ästhetisch fruchtbar machte, soll mit dem Blick auf zwei epochale Romane, Günter Grass' *Blechtrommel* und Peter Weiss' *Ästhetik des Widerstands*, demonstriert werden.

Gegen die Idee einer homogenen deutschen „Leitkultur"

Mit diesen exemplarischen Analysen sollen Vorschläge gemacht werden, die zu weiteren Analysen anregen sollen und mit denen deutlich wird, dass sich die moderne deutsche Literatur in ständiger Auseinandersetzung mit interkulturellen Konstellationen entwickelt hat, dass die moderne deutsche Literatur keinen homogenen Begriff einer deutschen Leitkultur entwickelt hat, sondern vielmehr die eigene Identität im Spannungsfeld der Begegnung mit dem Fremden immer wieder neu definiert hat. Wenn in den folgenden Teilen dieses Studienbuches die postkoloniale und die deutsch-türkische Literatur als weitere Gegenstände der interkulturellen Literaturwissenschaft analysiert werden, so ergibt sich ein Ganzes der Betrachtung, das demonstriert, wie sich das Eigene nur in dieser Begegnung mit dem Fremden entwickelt.

1. Goethes Auseinandersetzung mit dem Orient im *West-östlichen Divan*

Der späte Goethe und der Geist des „Morgenlandes"

Der deutsche Orient-Bezug des frühen neunzehnten Jahrhunderts unterscheidet sich von dem der Briten und Franzosen zunächst dadurch, dass Deutschland keine koloniale Interessen in den Ländern des Orients verfolgte. Dass sich hierdurch eine gewisse „unparteiische" Offenheit gegenüber dem „Morgenlande" ergab, ist die Einsicht fundierter neuerer Forschungen, die sich von den pauschalen Kritiken Edward Saids am europäischen Orientalismus klar distanzieren.[1] Von wegweisender Bedeutung für den deutschen Orient-Diskurs wurde dabei Goethes Orient-Verständnis, wie es sich hauptsächlich in der Gedichtsammlung *West-östlicher Divan*, aber auch in anderen Dichtungen, insbesondere auch in der Verarbeitung indischer Legenden, manifestiert. Es erweist sich, dass der späte Goethe der Auseinandersetzung mit dem Orient im Sinne einer spektakulären Erneuerungs- und Verjüngungsstrategie im Hinblick auf sein eigenes dichterisches Schaffen großes Gewicht beimaß.

Es ist zu zeigen, dass Goethe als theoretischer Betrachter der orientalischen Texte häufig dogmatisch an einem eurozentrischen Klassizismus festhält, dass sich aber der Künstler Goethe in einer bemerkenswerten Weise gegenüber dem Fremden öffnet. Zu erläutern ist schließlich, dass die Wendung zum Orientalischen als Öffnung gegenüber der allegorischen Dichtung und damit gegenüber einer Poetik der Moderne verstanden werden kann. Im Hinblick auf die Methode der vorgeschlagenen Interpretationen ist zu unterstreichen, dass die Analyse der interkulturellen Literaturwissenschaft im Hinblick auf die Form und die Struktur von Goethes Texten Kriterien entwickeln kann, mit deren Hilfe sich beurteilen lässt, ob die in einem Text zu erkennende Ordnung des Widerstrebenden auf einer Geste der Unterwerfung des fremden Denkens beruht oder ob es sich um eine wirkliche Öffnung handelt. Das Kriterium dafür ist nicht eine explizite Äußerung oder Meinung über das Fremde, sondern die Art und Weise, wie das Fremde innerhalb des deutschen Textes integriert wird. Hierzu ist Goethes in den Abhandlungen zum *Divan* formulierte Übersetzungstheorie von besonderem Interesse.

Goethe beginnt die Arbeit an der orientalischen Gedichtsammlung 1814 in einer Phase der politischen Unruhen und der

Wendung zum Orient – Flucht aus der deutschen Wirklichkeit

persönlichen und dichterischen Isolierung. Eine Stagnation der literarischen Produktion setzte ein, und Goethe reagierte wie 1786, als er Weimar in Richtung Italien verlassen hatte – mit dem Unterschied freilich, dass der Dichterfürst in den Orient nur eine imaginäre Reise antritt. Das Gedicht *Hegire* bestimmt die Wendung zum Orient als eine Flucht aus der deutschen Wirklichkeit und setzt sie in Parallele zu Mohammeds Flucht aus Mekka nach Medina im Jahre 622 n. Chr. „Hegire" ist die französische Form des arabischen „Hedschra".

Nord und West und Süd zersplittern,
Throne bersten, Reiche zittern,
Flüchte du, im reinen Osten
Patriarchenluft zu kosten,
Unter Linden, Trinken, Singen,
Soll dich Chisers Quell verjüngen.

Dort, im Reinen und im Rechten,
Will ich menschlichen Geschlechten
In des Ursprungs Tiefe dringen,
Wo sie noch von Gott empfingen
Himmelslehr' in Erdensprachen
Und sich nicht den Kopf zerbrachen. (WÖD 11)[2]

Ästhetisierung des Eigenen durch den Bezug auf das Fremde

Es handelt sich um eine Flucht im Raum und in der Zeit, um eine Reise in den Osten und eine Reise in die Vergangenheit. Das Gedicht *Liebliches* unterstreicht die kompensatorische Funktion dieses Vorgangs, indem es die Ästhetisierung des Eigenen durch den Bezug auf das Fremde unterstreicht:

Was doch buntes dort verbindet
Mir den Himmel mit der Höhe?
Morgennebelung verblindet
Mir des Blickes scharfe Sehe.

Sind es Zelte des Vesires,
Die er lieben Frauen baute?
Sind es Teppiche des Festes,
Weil er sich der Liebsten traute?

Rot und Weiß, gemischt, gesprenkelt
Wüßt' ich schönres nicht zu schauen;
Doch wie Hafis kommt dein Schiras
Auf des Nordens trübe Gauen?

Ja es sind die bunten Mohne,
Die sich nachbarlich erstrecken
Und, dem Kriegesgott zum Hohne,
Felder streifweis freundlich decken.

Möge stets der so Gescheute
Nutzend Blumenzierde pflegen,
Und ein Sonnenschein, wie heute,
Klären sie auf meinen Wegen! (WÖD 22)

Wenn man weiß, dass die Zeile „die sich nachbarlich erstrecken" zunächst lautete „die um Erfurt sich erstrecken" (vgl. WÖD 678), dann kann man den Anlass des Gedichts eindeutig identifizieren: die Frustration des Dichters über den grauen Nebel der thüringischen Landschaft, deren Farbtupfer zunächst als orientalisch verstanden werden, dann aber den Wert des Eigenen unterstreichen, wenn deutlich wird, dass die eigene Landschaft als Ausdruck orientalischer Pracht verstanden werden könnte.

Die Distanz gegenüber dem Deutschen und damit dem Eigenen zeigt sich in besonderer Weise in der Identifizierung mit dem mittelalterlichen persischen Dichter Hafis und in der Übernahme orientalischer Formen und Motive. In einem anderen Gedicht mit dem Titel *In tausend Formen* gelingt es Goethe, sich in inhaltlicher und formaler Hinsicht in einer erstaunlichen Weise gegenüber dem Fremden zu öffnen und jede eurozentrische Attitüde zu vermeiden:

Formale und inhaltliche Öffnung gegenüber dem Fremden

In tausend Formen magst du dich verstecken,
Doch, Allerliebste, gleich erkenn' ich dich,
Du magst mit Zauberschleyern dich bedecken,
Allgegenwärtige, gleich erkenn' ich dich.

An der Zypresse reinstem, jungen Streben,
Allschöngewachsne, gleich erkenn' ich dich;
In des Canales reinem Wellenleben,
Allschmeichelhafte, wohl erkenn' ich dich.

Wenn steigend sich der Wasserstrahl entfaltet,
Allspielende, wie froh erkenn' ich dich;
Wenn Wolke sich gestaltend umgestaltet,
Allmannigfaltige, dort erkenn' ich dich.

An des geblümten Schleyers Wiesenteppich,
Allbuntbesternte, schön erkenn' ich dich;
Und greift umher ein tausendarmger Eppich,
O Allumklammernde, da kenn' ich dich.

Wenn am Gebirg der Morgen sich entzündet,
Gleich, Allerheiternde, begrüß' ich dich,
Dann über mir der Himmel rein sich ründet,
Allherzerweiternde, dann athm' ich dich.

Was ich mit äußerm Sinn, mit innerm kenne,
Du Allbelehrende, kenn' ich durch dich.

Und wenn ich Allahs Namenhundert nenne,
Mit jedem klingt ein Name nach für dich. (WÖD 192)

Deutlich zu erkennen sind die Übernahmen aus der persisch-arabischen Dichtkunst. Die auffällige Wiederholung von Wörtern imitiert in variierender Weise die Gedichtform des Ghasel, die im Allgemeinen im Deutschen als monoton und langweilig empfunden wird. In der ungewöhnlichen Verwendung der Adjektive und Partizipien mit der Vorsilbe „all" orientiert sich Goethe an der Rede von den tausend Namen Allahs. Der Hang zum Gesuchten und Manieristischen, den der Klassiker Goethe immer abgelehnt hat, erscheint in diesem Gedicht in „orientalischer" Manier ausgeprägt, und Goethes pantheistische Tendenzen spiegeln sich in einer Dichtkunst, die vom islamischen Sufismus inspiriert erscheint. Mit einer Formel, deren Bedeutung noch genauer zu untersuchen sein wird, ließe sich sagen, dass wir es hier mit einem eingedeutschten orientalischen Text zu tun haben, der das Fremde respektiert, der das Deutsche fremd erscheinen lässt und der in dieser Fremdheit des Eigenen etwas Drittes aufscheinen lässt, das sich von Original und „Übersetzung" unterscheidet.

Ein „eingedeutschter" orientalischer Text

In den *Noten und Abhandlungen zum besseren Verständnis des Divans* erläutert Goethe sein Verhältnis zu der orientalischen Dichtung und betont zunächst, dass er mit seiner Sammlung für diese werben will:

Der Dichter als Reisender und „Handelsmann"

> Am liebsten aber wünschte der Verfasser vorstehender Gedichte als ein Reisender angesehen werden, dem es zum Lob gereicht, wenn er sich der fremden Landesart mit Neigung bequemt, deren Sprachgebrauch sich anzueignen trachtet, Gesinnungen zu theilen, Sitten aufzunehmen versteht. <...> Damit aber alles was der Reisende zurückbringt den Seinigen schneller behage, übernimmt er die Rolle eines Handelsmanns, der seine Waaren gefällig auslegt und sie auf mancherley Weise angenehm zu machen sucht; ankündigende, beschreibende, ja lobpreisende Redensarten wird man ihm nicht verargen. (WÖD 264)

Goethe erhebt die Forderung, dass es darum gehe, den Orient aus sich selbst heraus zu verstehen. Im Sinne Herders und des sich herausbildenden Historismus erklärt er, dass es entgegen einer bornierten Haltung, wie sie bisweilen bei den Denkern der Aufklärung zu finden war, unstatthaft erscheine, die einzelnen Elemente der fremden Kultur beckmesserisch nach den Kriterien eines europäischen Normensystems zu beurteilen. Vielmehr gehe es darum, das Ganze richtig einzuschätzen, und zum Beispiel die Fehler mit den Stärken der fremden Dichtung in Verbindung zu sehen:

> Die Fruchtbarkeit und Mannigfaltigkeit der persischen Dichter entspringt aus einer unübersehbaren Breite der Außenwelt und ihrem unendlichen Reichthum. Ein immer bewegtes öffentliches Leben, in welchem alle Gegenstände gleichen Werth haben, wogt vor unserer Einbildungskraft, deßwegen uns ihre Vergleichungen oft so sehr auffallend und mißbeliebig sind. Ohne Bedenken verknüpfen sie die edelsten und niedrigsten Bilder, an welches Verfahren wir uns nicht so leicht gewöhnen. (WÖD 317)

Kritik am mangelnden Geschmack der Orientalen

Gleichzeitig aber – und das ist sehr wichtig für die Beurteilung von Goethes Haltung – übt er scharfe Kritik an dem, was er den mangelnden Geschmack der Orientalen nennt. In einer eurozentrischen Verabsolutierung der Kategorie des „Schicklichen", die an die klassizistische „bienséance" erinnert, tadelt Goethe die Verbindung widerstrebender Elemente, die er in der orientalischen Dichtung zu erkennen glaubt. Auch in diesem Punkt liegt Goethe auf der Linie des Historismus, der zwar einerseits das Eigenrecht der verschiedenen Kulturen anerkennt, andererseits aber einen normativen Impuls beibehält. Goethes Haltung wurde in diesem Sinne zu Recht als „differenzierender Universalismus"[3] bezeichnet:

> Wer nun also, von den ersten nothwendigen Ur-Tropen ausgehend, die freyeren und kühneren bezeichnete, bis er endlich zu den gewagtesten, willkührlichsten, ja zuletzt ungeschickten, conventionellen und abgeschmackten, gelangte, der hätte sich von den Hauptmomenten der orientalischen Dichtkunst eine freye Uebersicht verschafft. Er würde aber dabey sich leicht überzeugen, daß von dem was wir Geschmack nennen, von der Sonderung nämlich des Schicklichen vom Unschicklichen, in jener Literatur gar nicht die Rede seyn könne. Ihre Tugenden lassen sich nicht von ihren Fehlern trennen, beyde beziehen sich auf einander, entspringen aus einander, und man muß sie gelten lassen, ohne Mäckeln und Markten. (WÖD 343)

Goethe bemüht sich, diese „Toleranz" des Orientalen aus einem erweiterten Kulturbegriff abzuleiten, indem er auf die Welt des orientalischen Basars verweist:

> Die Verwirrung, die durch solche Productionen in der Einbildungskraft entsteht, ist derjenigen zu vergleichen, wenn wir durch einen orientalischen Basar <...> gehen. Nicht immer sind die kostbarsten und niedrigsten Waaren im Raume weit gesondert, sie vermischen sich in unsern Augen, und oft gewahren

> wir auch die Fässer, Kisten, Säcke, worin sie transportirt worden. Wie auf einem Obst- und Gemüsmarkt sehen wir nicht allein Kräuter, Wurzeln und Früchte, sondern auch hier und dort allerley Arten Abwürflinge, Schalen und Strunke. (WÖD 318)

Kritik an ausgefallenen Vergleichen

Keine Toleranz zeigt Goethe jedoch, wenn es darum geht, den von ihm diagnostizierten Hang der arabischen Dichtung zu kühnen und scheinbar weit hergeholten Bildern und Vergleichen zu beurteilen:

> Wenn es nun aber gar vom Sultan heißt: „In deiner Locken Banden liegt/ Des Feindes Hals verstrickt", so giebt es der Einbildungskraft entweder ein widerlich Bild oder gar keins. <…> Aus diesen wenigen Beyspielen <…> erhellet, daß keine Gränze zwischen dem was in unserm Sinne lobenswürdig und tadelhaft heißen möchte gezogen werden könne, weil ihre Tugenden ganz eigentlich die Blüthen ihrer Fehler sind. Wollen wir an diesen Produktionen der herrlichsten Geister Theil nehmen, so müssen wir uns orientalisiren, der Orient wird nicht zu uns herüber kommen. (WÖD 345f.)

Die berühmte und viel zitierte Toleranz-Formel „wir müssen uns orientalisieren" ist also nicht frei von eurozentrischer Herablassung, wenn sie darauf beharrt, dass das „Orientalische" nach seinen eigenen Maßstäben zu beurteilen sei, die nicht denen der modellhaften klassischen Kulturen und Literaturen entsprechen.

Noch weiter geht Goethe in seiner kompromisslosen Ablehnung der asiatischen Kulturen, wenn er auf die Inder zu sprechen kommt. Es mag überraschen, dass der Pantheist Goethe in seinen *Abhandlungen zum Divan* die zivilisierende Kraft des Monotheismus preist und Verständnis für die Bilderstürmerei der muslimischen Herrscher in Indien und im heutigen Afghanistan aufbringt. Es lässt sich aber nicht leugnen, dass Goethe, der Freund des griechisch-römischen Pantheons, die Unterdrückung der indischen Götterbilder unterstützt (wobei er die buddhistischen Statuen, die von den realen Taliban vor einigen Jahren wirklich zerstört wurden, versehentlich als hinduistische ansah)[4]:

Goethe als Gegner der indischen Kultur und Religion

> Die Indische Lehre taugte von Haus aus nichts, so wie denn gegenwärtig ihre vielen tausend Götter, und zwar nicht etwa untergeordnete, sondern alle gleich unbedingt mächtige Götter, die Zufälligkeiten des Lebens nur noch mehr verwirren, den Unsinn jeder Leidenschaft fördern und die Verrücktheit des Lasters, als die höchste Stufe der Heiligkeit und Seligkeit, begünstigen. <…> Billigen wir nun den Eifer des <islamischen> Götzenstürmers Mahmud <von Gasna> <...>. Als eifrigster Mahometaner beweist er sich unermüdlich und streng in Aus-

> breitung seines Glaubens und Zerstörung des Götzendienstes. Der Glaube an den einigen Gott wirkt immer geisterhebend, indem er den Menschen auf die Einheit seines eigenen Innern zurückverweist. (WÖD 295f., Reihenfolge der Sätze vertauscht, M.H.)

Jean Paul, ein „Orientale"?

Hier ist Goethe also „Orientalist“ in einem negativen, von Eurozentrismus geprägten Sinne – und es erschiene müßig, weiter im Anschluss an ihn über eine adäquate Auseinandersetzung mit dem orientalischen Fremden nachzudenken. Zum Ausgleich finden wir jedoch eine sehr interessante Passage, in der Goethe eine überraschende Einstufung seines deutschen Zeitgenossen Jean Paul als eines Dichters im Stil des Orients vornimmt, da er bei dem durchaus umstrittenen Romancier eine „orientalische“ Verbindung des Widerstrebenden zu erkennen glaubt:

> Ein Mann, der des Orients Breite, Höhen und Tiefen durchdrungen, findet daß kein deutscher Schriftsteller sich den östlichen Poeten und sonstigen Verfassern mehr als *Jean Paul Richter* genähert habe <…>. Ein so begabter Geist blickt, nach eigentlichst orientalischer Weise, munter und kühn in seiner Welt umher, erschafft die seltsamsten Bezüge, verknüpft das Unverträgliche, jedoch dergestalt daß ein geheimer ethischer Faden sich mitschlinge, wodurch das Ganze zu einer gewissen Einheit geleitet wird.
> Wenn wir nun vor kurzem die Natur-Elemente, woraus die älteren und vorzüglichsten Dichter des Orients ihre Werke bildeten, angedeutet und bezeichnet, so werden wir uns deutlich erklären, indem wir sagen: daß, wenn jene in einer frischen, einfachen Region gewirkt, dieser Freund hingegen in einer ausgebildeten, überbildeten, verbildeten, vertrakten Welt leben und wirken, und eben daher sich anschicken muß die seltsamsten Elemente zu beherrschen. <…> Gestehen wir also unserm so geschätzten als fruchtbaren Schriftsteller zu, daß er, in späteren Tagen lebend, um in seiner Epoche geistreich zu seyn, auf einen durch Kunst, Wissenschaft, Technik, Politik, Kriegs- und Friedensverkehr und Verderb so unendlich verklausulierten, zersplitterten Zustand mannigfaltigst anspielen müsse; so glauben wir ihm die zugesprochene Orientalität genugsam bestätigt zu haben. (WÖD 350-352)

Zwei Momente sind an dieser Passage bemerkenswert: Einmal bezeichnet Goethe Jean Paul als orientalisch, obwohl sich dieser kaum inhaltlich mit dem Orient auseinander gesetzt hat. Zum anderen erscheint die Verknüpfung des Widerstrebenden, die Goethe bei den orientalischen Dichtern als „unschicklich“ und „geschmacklos“ bemängelt hatte, bei Jean Paul deshalb als angemessen und akzeptabel, weil die Welt der sich eröffnenden Moderne gerade eine solche Fülle von scheinbar unzugehörigen Elementen enthält, die sich nicht zu einer Totalität zusammen fassen lassen. Die arabische und persische Dichtung – so können wir über Goethe hinaus folgern – kann möglicherweise als Vorbild für die Dichtung der Moderne angesehen werden, weil sie ein Modell liefert für eine historische Situation, in der Widerstrebendes und Koexistierendes nicht nach traditioneller Weise in „schicklichen" Synthesen verbunden werden kann, in der vielmehr kühne Kombinationen gesucht werden, die Disparates scheinbar willkürlich zusammen fügen. Mit einer Terminologie, die Goethe an anderer Stelle benutzt, ließe sich die Folgerung ziehen, dass die arabisch-persische Dichtung allegorisch und nicht symbolisch Bilder produziert und dass gerade diese Eigenart einer Dichtung der Moderne als Modell erscheinen könnte – einer Dichtung der Moderne, der Goethe sich wissentlich nicht öffnet, der er sich aber in der dichterischen Praxis seiner Spätphase bisweilen annähert.

Die Dichtung des Orients als Modell der Moderne?

In den indischen „Legenden" strukturiert Goethe das Material mit europäischen, insbesondere christliche Modellen: Wir erkennen eine Sinnstiftung durch Überformung des Fremden mit christlichen Denkmustern. Dies zeigt sich exemplarisch in der Ballade *Der Gott und die Bajadere*: Ein Gott, der auf die Erde kommt, um das Verhalten der Menschen zu prüfen, begegnet einer Bajadere, einer Tempeltänzerin, die sich als eine vorbehaltlos und unbedingt Liebende erweist. Die Provokation von Goethes Gedicht liegt darin, dass sich in diesem zwischen der sinnlichen und der geistigen Liebe keine Diskrepanz erkennen lässt. Die Bajadere, die sich als „ein verlornes schönes Kind"[5] jedem anbietet, wird in der Begegnung mit dem Gott – ohne von dessen Göttlichkeit zu wissen – zur wahrhaft Liebenden, und zwar ohne dass von einer ‚Überwindung' der Sinnlichkeit die Rede wäre. Die Problematik des Verhältnisses von Kunst und Natur, die ein Grundanliegen Goethes darstellt, erscheint hier einer Lösung zugeführt: „Und des Mädchens frühe Künste/ Werden nach und nach Natur."[6] Wenn Goethe hier aus der indischen Überlieferung eine Befreiung der Sinnlichkeit abzuleiten scheint, so ist doch im Sinne seiner Äußerung über die indische Kultur ein Unbehagen über die chaotischen Auswirkungen dieser Befreiung nicht zu verkennen. Der Text strukturiert die Elemente der fremden Kultur in einer eurozentrischen Weise, indem er einerseits misogyne Perspektiven einnimmt (die Liebe der Tänzerin wird dadurch demonstriert, dass der Gott ihre Bereitschaft,

Die „indische Legende" Der Gott und die Bajadere

Befreiung der Sinnlichkeit?

Schmerz zu ertragen, testet), andererseits eine *christliche* Ordnungsidee einführt, die von der *Erlösung einer Sünderin* ausgeht. Hegel hat die Bajadere mit der Maria Magdalena des Neuen Testaments in Verbindung gebracht und damit die eurozentrische Vereinnahmung der indischen Legende bekräftigt. Das Verhalten der Bajadere, der Tempeltänzerin kommt durch den Schluss des Gedichts in den Ruch einer moralischen Zweideutigkeit, die den hinduistischen Vorstellungen über die Gottesdienerinnen im Tempel ganz fremd ist. Wenn dies aber zutrifft, so fehlt der Leitidee des Gedichts von der Prüfung der Liebe jede Grundlage, da sie den rituellen Charakter der Handlungen, welche die Bajadere ausführt, grundsätzlich verfehlt. Nicht die vermeintliche Frivolität des Themas ist in dieser Perspektive problematisch, sondern die Unterschiebung der (in diesem Kontext als ‚europäisch' zu bezeichnenden) Vorstellung der ‚Unmoral' auf einen Bereich, der im indischen kulturellen Zusammenhang gar nicht nach diesen Maßstäben zu bewerten ist. Letztlich beharrt Goethe damit auf einem durch Ideen des Christentums angereicherten und differenzierten klassizistischen Schönheitsmodell, das trotz seiner historistischen Ansätze als universales Modell erscheint. Hier der Schluss des Textes:

Poetischer Eurozentrismus

> Ertöne, Drommete, zu heiliger Klage!
> O nehmet, ihr Götter! die Zierde der Tage,
> O nehmet den Jüngling in Flammen zu euch!
> So das Chor, das ohn' Erbarmen
> Mehret ihres Herzens Not;
> Und mit ausgestreckten Armen
> Springt sie in den heißen Tod.
> Doch der Götterjüngling hebet
> Aus der Flamme sich empor,
> Und in seinen Armen schwebet
> Die Geliebte mit hervor.
> Es freut sich die Gottheit der reuigen Sünder;
> Unsterbliche heben verlorene Kinder
> Mit feurigen Armen zum Himmel empor.[7]

Aber Goethes Haltung gegenüber dem Orient erschöpft sich nicht in dieser eurozentristischen Vereinnahmung fremder Texte und kultureller Erscheinungen. Eine weitgehende Öffnung gegenüber dem Fremden zeigt sich in der bekannten Übersetzungstheorie, die sich ebenfalls in den *Abhandlungen zum Divan* findet. Goethe unternimmt hier eine Differenzierung der Übersetzungsarten, die auch als Modell für eine interkulturelle Phänomenologie der Literatur verstanden werden kann:

Goethes Übersetzungstheorie

> Es gibt dreyerley Arten Uebersetzung. Die erste macht uns in unserm eigenen Sinne mit dem Auslande bekannt, eine schlicht-prosaische ist hiezu die beste. <…> Eine zweyte Epoche folgt hierauf, wo man sich in die Zustände des Auslandes zwar zu versetzen, aber eigentlich nur fremden Sinn sich anzueignen und mit eignem Sinne wieder darzustellen bemüht ist. Solche Zeit möchte ich im reinsten Wortverstand die *parodistische* nennen. <…> so erlebten wir den dritten Zeitraum, welcher der höchste und letzte zu nennen ist, derjenige nämlich, wo man die Uebersetzung dem Original identisch machen möchte, so daß eins nicht anstatt des andern, sondern an der Stelle des andern gelten solle.
> Diese Art erlitt anfangs den größten Widerstand; denn der Uebersetzer, der sich fest an sein Original anschließt, giebt mehr oder weniger die Originalität seiner Nation auf, und so entsteht ein Drittes, wozu der Geschmack der Menge sich erst heranbilden muß. <...> <Da sieht man jetzt>, wie nun Ariost und Tasso, Shakespear und Calderon, als eingedeutschte Fremde, uns doppelt und dreyfach vorgeführt werden <...>. (WÖD 453-456)

Eine zuspitzende Interpretation dieses Textes kann darauf verweisen, dass die sogenannte parodistische Übersetzung einer Literatur entspricht, die sich in oberflächlicher Weise der Erscheinungen fremder Kulturen bedient und diese gewissermaßen diktatorisch in das eigene Denk- und Wertesystem integriert, ihnen damit aber eigentlich die Fremdheit nimmt. Die Ballade *Der Gott und die Bajadere* gehört in diese Kategorie, und sie ist damit als „orientalistisch" im negativen Sinne zu bezeichnen. Die höchste Form der Übersetzung steht aber für eine ganz andere Einstellung gegenüber dem Fremden: Sie bemüht sich darum, die Strukturen und die Denkweisen des fremden Textes in die eigene Kultur und Sprache zu übertragen. Das Fremde bleibt damit fremd; es hat als „eingedeutschtes Fremdes" seine Fremdheit bewahrt und ist deshalb eine Provokation für die „Menge", die sich nicht mit Fremdem auseinander setzen will. Goethe greift, um die „höchste" Art der Übersetzung zu charakterisieren, auf die Übersetzungen von Johann Heinrich Voß zurück, dem es mit seiner Übersetzung der *Ilias* in einer Schule machenden Weise gelungen war, den griechischen Hexameter ins Deutsche zu übertragen. Die höchste Form der Übersetzung, die den Geist des fremden Originals respektiert, ist im literarischen Text insbesondere auch durch eine Treue gegenüber der fremden Form gekennzeichnet, was sich dadurch plausibel machen lässt, dass sich in der literarischen Form auch der Geist und die Mentalität einer Kultur manifestiert. Die „höchste Form der Übersetzung"

Das „eingedeutschte Fremde"

ist aber – und hier berührt sich Goethes Darlegung mit uns bekannten neueren Formen der interkulturellen Theoriebildung – weder ein Element der fremden Kultur noch eigentlich ein Element der eigenen, sondern „ein Drittes", das die „Originalität" der „Nation" des Übersetzers überwindet und so das hybride Produkt einer Kulturmischung darstellt.

Es erscheint reizvoll, diese Übersetzungstheorie Goethes auf eine interkulturelle Konzeption der Literatur zu übertragen. Einer Literatur, die sich an Formen und Gehalten fremder Kultur inspiriert, wird für die eigene Kultur zu etwas Neuem, etwas Drittem, wenn sie den Geist und die Form der fremden Kultur in die eigene hineinführt. Es scheint so, dass Goethe in dem Augenblick die negative Form des eurozentrischen Orientalismus überwindet, in dem er sich dem Geist und den Formen der persischen und arabischen Dichtung öffnet. Denn während er den Text der indischen Kultur mit einem christlichen Deutungsmuster überformt, verwendet er zum Beispiel in dem bereits zitierten Gedicht *In tausend Formen* die Form der fremden Poesie und lässt sich auch von dem Geist der fremden „Nation" inspirieren. Damit behandelt Goethe aber – und dies ist eine weitere wesentliche These – die asiatische Dichtung genau so wie die der klassischen Antike in seiner klassizistischen Phase. Dichtungen wie die *Römischen Elegien* aus dem Jahre 1795 können auch als „eingedeutschte Fremde" bezeichnet werden; es handelt sich zwar nicht um Übersetzungen, aber um literarische Texte, die Form und Geist der Antike gerade in der dichterischen Evokation des Inspirationsraums Rom in die deutsche Sprache integrierten. Auch dieser Text bewahrt eine Fremdheit, die seinen besonderen Charakter ausmacht. Die römische Elegie kann somit als hybride Dichtung bezeichnet werden, die ihre Fremdheit ausstellt und die aus der Konfrontation zweier fremder kultureller Phänomene (dem antiken Vers und Gehalt auf der einen und der deutschen Sprache auf der anderen) ein hybrides Drittes schafft:

Goethe und der Orient – Goethe und die klassische Antike

> Froh empfind ich mich nun auf klassischem Boden begeistert;
> Vor- und Mitwelt spricht lauter und reizender mir.
> Hier befolg ich den Rat, durchblättre die Werke der Alten,
> Mit geschäftiger Hand, täglich mit neuem Genuß.
> Aber die Nächte hindurch hält Amor mich anders beschäftigt;
> Werd ich auch halb nur gelehrt, bin ich doch doppelt beglückt.
> Und belehr ich mich nicht, indem ich des lieblichen Busens
> Formen spähe, die Hand leite die Hüften hinab?[8]

Folgende Schlussfolgerung lässt sich ziehen: Wenn es Goethe gelingt, sich den „orientalischen“ Texten und der „orientalischen“ Kultur so zu öffnen wie in der klassischen Periode der Antike, dann kommt es zu einer Begegnung mit der fremden Kultur, die auf eurozentrische Vorurteile verzichtet. In dem Gedicht *In tausend Formen* konnten wir diese Öffnung beobachten, die sich auf die fremde Form und die Übernahme der Rede von den tausend Namen Allahs bezog. Ein anderes Gedicht mit dem bezeichnenden Titel *Unbegrenzt* zeigt die tendenzielle Überwindung des klassischen Vollendungs-Ideals und die Identifikation mit der orientalischen Poesie. Indem Goethe nämlich an Hafis gerade das lobt, was dem klassizistischen Ideal widerspricht, verzichtet er *in der dichterischen Praxis* auf eine eurozentrische Normativität und verdeutlicht, dass die Hinwendung zur arabisch-persischen Poesie gerade durch das Ungenügen an der klassizistischen Vollendung motiviert ist, die in der Spätphase des Dichters keine überzeugenden Modelle mehr zu vermitteln vermag:

Überwindung des Eurozentrismus in der poetischen Praxis

Daß du nicht enden kannst das macht dich groß,
Und daß du nie beginnst das ist dein Loos.
Dein Lied ist drehend wie das Sterngewölbe,
Anfang und Ende immer fort dasselbe,
Und was die Mitte bringt ist offenbar,
Das, was zu Ende bleibt und Anfangs war.

<...>
Und mag die ganze Welt versinken,
Hafis mit dir, mit dir allein
Will ich wetteifern! Lust und Pein
Sei uns den Zwillingen gemein!
Wie du zu lieben und zu trinken,
Das soll mein Stolz, mein Leben seyn.

Nun töne Lied mit eignem Feuer!
Denn du bist älter, du bist neuer. (WÖD 43)

„Du bist älter, du bist neuer“: Eine zuspitzende Interpretation kann darauf verweisen, dass das neu entstandene Dritte, also Goethes Text, sich durch die Hinwendung zum orientalischen Mittelalter der Moderne öffnet, die in den Abhandlungen mit dem Namen von Jean Paul assoziiert war. Im Gegensatz zu den Verlautbarungen seiner Essays hat der Dichter Goethe also die Haltung eines eurozentrischen Orientalismus in den besonders geglückten Texten des *Divans* aufgegeben, indem er den Mut hatte, die eigene Identität in Frage zu stellen, den Untergang der eigenen klassizistischen poetologischen Prämissen zu riskieren und sich den kühnen Bildern und der unendlichen Fülle der fremden Dichtung anzuvertrauen. In dieser Perspektive ist das Gedicht *Selige Sehnsucht* als poetologisches Programm zu verstehen, indem Goethe die Bereitschaft beschwört unterzugehen, die eigenen Prinzipien zu suspendieren, um zu einem neuen Dritten zu kommen:

Radikale Öffnung gegenüber dem Fremden

> Sagt es niemand, nur den Weisen,
> Weil die Menge gleich verhöhnet,
> Das Lebend'ge will ich preisen
> Das nach Flammentod sich sehnet.
>
> In der Liebesnächte Kühlung,
> Die dich zeugte, wo du zeugtest,
> Überfällt dich fremde Fühlung
> Wenn die stille Kerze leuchtet.
>
> Nicht mehr bleibest du umfangen
> In der Finsterniß Beschattung,
> Und dich reißet neu Verlangen
> Auf zu höherer Begattung.
>
> Keine Ferne macht dich schwierig,
> Kommst geflogen und gebannt,
> Und zuletzt, des Lichts begierig,
> Bist du Schmetterling verbrannt.
>
> Und so lang du das nicht hast,
> Dieses: Stirb und werde!
> Bist du nur ein trüber Gast
> Auf der dunklen Erde. (WÖD 32)

„Stirb und werde“: diese berühmte Formel ist in unserer Perspektive nicht als ein metaphysisches Prinzip zu verstehen, sondern als die Bereitschaft des Dichters, in der Konfrontation mit dem Fremden den Untergang des Eigenen zu riskieren, als die Bereitschaft, auf die Subsumierung des Fremden unter europäische Denkmuster und Formen zu verzichten. Diese Bereitschaft zum Untergang kann ganz im Sinne des Bildes vom Phönix aus der Asche als Verjüngung verstanden werden – und so hat der alternde Dichter Goethe seine Begegnung mit der arabisch-persischen Literatur und Kultur verstanden. In seinen Abhandlungen ist es ihm nur selten gelungen, von den normativen eurozentrischen Prinzipien der klassizistischen Poetik zu abstrahieren; in der Übersetzungstheorie und in der dichterischen Praxis herausragender Gedichte hat er aber die Öffnung vollzogen, die eine Überwindung des orientalistischen Herrschaftsdiskurses bedeu-

Wendung zum Orient als Verjüngung

tet. Mit dieser Überwindung hat sich Goethe aber auch – vielleicht gegen seinen Willen – der poetischen Moderne angenähert.

Folgende zusammenfassende Schlussfolgerungen ergeben sich:

1) In der theoretischen Reflexion verharrt Goethes „differenzierender Universalismus" in einer überlegenen Distanz zur Ästhetik des „Orients".
2) In der Begegnung mit der indischen Kultur sieht Goethe die Notwendigkeit, das Material durch europäische Sinnstiftungs-Modelle zu strukturieren und damit ideologisch und ästhetisch akzeptabel zu machen.
3) In der Übersetzungstheorie und in der poetischen Praxis überschreitet Goethe bisweilen die eurozentrische Borniertheit und vollzieht angesichts der von ihm diagnostizierten Krise der europäischen Kultur eine wirkliche Öffnung gegenüber der sinnlichen Fülle und der Bilderwelt des Orients.
4) Damit entsteht in privilegierten Situationen und Konstellationen tatsächlich ein hybrides Drittes, das von der Öffnung des westlichen Dichters ausgeht, eine Strukturierung des Materials vollzieht, die dem fremden Material keine Gewalt antut.
5) Im Hinblick auf Goethes Gesamtwerk ist zu bemerken, dass die „orientalische" Poesie mit ihrer Verbindung des Widerstrebenden einen allegorischen Charakter annimmt. Entgegen Goethes eigener Bekundung liegt die Hybridität des *Divans* auch darin, dass sich in ihm symbolische und allegorische Bildstrukturen vermischen. Zu erinnern ist an Goethes eigene Einschätzung Jean Pauls als eines gleichzeitig orientalischen, modernen und allegorischen Dichters.
6) Die Öffnung gegenüber dem Orientalischen ist damit wie später bei den französischen Schriftstellern Gérard de Nerval und Gustave Flaubert auch eine Abwendung von der Tradition des europäischen Klassizismus.

An der Schwelle der Moderne

Goethe steht auch in dieser Hinsicht an der Schwelle der Moderne. Er bewahrt einerseits im Sinne der Aufklärung einen normativen Universalismus mit klassizistischer Orientierung, vollzieht andererseits eine Öffnung gegenüber dem vermeintlich Formlosen und „Geschmacklosen", das nach Goethes eigener Einschätzung die orientalische Dichtung mit derjenigen der Moderne verbindet. Er praktiziert damit in privilegierten Augenblicken eine Haltung, die auch für uns noch als exemplarisch angesehen werden kann: Er respektiert das Fremde als Fremdes, interpretiert es in der deutschen Sprache und schafft damit ein Drittes, das nicht als idealistische Synthese zu verstehen ist, sondern als das ständige Hin- und Hergleiten zwischen dem Eigenen und dem Fremden.

2. Karoline von Günderrode und die romantische Indien-Begeisterung

Goethes Hinwendung zum Orient und seine Erneuerung der dichterischen Inspiration im Alterswerk waren in grundlegender Weise an die Wirkung der Werke des Hafis gebunden. Aus dem intensiven Erlebnis der Rezeption des persischen Dichters ergab sich eine Hinwendung Goethes zum Monotheismus des Islam, die sich in den *Noten und Abhandlungen zum West-östlichen Divan* ausdrückt. Ihr entspricht eine tiefgreifende Reserve gegenüber der indischen Kultur und dem Hinduismus, die trotz des thematischen Interesses bereits in der Ballade *Der Gott und die Bajadere* zu erkennen war, in der Goethe – wie gezeigt – christliche Motive einfließen ließ, um das indische Material seiner eigenen Weltanschauung gemäß zu strukturieren. Diese Antipathie gegenüber dem Indischen, die auch der Philosoph Georg Wilhelm Friedrich Hegel etwas später in seinen Berliner Vorlesungen zur Philosophie der Geschichte und zur Ästhetik kultivierte, war auch durch die Abneigung beider Autoren gegen den Romantiker Friedrich Schlegel zu erklären, denn dieser war es, der im Jahre 1808 mit seiner Schrift *Über die Sprache und Weisheit der Indier* das Interesse an der indischen Kultur durch eine erste wissenschaftliche Auseinandersetzung mit der Sprache und den religiösen und dichterischen Dokumenten dieses Landes begründet hatte. Dabei war es Johann Gottfried Herder gewesen, der in seinen *Ideen zur Philosophie der Geschichte der Menschheit* (1774-1781) die Bedeutung der brahmanischen indischen Kultur hervorgehoben hatte. Für Herder und die Romantiker war die indische Religion und Kultur schon deshalb von einem besonderen Wert, weil sie die Wiege der Menschheit und des menschlichen Wissens zu sein schien. Das Ungenügen an der Entwicklung eines aufklärerischen Rationalismus und die Enttäuschung über die politische Entwicklung im Verlauf der Französischen Revolution motivierten die Dichter und Denker am Beginn des neunzehnten Jahrhunderts und insbesondere die Romantiker zu einer Auseinan-

Goethe und Hegel als Gegner der indischen Kultur

Indien-Begeisterung der Romantiker

dersetzung mit den Religionen und Kulturen Asiens, die damit in das Zentrum eines interkulturellen Interesses gelangten. Es ergibt sich tendenziell eine Aufspaltung in zwei ‚Lager': Während die Romantiker die Fülle und den Triumph der Phantasie in der indischen Kultur bevorzugen, optieren die Kritiker der Romantiker für den Islam. Aber diese Opposition ist nicht allzu starr. Es gibt sehr wohl auch die Konzeption eines romantischen Islam, eine Hochschätzung der spirituellen Kraft, die sich in der Stiftung der muslimischen Religion durch Mohammed zeigte. Eine wichtige interkulturelle Perspektive der deutschen Romantik liegt damit in einem religiös inspirierten Orientalismus, der auf eine Erneuerung des europäischen Denkens durch die spirituelle Kraft der östlichen Religionen setzt. Auch Heinrich Heine, der Erbe und Kritiker der Romantik, hat an dieser Tendenz seinen Anteil. In seinem Frühwerk ist insbesondere sein Bild von Al Andaluz und der Zeit der maurischen Herrschaft über Spanien von besonderem Interesse für die interkulturelle Literaturwissenschaft, weil der deutsche Jude Heine hier das Bild einer friedlichen Koexistenz von Muslimen, Christen und Juden zeichnet.

Die interkulturellen Perspektiven der Romantik werden im Folgenden exemplarisch durch eine Analyse von Texten Karolines von Günderrodes verdeutlicht, weil in diesen eine Vielzahl von Tendenzen zu erkennen ist, die für die ersten Jahre des neunzehnten Jahrhunderts typisch sind. Die Zuordnung Karoline von Günderrodes zur Romantik ist nicht unumstritten. Ähnlich wie Friedrich Hölderlin ist die früh gestorbene Günderrode durch eine Verbindung romantischer Motive mit Traditionen der Aufklärung und des Klassizismus gekennzeichnet.

Günderrodes *Geschichte eines Braminen*

Zur Untersuchung der interkulturellen Perspektiven von Günderrodes Schaffen wird im Folgenden eine Interpretation der *Geschichte eines Braminen* aus dem Jahre 1805 vorgelegt. In Form einer kurzen Ich-Erzählung wird dem Leser die Lebensgeschichte eines Mannes namens Almor präsentiert, der als Sohn eines zum Islam übergetretenen Franzosen in Smirna geboren wird. Mit sechzehn Jahren kommt der Protagonist der Erzählung nach Europa, wo er mehrere Jahre lang einer kaufmännischen Tätigkeit nachging. Der Tod seines Vaters und der finanzielle Ruin seines Arbeitgebers führen ihn dann in eine existentielle Krise, in deren Verlauf er die Suche nach Reichtum und ganz allgemein die rationalistische Lebenseinstellung der Europäer in Zweifel zieht. Als Reaktion auf diese Krise zieht Almor zurück nach Asien, wo er nach einer neuen Beziehung zum Leben und zum Ganzen der Welt sucht. Nachdem er eine Zeit lang im Koran und damit in der Religion Mohammeds eine Stütze gefunden hat, zieht er weiter nach Indien, wo er einen Brahmanen kennen lernt, der an den Ufern des Ganges lebt und in der Weisheit seiner Religion ein erfülltes Leben führt. Almor wird zum Jünger dieses Weisen, erlebt eine exemplarische Verbindung des Göttlichen und Menschlichen und setzt auch nach dem Tode des Meisters diese Lebensweise fort.

Die Geschichte eines ‚Aussteigers'

Modern erscheint Günderrodes Erzählung, weil es sich im Grunde genommen um die Geschichte eines ‚Aussteigers' handelt, der aus Ungenügen an dem materialistischen und rationalistischen Leben in Europa nach Asien geht, um sich einem Leben der Kontemplation zu widmen, das ihm einen Zugang zu den religiösen Wurzeln des Menschen vermittelt. Die Kritik an der europäischen Lebensform ist eine Kritik an einem einseitigen Rationalismus, der die Herrschaft über die Natur im Menschen angetreten hat und der auch auf dem Feld der Ethik und der Moral als eine Form der Unterdrückung erfahren wird:

> Meine stolze Vernunft maßte sich bald die Alleinherrschaft in mir an; sie wollte, alles solle vernünftig seyn. Diese Forderung verwickelte mich natürlich in beständige Zwistigkeiten mit mir selbst und der Welt; die Widerspenstigkeiten meiner eignen Natur gegen ihre Gebote machten mich unzufrieden mit mir <...>. Endlich sprach eine innere Stimme zu mir: Warum ist denn alles gut, was auf Erden ist, nur der Mensch nicht? Warum soll er allein anders werden, als er ist? Ist nur *der* tugendhaft, der auf den Ruinen seines eignen Geists steht und sagen kann: Seht, diese haben sich empört, aber sie sind gefallen, ich bin Sieger worden über sie Alle! – Barbar! Freue dich nicht deines Siegs, du hast einen Bürgerkrieg geführt, die Überwundenen waren Kinder deiner eignen Natur, du hast dich selbst getödtet in deinen Siegen, du bist gefallen in deinen Schlachten.[9]

Die Entwicklung der rationalistischen europäischen Philosophie (Elemente der rigoristischen Ethik Immanuel Kants sind hier zu erkennen, die Günderrode auch aus der Perspektive des idealistischen Philosophen Friedrich Wilhelm Josef Schelling kritisiert) hat – so die Perspektive dieses Texts – die Menschen in eine umfassende Selbstentfremdung geführt, die sie zum Unterdrücker der eigenen Natur, das heißt der Gefühle und der Bedürfnisse des eigenen Körpers, gemacht hat. Dass sich die Unterdrückung dieser Bedürfnisse besonders im Leben von Frauen negativ auswirkte, zeigt ein Blick auf die Biographie der Günderrode, die sich im Alter von sechsundzwanzig Jahre nicht zuletzt aufgrund einer unerfüllten Liebe zu dem Mythenforscher Friedrich Creuzer das Leben nahm. Allgemein ist aber Günderrodes Diagnose so zu verstehen, dass die Lehren der Aufklärung zwar einen zivilisatorischen Wert haben, dass sie aber den Menschen dazu bringen, Momente des eigenen Daseins und der eigenen Persönlichkeit zu unterdrücken und sich damit der angesprochenen Selbstentfremdung zu unterwerfen: „Vielleicht", so erklärt der Ich-Erzähler Almor, „wenn mein Gemüth noch unvermischt von fremdem Zusatz wäre, vielleicht gäbe es dann in mir kein *Sollen*, keine Ertödtung des *Einen*, damit das *Andre* besser gedeihe." (G 138) Die spirituelle Suche, die sich aus diesem Ungenügen an dem europäischen Denken und der europäischen Mentalität ergibt, bezieht sich also auf eine harmonische Verbindung zwischen dem einzelnen Menschen und dem Weltganzen und in der Annahme des Ganzen der eigenen Persönlichkeit. Wovon er in Asien befreit werden will, das ist der Kampf „des Einzelnen mit der Gesellschaft, der Freyheit gegen die Freyheit, der Eigenheit gegen allgemeine Gesetze, und der Moral gegen ihre Hindernisse" (G 139). Und schon ein erster Kontakt mit der Natur und den Landschaften Asiens vermittelt ihm die Ahnung von der Einheit des Lebens, der Zusammengehörigkeit alles Lebenden und der damit gegebenen Überwindung aller Trennungen:

> In dieser Sehnsucht, in dieser Liebe sprach der Naturgeist zu mir, ich hörte seine Stimme wohl, aber ich wußte noch nicht, wo sie herkäme; je mehr ich aber darauf lauschte, desto deutlicher war es mir, daß es eine Grundkraft gäbe, in welcher alle, Sichtbare und Unsichtbare, verbunden seyen. Ich nannte diese Kraft das Urleben, und suchte mein Bewußtseyn in Verbindung mit ihr zu bringen, <...> ich suchte mir allerley Pfade, zu ihr aufzusteigen, von dem Irdischen zum Himmlischen; die Religion schien mir endlich dieser Pfad zu seyn. (G 140)

Romantischer Synkretismus als Kulturmischung

Indem sich herausstellt, dass das Christentum die Verbindung zwischen dem Menschlichen und dem Göttlichen zumindest in seiner konventionellen europäischen Form nicht herzustellen vermag, öffnet sich die Sphäre eines romantischen Synkretismus, in dem vor allem die orientalischen Religionen (zu denen ursprünglich ja auch Judentum und Christentum gehören) als Wege zu einer spirituellen Erfüllung angehen werden. Zunächst ist es die Gestalt des Religionsstifters Mohammed, welche die Bedürfnisse des Suchenden zu erfüllen scheint:

> <...> mit Liebe und Eifer studierte ich Mahomeds Lehre und sein Leben. Mein Geist ging in die Betrachtung des seinigen über; ich sah, wie früh in seiner Seele das Bewußtseyn göttlicher Dinge gekeimt sey, wie ein mächtige Sehnsucht ihn getrieben, diesen Zweig vom ewigen Lebensbaum einzuimpfen <...>. (G 140)

Mohammed, der Begründer der Weltreligion des Islam, wird als eine bedeutende Person angesehen, deren Leben die Intensität eines spirituellen Erlebnisses verbürgt. Karoline von Günderrode hat ein *Mahomed*-Drama geschrieben, das vor allem im Vergleich zu den Stücken von Voltaire und Goethe, die sich ebenfalls mit dem Stifter des Islam befassen, ein wesentlich günstigeres Bild von diesem zeichnet. Und auch in einem Gedicht *Mahomets Traum in der Wüste* hat die Dichterin die religiöse Inspiration des Arabers poetisch nachgezeichnet. Das religiöse Erlebnis wird als eine mystische Schau gestaltet, in deren Verlauf die Kräfte des Lichts die Finsternis besiegen:

> Er sprichts; da bebt
> Die Erde, es hebt
> Die See sich auf zu den Wolken,
> Flammen entlodern den Felsenklüften,
> Die Luft, erfüllt von Schwefeldüften,
> Läßt träg die müden Schwingen ruhn.
>
> Im wilden Tanz,
> Umschlinget der Kranz
> Der irren Sterne, die Himmel;
> Das Meer erbraußt in seinen Gründen,
> Und in der Erde tiefsten Schlünden
> Streiten die Elemente sich.
>
> Und der Eintracht Band,
> Das mächtig umwand
> Die Kräfte, es schien gelöset.
> Der Luft entsinkt der Wolken Schleier
> Und aus dem Abgrund steigt das Feuer,
> Und zehret alles Ird'sche auf. (G 88f.)

Die Visionen Mohammeds werden hier in kosmischen Bildern veranschaulicht; pantheistische Vorstellungen der Ordnung aller Elemente und manichäistische Bilder eines Kampfes des Lichts gegen die Finsternis werden verbunden, ohne dass die Autorin sich streng an die Texte des Korans hält. Der Islam wird zu einem Modell der spirituellen Suche des Menschen und zu einer Darstellung einer kosmischen Harmonie unter der Herrschaft des Lichts. Im Rahmen der Erzählung bleibt aber die Lehre Mohammeds nicht die spirituelle Führerin des Suchenden; vielmehr be-

Der Islam als Modell

fallen ihn Zweifel, als er das Leben des Religionsstifters genauer betracht und erkennen muss,

> <...> wie aber dieses zarte Gewächs, das nur in einem durch Sittlichkeit und Kultur gereinigten Boden blühen und Früchte tragen kann, eine veränderte und fremdartige Gestalt und Natur angenommen habe; sah seine <Mohammeds> Versuche, durch Gesetze, durch Hoffnung auf den Himmel und Furcht vor der Hölle einen Grund von Sittlichkeit in ihren rohen Gemüthern zu legen; sah endlich, wie der Ehrgeiz, eine zügellose Einbildungskraft, und die Gewalt der Umstände ihn dazu geführt hatten, unheilige Mittel und Zwecke mit dem Heiligen zu verbinden. (G 140)

In den Orient – dem Licht entgegen!

Hier erweist sich, dass der islamische Monotheismus mit seinen rigorosen Morallehren, aber auch mit der Verstrickung seines Stifters in politische Händel dem spirituellen Bedürfnis der romantisch inspirierten Generation nicht genügen kann, weil diese eine Verbindung zwischen der sinnlich inspirierten Phantasie und den religiösen Sehnsüchten anstrebt. So ist es kein Zufall, dass Günderrodes Erzähler auf der Suche nach Inspiration weiter nach Osten zieht, dem Licht entgegen, und schließlich in Indien die Erfüllung seiner Wünsche erlebt. Der Brahmane, der zu seinem Lehrer wird, zeichnet sich dadurch aus, dass in seiner Lehre Diesseits und Jenseits nicht starr entgegen gesetzt erscheinen, dass er vielmehr trotz seiner einsiedlerischen Distanzierung von dem Treiben der Welt das Leben des Diesseits bejaht und dass seine religiöse Inspiration damit die Entfremdung und die Spaltung des Ich zu überwinden vermag, die als das grundlegende Defizit des europäischen Menschen erschienen war:

> Je mehr ich diesen Menschen kennen lernte, desto mehr fand ich einen wahren Priester, einen Mittler zwischen Gott und den Menschen in ihm. Göttliches und Menschliches waren in seinem Gemüthe auf das Innigste und Schönste verknüpft. Die Erde war ihm heilig wie ein Vorhof des Himmels, ihr buntes Getümmel verwirrte ihn nicht, alles entwickelt sich klar vor seinem Geiste, und er bleib rein und unschuldig in den Strudeln des Verderbens. <...> Er lehrte mich, wie in jedem Theile des unendlichen Naturgeistes die Anlage zu ewiger Vervollkommnung läge, wie die Kräfte wanderten durch alle Formen hindurch, bis sich Bewußtseyn und Gedanke im Menschen entwickelten; wie von dem Menschen an, eine unendliche Reihe von Wandlungen, die immer zu höherer Vollkommenheit führten, der Seelen warteten; wie sie endlich alle auf geheimnißvolle Weise sich alle vereinigten mit der Urkraft, von der sie ausgegangen, und Eins mit ihr würden, und doch zugleich sie

selbst bleiben, und so die Göttlichkeit und Universalität des Schöpfers mit der Individualität des Geschöpfes vereinigten. (G 143f.)

Diese von der Philosophie Schellings inspirierte Interpretation der hinduistischen Religionslehre kann als die Lösung der weltanschaulichen Problematik angesehen werden, die Günderrodes Erzählung zu Grund liegt: Eine Beziehung zum Göttlichen, zur „Urkraft des Lebens" ist gegeben, auch der Gedanke der Vervollkommnung ist präsent; gleichzeitig ist aber eine Bejahung der Fülle des Lebens ausgedrückt, eine Bejahung der Natur innerhalb und außerhalb des Menschen, die nicht als Antipode der Vernunft, sondern als Station auf dem Wege der Vervollkommnung begriffen wird. Die interkulturelle Öffnung gegenüber der indischen Religion und Weltanschauung (die freilich aus der Perspektive der europäischen Philosophie gedeutet werden) kann die empfundenen Defizite der christlichen Lehre und besonders die Aporien der rationalistischen Aufklärung zu überwinden helfen. In der Interpretation Günderrodes – und in diesem Punkt stimmt sie mit der Auffassung der Romantiker völlig überein – ist die sinnliche Fülle der indischen Kultur gerade nicht ungeordnet und chaotisch, sondern ein Zeichen der Bejahung des Lebens, der Natur und der Phantasie, die keineswegs im Widerspruch steht zu einer spirituellen Sinnsuche, die gerade in der aufgeklärten Zivilisation Europas so drängend erscheint. Günderrodes *Geschichte eines Braminen* ist ein exemplarisches Modell für die Vermittlung einer fremden Kultur an die Bedürfnisse der eigenen im Sinne des Modells der Fremdheit als Ergänzung (vgl. die Ausführungen in Teil I): Indem die Krise der europäischen aufgeklärten Welt aufgezeigt wird, ergibt sich die Grundlage einer Interpretation des Fremden von den Defiziten des Eigenen her, wodurch die Chancen einer Begegnung mit dem Fremden deutlich erkennbar werden.

Rezeption des Hinduismus als Überwindung des europäischen Rationalismus

Die östliche Kultur als Ergänzung

In einem bekannten Gedicht der Günderrode geht diese Öffnung gegenüber der fremden Kultur sogar so weit, dass ein von den Europäern als besonders problematisch empfundener Brauch, die Witwenverbrennung, die schon Herder in seinen *Ideen* als inhuman kritisiert hatte und die auch in Goethes Ballade *Der Gott und die Bajadere* eine zweideutige Rolle gespielt hatte, in einer einfühlenden Deutung dem europäischen Bewusstsein als Ausdruck einer vorbildlichen Haltung empfohlen wird:

Günderrodes *Malabrischen Witwen*

Die Malabarischen Witwen

Zum Flammentode gehen an Indusstranden
Mit dem Gemahl, in Jugendherrlichkeit,
Die Frauen, ohne Zagen, ohne Leid,
Geschmücket festlich, wie in Brautgewanden.
Die Sitte hat der Liebe Sinn verstanden;
Sie von der Trennung harter Schmach befreit
Zu ihrem Priester selbst den Tod geweiht,
Unsterblichkeit gegeben ihren Banden.
Nicht Trennung ferner solchem Bunde droht,
Denn die vorhin entzweiten Liebesflammen
In Einer schlagen brünstig sie zusammen.
Zur süßen Liebesfeyer wird der Tod;
Vereinet die getrennten Elemente,
Zum Lebensgipfel wird des Daseins Ende. (G 99)

Natürlich wird in diesem Fall die kritische Interpretation des zitierten Gedichts problematische Aspekte dieser Einfühlung in die fremde Kultur erkennen (und vor allem die Frage nach der problematische Suche der Günderrode nach ihrer Anerkennung als Frau und Dichterin im Bezug auf diese Opfer-Phantasie stellen); es ist aber nicht zu verkennen, dass die kritische Distanz zu den repressiven Ordnungen des alltäglichen Lebens in Deutschland und Europa eine Offenheit gegenüber dem Fremden bewirkte, die sich eben nicht von konventionellen Urteilen leiten ließ.

Lob des Eroberers Bonaparte

Dass die romantisch inspirierte Günderrode bei aller Offenheit für die orientalischen Kulturen und bei aller Kritik an negativen Auswüchsen der aufklärerischen Rationalität gleichzeitig auch eine Zeitgenössin war, die sich dem allgemeinen Gefühl einer zivilisatorischen Überlegenheit der Europäer gegenüber dem Völkern des „Orients“ nicht entziehen konnte, zeigt eine dichterische Hommage an den französischen Feldherrn Napoleon Bonaparte, der gerade wegen seines kolonialen Abenteuers in Ägypten zum Gegenstand eines panegyrischen Preisliedes wird:

Buonaparte in Egypten

Aus dem Schoos der Nacht entwindet mühsam die Dämmrung sich
Und der Dämmrung Gebilde löset einst des Tages Licht!
Endlich fliehet die Nacht! Und herrlicher Morgen
Golden entsteigst du dem bläulichten Bette der Tiefe
Und erleuchtest das dunkle Land wo der Vorzeit
Erster Funke geglüht, wo Licht dem Dunkel entwunden
Früh gelodert im Schutze mystischer Schleier

Dann auf lange entfloh und ferne Zonen erleuchtet.
Ewig weicht sie doch nicht vom heimischen Lande
Die Flamme, sie kehret mit hochauflodernndem Glanz hin.
Alte Bande der Knechtschaft löset die Freiheit,
Der Begeisterung Funke erweckt die Söhne Egyptens. –
Wer bewirkt die Erscheinung? Wer ruft der Vorwelt
Tage zurük? <...>
Bonaparte ist's, Italiens Erobrer,
Frankreichs Liebling, die Säule der würdigeren Freiheit
Rufet er der Vorzeit Begeisterung zurük
Zeiget dem erschlafften Jahrhunderte römische Kraft. <...>
(G 67)

Hier wird die für die Günderrode charakteristische Licht-Metaphorik nicht auf den Stifter des Korans, sondern auf den als Helden der Aufklärung interpretierten Napoleon bezogen. Und hier gilt Ägypten als das Land der Rätsel und der Dunkelheit, das zwar in der vorgriechischen Antike die Entwicklung der Menschheit vorangetrieben hat, danach aber in einen lang andauernden Schlaf gefallen ist. Die auffällige Diskrepanz zwischen dem Plädoyer für die Kolonialisierung Ägyptens auf der einen und die Öffnung gegenüber den spirituellen Kräften Indiens auf der anderen Seite muss aber nicht als Widerspruch interpretiert werden; sie verweist vielmehr darauf, dass die Orientierung an den Religionen Asiens von der Günderrode nicht als eine Regression hinter die Errungenschaften der Moderne verstanden wird, sondern als ein Weg, der aus den Aporien führen kann, in die das gleichwohl grundsätzlich akzeptierte Bewusstsein der Moderne auch führen kann.

A. W. Schlegel: Reichtum der indischen Sprache und Kultur

Im vorigen Kapitel wurde gezeigt, wie der späte Goethe die indische Kultur gegenüber der persisch-arabischen abwertet und sich nicht scheut, eurozentrische Argumentationsmuster in seine Abwehr des Indischen einzufügen. Im Gegensatz zu Goethe demonstriert August Wilhelm Schlegel die romantische Hochschätzung der indischen Kultur, die sich aus ästhetischen und religiösen Gründen erklärt:

> Die indische Sprache scheint mir, ohne alle Rücksicht auf Gehalt und Form ihrer Schriften, ein <...> unerreichbares und unnachahmliches Original zu sein. Sie geht in Wortbildungen, Fügungen und Stellungen noch viel weiter als die griechische über alles hinaus, was die deutsche Sprache zu leisten vermag. Dazu kommt der unendliche Reichthum an Wohllautenden und bedeutsamen Synonymen, bei Gegenständen, wo wir immer an denselben Ausdruck gebunden sind. <...> Dem Epos ist seinem Wesen nach eine gewisse Wortfülle eigen: alles darin Erwähnte will in seiner Art gepriesen sein, wozu auch immer

> Raum und Ruhe genug vorhanden ist. Allein das indische Epos überschreitet hierin bei weitem die griechische Mäßigung, ungefähr in demselben Grade, wie die Vegetation Indiens üppiger ist als die des südlichen Europa. Indessen in einer so geflügelten und wohllautenden Sprache, die in ihren Wortbildungen unerschöpflich mannigfaltig ist, wo überdieß jeder Ausdruck eine örtliche Farbe an sich trägt, und uns in entlegene Zonen, in ferne Zeitalter versetzt, wird man diese unermüdlich wiederkehrenden Rhythmen niemals überdrüssig; man vernimmt alles gern, was im Deutschen, dieser Vorzüge beraubt, leicht als Weitschweifigkeit und Wiederholung mißfallen würde.[10]

Goethes Geringschätzung der indischen Religion kann vor diesem Hintergrund von August Wilhelm Schlegel nur polemisch zurückgewiesen werden:

> Auch unter uns hat neuerdings ein Mann von größtem Ansehen einen harten Bann über die indische Götterlehre ausgesprochen, jedoch mehr im Sinne eines vom Heidenthum zum Islame bekehrten, als eines methodistischen Predigers. Indessen Brahma und die übrigen mögen ihre Sache selbst führen, indem sie in ihrer wahren Gestalt auftreten. Was aber dieser neue Zelot Allahs und seines Propheten ebenso aburtheilen über die bildende Kunst der Indier, über das weltberühmte Fabelbuch Hitopadesa, und über das Schachspiel, eine indische Erfindung, vorträgt, das werden wir Gelegenheit finden in der Folge dieser Blätter zu prüfen.[11]

Hegel: Indien und die Schönheit der „Nervenschwäche"

Von besonderem Interesse ist in diesem Zusammenhang die Position Hegels, der sich in der anti-romantischen Ablehnung des Indischen auf Goethes Seite schlägt. Im Hinblick auf die Argumentation der Günderrode (die Hegel wahrscheinlich nicht kannte) ist Hegels philosophische Begründung seiner Kritik an der indischen Kultur bedeutsam. Er kritisiert nämlich gerade das Verhältnis der sinnlichen Phänomene zu dem Göttlichen, also gerade das, was der romantisch inspirierten Günderrode aufgrund der Zwanglosigkeit der Beziehung als Ausdruck einer Freiheit der Phantasie erschienen war. Denn für Hegel ist diese Freiheit der Phantasie gerade ein Ausdruck der Unfähigkeit des indischen Geistes, eine artikulierte Beziehung zwischen dem menschlichen und dem Göttlichen herzustellen:

> Indien <...> ist immer das Land der Sehnsucht gewesen und erscheint uns noch als ein Wunderreich, als eine verzauberte Welt. Im Gegensatz zum chinesischen Staate, der voll des prosaisch-

> sten Verstandes in allen seinen Einrichtungen ist, ist Indien das Land der Phantasie und der Empfindung. <...> es ist Gott im Taumel seines Träumens, was wir hier vorgestellt sehen. Denn es ist nicht das Träumen eines empirischen Subjektes, das seine bestimmte Persönlichkeit hat und eigentlich nur diese aufschließt, sondern es ist das Träumen des unbeschränkten Geistes selbst. <...> Solche Schönheit finden wir auch in der lieblichsten Gestalt bei der indischen Welt – eine Schönheit der Nervenschwäche, in welcher alles Unebene, Starre und Widerstrebende aufgelöst ist und nur die empfindende Seele erscheint, aber eine Seele, in welcher der Tod des freien und in sich begründeten Geistes erkennbar ist. Denn würden wir die phantasie- und geistvolle Anmut dieses Blumenlebens, worin alle Umgebung, alle Verhältnisse vom Rosenhauch der Seele durchzogen sind und die Welt zu einem Garten der Liebe umgestaltet ist, näher ins Auge fassen und mit dem Begriff der Würdigkeit des Menschen und der Freiheit daran treten, so dürften wir, je mehr uns der erste Anblick bestochen hat, desto größere Verworfenheit nach allen Seiten hin finden. <...> Der sinnliche Stoff und Inhalt ist in das Allgemeine und Unermessliche nur aufgenommen und roh hineingetragen und nicht durch die freie Kraft des Geistes zur schönen Gestalt befreit und im Geiste idealisiert, so dass das Sinnliche nur dienend und sich anschmiegender Ausdruck des Geistigen wäre; sondern es ist zum Unermesslichen und Maßlosen erweitert und das Göttliche dadurch bizarr, verworren und läppisch gemacht. <...> (SI 103-105)

Hier zeigt sich der Eurozentrismus in der gleichwohl scharfsinnigen und pointiert formulierten Stellungnahme des führenden Philosophen des Deutschen Idealismus. Aber schon sein Zeitgenosse Arthur Schopenhauer stützt seine Philosophie einer Ablehnung des Willens zum Leben auf Motive des Buddhismus und Hinduismus, und das zwanzigste Jahrhundert verbindet eine massive Kritik an den Auswüchsen der abendländischen Modernisierung mit einer Begeisterung für die indische Kultur, die sich auf romantische Motive stützt. Im zwanzigsten Jahrhundert werden aber auch andere außereuropäische Kulturen zu einer Herausforderung für das europäische Selbstverständnis, und so ist die Öffnung gegenüber interkulturellen Perspektive eine Grundtendenz der Literatur der Moderne.

3. Avantgarde, Kulturkritik und Interkulturalität: Carl Einsteins Analyse der afrikanischen Kunst und Alfred Döblins Romanpoetik

„Exotismus ist oft unproduktive Romantik, geographischer Alexandrinismus. Hilflos negert der Unoriginelle.“[12] Mit diesen skeptischen Worten kommentierte der avantgardistische Literat und Kunsthistoriker Carl Einstein im Jahre 1921 eine Mode, die sich in den Avantgarde-Zirkeln Europas ausgebreitet und an deren Erfolg er doch mit seinem Buch über die *Negerplastik* aus dem Jahre 1915 selber einen bestimmenden Anteil gehabt hatte: Negerlegenden, Negerlieder, Negertänze und eben Negerplastik waren in aller Munde – wobei im zeitgenössischen Kontext das Wort „Neger“ ohne eine negative Konnotation zu verstehen ist. Skepsis artikuliert der kritische und nüchterne Carl Einstein, weil er selbst die Gefahr sieht, dass das Interesse für afrikanische Kunst und Kultur das Symptom eines problematischen Voyeurismus sein kann, der im exotischen Fremden einerseits eine vermeintliche Reinheit und Unberührtheit von den Schädigungen der Zivilisation, andererseits eine sinnlich reizvolle Attraktion erblickt und dabei lediglich seine eigenen Projektionen, nicht aber die tatsächlichen kulturellen Praktiken und Hervorbringungen einer außereuropäischen Zivilisation wahrzunehmen in der Lage ist. Wenn Einstein selbst für eine seriöse Auseinandersetzung mit der afrikanischen Kunst steht, die auch das Werk seines Pariser Bekannten Pablo Picasso bestimmt, so ist zu unterstreichen, dass es ihm wie dem spanischen Künstler um eine Begegnung neuerer und neuester Bestrebungen der europäischen Avantgarde mit der afrikanischen Kunst – genauer: der afrikanischen Plastik – geht.[13] Konkret gesprochen: Die Entwicklung der kubistischen Kritik an der homogenen Raumvorstellung, die seit der Renaissance als Modell der europäischen Malerei angesehen wurde, ermöglicht erst die Rezeption der afrikanischen Plastik, die von ganz anderen Voraussetzungen herkommend ähnliche Perspektiven entwickelt. Der kubistisch inspirierten Öffnung zur afrikanischen Kunst als einer Wendung gegen die herrschenden Konventionen der europäischen Malerei entspricht bei Carl Einstein eine Romantheorie und eine epische Praxis, die ihrerseits

Kubismus und afrikanische Plastik

weitgehende Parallelen zu Alfred Döblins *Berliner Programm. An Romanautoren und ihre Kritiker* von 1913 und zu Döblins Roman *Die drei Sprünge des Wang-lun* aufweisen. Zu beschreiben ist eine geistige Atmosphäre der Jahre vor dem Ersten Weltkrieg, in der die Suche nach neuen Formen in der europäischen Kunst und Literatur mit einem neugierigen Blick auf die außereuropäischen Kulturen verbunden wurde. Der Weg zu Döblins erstem großen Roman und damit zu einem Meilenstein der erzählerischen Moderne in Deutschland wird besser verständlich, wenn man die Entwicklung von Einsteins Denken und Schreiben verfolgt.[14] Dabei wird nicht behauptet, die Entdeckung der außereuropäischen Kulturen hätte die Entwicklung bestimmter avantgardistischer Modelle in Gang gesetzt oder beschleunigt. Alle Dokumente führen vielmehr zu der Einsicht, dass die Herausarbeitung neuer künstlerischer Perspektiven erst die Voraussetzung für die Würdigung etwa der afrikanischen und der chinesischen Kultur geschaffen hat.[15] Der angehende Kubist Picasso wendet sich der afrikanischen Plastik zu, weil er durch seine eigenen Gestaltungsprobleme für deren Formen empfänglich wird[16]; Einstein schreibt zunächst den avantgardistischen Roman *Bebuquin oder die Dilettanten des Wunders*, publiziert Fragmente einer neuen Romantheorie und beschäftigt sich mit der Theorie des Kubismus, und *erst dann* gelingt es ihm, sich einen ihm adäquat erscheinenden Zugang zu der „Negerplastik" zu erarbeiten.

Im ersten Teil dieses Buches wurden die postkolonialen Theorien skizziert, die sich unter anderem mit der Frage befassen, inwieweit die Bezüge europäischer Künstler auf außereuropäische Kulturen durch die Tatsache mitbestimmt sind, dass die betroffenen Länder und ihre Menschen von den problematischen Konsequenzen des europäischen Kolonialismus betroffen waren.[17] Die kritische Perspektive einer solchen Fragestellung bezieht sich auch auf avantgardistische und nonkonformistische Strömungen der europäischen Kunst, die mit der Hinwendung zu den außereuropäischen Kulturen eine scharfe Kritik an dem herrschenden Bewusstsein der imperialistischen Staaten und Gesellschaften verbanden. Denn selbst wenn die Kulturen der kolonialisierten Völker nicht mehr herablassend und geringschätzig betrachtet, sondern in provokatorischer Absicht als Modelle für eine neue europäische Kunst in Anspruch genommen wurden, so ist auch bei einem solchen kritischen Vorgehen nicht zu verkennen, dass die jeweilige außereuropäische Kultur in einem europäischen Diskussionszusammenhang instru-

Avantgarde und Kolonialismus

mentalisiert wird. Eine solche Zweideutigkeit ist auch in Einsteins Wendung zur afrikanischen Kunst zu erkennen. Zwar ist er ein Pionier auf dem Weg zu einer unparteiischen Anerkennung der afrikanischen Plastik *als Kunst*, und er ist als Kritiker der chauvinistischen Züge des Wilhelminismus ein Vorreiter für die Abkehr von einer eurozentrischen Perspektive; er neigt aber gleichzeitig dazu, die afrikanischen Plastiken, die er beschreibt und analysiert, als Exempel zur Anerkennung seiner neuen kubistischen Raumtheorie zu verwenden. In den Worten einer interkulturellen Hermeneutik lässt sich formulieren: Im Anderen der Negerplastik sieht Einstein das Andere des Eigenen (die vom Kubismus postulierte Auflösung der kontinuierlich-synthetisierenden Raumvorstellung). Und er reflektiert diesen Zugang sogar selbst, indem er auf die Prinzipien des Kubismus verweist. Zwar ist zu konzedieren, dass das Andere grundsätzlich nur in der Weise aufgenommen werden kann, dass Maßstäbe angelegt werden, die von Erfahrungen des Eigenen ausgehen; dennoch ist von einer bewussten und reflektierten Annäherung an das Andere zu erwarten, dass dessen Anderssein immer wieder bewusst gemacht wird. Einstein bemerkt selbst, dass die „Negerplastik" aus ganz anderen Gründen als der Kubismus die Zentralperspektive missachtet, weil nämlich die religiöse Dimension der afrikanischen Plastik eine privilegierte Bedeutung des Betrachters ausschließt; er geht aber über diese Einsicht relativ schnell hinweg, um die „Negerplastik" in einen *europäischen* Diskurs über die bildende Kunst zu integrieren. Das Andere des Anderen, das in der religiösen Dimension der afrikanischen Kunst liegt, wird so zwar erwähnt, aber in seiner wirklichen Bedeutung nicht ernst genommen. So wird das Andere der afrikanischen Kunst im Rahmen eines europäischen innerkulturellen Diskurses verwendet.

Differenz der afrikanischen Kunst

Eine systematische Rekonstruktion von Einsteins Position kann von folgender thesenhaften Skizze ausgehen:

1) Einstein erkennt in der afrikanischen Plastik eine Aufhebung der Zentralperspektive, durch welche ein Bezug dieser Kunstwerke zu den Bestrebungen der neuen europäischen Kunst möglich wird.
2) Einstein beschreibt die Logik des kubistischen Raums und demonstriert somit, dass das neue Sehen der kubistischen Malerei das Verständnis der afrikanischen Plastik ermöglicht.
3) Dieser neuen Raumtheorie entspricht eine Wendung gegen ein kontinuierliches Zeitverständnis im Roman, das mit den traditionellen Kategorien „Individuum", „Kausalität", „Hand-

lung" verbunden ist. In Romantheorie und -praxis hat Einstein bereits Modelle eines neuen Verständnisses der Epik vorgestellt.

4) Der avantgardistischen Innovation im Bereich der Form entspricht eine kulturkritische Option Einsteins, der in seiner existentiellen Konzeption der „Armut" gewissermaßen eine Art „Neger" in der europäischen Welt konstruiert.
5) In dieser Auffächerung erkennen wir eine weitgehende Parallele zu Döblins Entwicklung in den Jahren vor dem Ersten Weltkrieg. Die kulturkritische Wendung gegen die herrschende Realität verbindet sich mit dem Interesse an der taoistischen Philosophie des Wu-wai, und auch die Option für eine neue Epik kennzeichnet Döblin in Theorie und Praxis (im *Berliner Programm* und im *Wang-lun*). Der entscheidende Unterschied zwischen den Positionen Einsteins und Döblins liegt freilich darin, dass letzterer auch ein Meister der epischen Praxis ist und im Interesse dieser epischen Praxis auch Konzessionen an konventionelle Erzählmuster in kreativer Weise in die neue Epik integriert.

Die Religion als das Andere der afrikanischen Kunst

6) Die Problematik von Einsteins Position zeigt spezifische Aporien seiner Spielart der Avantgarde, die auch für die Einschätzung von Döblins Entwicklung von Interesse sind: Einerseits erkennen wir trotz aller Differenzierungen eine Instrumentalisierung der außereuropäischen kulturellen Hervorbringungen; andererseits lässt die eingestandene und explizit reflektierte Abstrahierung von der religiösen Einbindung der afrikanischen Kunst eine Dialektik von Negation und Affirmation entstehen: Wenn nämlich die moderne Kunst als Malerei (Kubismus) und Literatur (neue Epik) die Synthesen eines konventionellen Weltbildes zerstört und bei dem Versuch versagt, Orientierungen für eine Neugestaltung der modernen Welt zu vermitteln, so entsteht ein ideologisches Vakuum, das bei Döblin eine Rückwendung zur Religion (in den verschiedensten Formen) bedingt, sodass die Abstrahierung von dem religiösen Bezug der „primitiven" Kunst zurück genommen erscheint.

Die Logik dieser Zusammenhänge führt zu der Frage, inwieweit im Rückblick die Wendung zu außereuropäischen kulturellen Praktiken und Modellen als adäquate und legitime künstlerische Reaktion auf problematische Erfahrungen der europäischen Gesellschaften erscheint. In Frage steht dabei auch der Anspruch, den die Avantgarden insgesamt verfolgen: mit der Kunst nicht eine Dekoration oder auch eine scharfsinnige Analyse einer problematischen Moderne zu bieten, sondern durch die Veränderung der Sehgewohnheiten auch eine Veränderung des Lebens insgesamt, pathetisch gesprochen: eine Umkehr im Gang des europäischen Geistes zu erreichen.

Einsteins *Negerplastik*: afrikanische Kunst und Avantgarde

Einsteins Ausführungen zur „Negerplastik" beginnen mit der eindeutigen Feststellung, dass die afrikanischen Kunstwerke sich in ihrer Funktion und im Verständnis der Betrachter diametral von den europäischen Konventionen des Kunstverständnisses unterscheiden, weil sie in unserem Sinne gar keine Kunstwerke, sondern kultische Objekte darstellen:

Die afrikanische Plastik als kultisches Objekt

> Der Künstler erarbeitet ein Werk, das selbständig, transzendent und unverwoben bleibt. Dieser Transzendenz entspricht eine räumliche Anschauung, die jede Funktion des Beschauers ausschließt; ein vollständig erschöpfter, totaler und unfragmentarischer Raum muß gegeben und verbürgt sein. (NP 252)[18]

Wir erkennen hier deutlich, dass Einstein den religiösen Charakter der Plastik voraussetzt, da dieser die „Selbständigkeit" und „Transzendenz" des Kunstwerks (das eigentlich eine unmittelbare Verkörperung der Gottheit ist) bedingt. Die Form der afrikanischen Plastik ist nicht der Ausdruck eines „Kunstwollens", sondern folgt unmittelbar aus ihrem religiösen Charakter:

> Um ein abgegrenztes Dasein des Kunstwerks herauszubilden, muß jede zeitliche Funktion ausgeschaltet werden; das heißt ein Umgehen des Kunstwerks, ein Betasten muß verhütet werden <...>. Die Raumanschauung, die ein solches Kunstwerk aufweist, muß gänzlich den kubischen Raum absorbieren und ihn vereinheitlicht ausdrücken; Perspektive oder die übliche Frontalität sind hier verboten, sie wären unfromm. (NP 253f.)

Analogien zwischen der afrikanischen Plastik und der Malerei des Kubismus

Die Argumentation schafft jetzt den Übergang von der Bestimmung der religiösen Funktion des Kunstwerks zu dessen formaler Analyse, die eindeutig darauf angelegt ist, Analogien zwischen der afrikanischen *Plastik* und der *Malerei* des Kubismus aufzuzeigen: „Die Negerplastik stellt eine klare Fixierung des unvermischten plastischen Sehens dar" (NP 254), erklärt Einstein, und er zeigt die entgegengesetzte Orientierung der europäischen Plastik, die gerade das spezifisch Plastische verloren zu haben scheint, ist sie doch durch ein malerisches oder zeichnerisches Verfahren gekennzeichnet:

> <...> die Tiefe wird suggeriert, aber nicht unmittelbar durch die Form gebildet. Diese Verfahren sind auf dem Vorurteil gegründet, das Kubische werde mehr oder minder durch die materielle Masse verbürgt, eine sie umschreibende innere Erregung, oder eine einseitige Formanweisung genügten, damit das Kubische als Form da sei. Diese Methoden wollen das Plastische eher suggerieren und bedeuten, als daß sie zur Konsequenz gelangten. Jedoch auf solche Weise ist dies kaum möglich, da hier das Kubische als Masse und nicht als Form vorgestellt wird. Masse ist jedoch mit Form nicht identisch... (NP 255)

Es erweist sich, dass das Interesse an der afrikanischen Plastik durch eine polemische Wendung gegen die europäische Kunst seit der Renaissance bedingt ist. Die Einsichten des Kubismus haben demnach das Verständnis der „Negerkunst" in entscheidender Weise beeinflusst. In Frage gestellt erscheint damit durch die interkulturelle Bezugnahme zur „primitiven" afrikanischen Kunst auch ein unreflektiertes Fortschrittsdenken. Denn wenn ein gebildeter Europäer den seit der Renaissance erreichten Standpunkt der europäischen Kunst als eine Errungenschaft einer zivilisatorischen Entwicklung einfordert, so geht gerade die neueste europäische Kunst über diese Standards hinweg und entlarvt sie als eine Konvention, die ihrerseits zu überwinden ist. Fraglich erscheint aus heutiger Sicht auch der Überbietungsgestus einer Avantgarde, die sich als Übermoderne versteht, aber doch selbst herausstellt, dass die sogenannte primitive Kunst formale Besonderheiten entwickelt hat, mit denen sich die Avantgarde identifizieren kann. Nur deshalb kann Einstein fundamentale Prinzipien des Kubismus mit Blick auf die afrikanische Kunst erörtern:

Avantgarde und Primitivismus

> Die Vorstellung des Kubischen als Form – nur hiermit hat es die Plastik zu schaffen und mit keiner materiellen Masse – ergibt unmittelbar, daß zunächst bestimmt werden muß, was jene ausmacht; dies sind die nicht zugleich sehbaren Teile; sie müssen mit den sichtbaren in eine totale Form gesammelt werden, die in einem Sehakt den Beschauer bestimmt und einer fixierten dreidimensionalen Anschauung entspricht, damit das sonst irrational Kubische als sichtlich geformtes sich erweise. (NP 256)

Die formalen Eigenschaften der afrikanischen Plastik, welche die Analogie zum Kubismus plausibel erscheinen lassen, beruhen auf einer völlig anderen ideologischen Orientierung. Nicht um die Zerstörung gesellschaftlicher Übereinkünfte in Bezug auf die Kunst geht es, sondern um die Loslösung des plastischen Objekts von den psychologischen Bedingungen, welche das empirische menschliche Sehen kennzeichnen:

> Aufgabe der Plastik ist es, eine Gleichung zu bilden, worin die naturalistischen Bewegungsempfindungen und somit die Masse gänzlich absorbiert sind, und ihre sukzessive Verschiedenheit in eine formale Ordnung umgesetzt ist. Dies Äquivalent muß total sein, damit das Kunstwerk nicht mehr als Gleichung gerichteter menschlicher Tendenzen empfunden wird, vielmehr als ein bedingungsloses, geschlossenes Selbständiges. (NP 257)

„Es geht also darum," erklärt Einstein, „die nicht sichtbaren Teile in ihrer formalen Funktion, als Form, das Kubische, den Tiefenquotienten, wie ich es nennen möchte, an den sichtbaren als Form darzustellen." (NP 257) So lassen sich die Charakteristika der afrikanischen Plastiken, die im Sinne der europäischen Kunstauffassung als defizitär, als Zeichen einer minderwertigen künstlerischen Fertigkeit erscheinen, in ihrer Notwendigkeit begreifen: „Eine solche Plastik wird stark nach einer Seite zentriert, da diese das Kubische als Totales, als Resultante nun unverstellt gibt, während die Frontalität nur die Oberfläche summiert." (NP 258) Einstein gibt ein weiteres prägnantes Beispiel:

> So verstehe man auch die sogenannten gewundenen Gelenke oder Gliedmaßen der Negerplastik; diese gerollte Windung stellt sichtbar dar und konzentriert, was eben das Kubische zweier sonst abrupten Richtungskontraste ausmacht; sonst nur geahnte zurückgelegene Partien werden aktiv und in einem gesammelten einheitlichen Ausdruck funktionell, somit Form und unbedingt notwendig zur Darstellung des unmittelbar Kubischen. (NP 260)

Der Kubismus als malerische Avantgarde

Die hier skizzierte Charakteristik der afrikanischen Plastik zeigt eindrücklich, dass die Öffnung für die außereuropäische Kunst nur möglich war, weil die avantgardistische Bewegung des Kubismus mit fundamentalen Grundüberzeugungen der europäischen Malerei gebrochen hat. Einstein selbst rekapituliert das Grundanliegen des Kubismus in der 1926 erschienenen Abhandlung *Die Kunst des 20. Jahrhunderts*, einem Teil der enzyklopädischen Propyläen-Kunstgeschichte. Indem Einstein die Kühnheit aufbringt, bereits nach dem Ende des ersten Viertels eine

Bilanz der Kunstentwicklung des gesamten Jahrhunderts zu ziehen, zeigt er, der den Kubismus für die wichtigste Kunstrichtung hält, dessen epochale Bedeutung an.

Wie definiert er in dieser begrifflich prägnanten Darstellung den Sinn des Kubismus? Diesem gehe es, so erklärt er, um die

> Verformung des dreidimensionalen Bewegungserlebnisses in zweidimensionale Gestalt, ohne daß Tiefe oder Modellierung illusionistisch nachgebildet werden, während die Bewegungsvorstellungen und das Gesamt des Erinnerungsfunktionalen durchaus dargestellt werden. (K 61)[19] <...> man gibt das Nebeneinander von Ansichten, die in zeitlicher Folge erfaßt werden. Allerdings wissen die Kubisten, daß sie nur das Ergebnis der Erlebnisreihe, nicht diese selbst wiedergeben. (K 66)

Einstein erkennt auch in der Hinsicht eine Analogie zwischen dem Kubismus und der afrikanischen Plastik, dass beide durchaus gegenständlich orientiert sind und insofern in einem weiten Sinne als realistisch bezeichnet werden können:

> Der Kubismus ist ein Beispiel des subjektiven Realismus, das heißt: die unmittelbaren Erlebnisse des Subjekts, seine Raumvorstellungen, werden zu Gegenständen individualisiert; wir kontrollierten solch subjektives Erlebnis stärker, wenn wir nicht von uns weg durch die Gegenstände hindurch in unsere Handlung eilten, das heißt: die Gegenstände summarisch als Handlungssignale, Mittel und Zwecke erlebten. (K 62)

Wir erkennen hier, in welcher Form der Kubismus als Avantgarde zu verstehen ist: Das konventionelle Sehen des Menschen konstituiert Gegenstände durch die spontane Verknüpfung eines aktuellen Reizes mit verschiedenen erinnerten Eindrücken. So entwickelt sich ein konventionelles Sehen, das ein ebenso konventionelles Verhältnis der Menschen zu den Gegenständen mit sich bringt. Einstein erklärt, die Gegenstände würden unmittelbar in eine Zweck-Mittel-Relation integriert; es lässt sich ergänzen, dass der bürgerlich-moderne Mensch, gegen den sich die Avantgarde kritisch wendet, selbst zu einem Werkzeug wird, indem er den Versuch unternimmt, die Gegenstände zu instrumentalisieren. Das konventionelle Sehen macht den Menschen unfrei, indem es ihn in diese determinierte Beziehung zu den Gegenständen versetzt. Gegen diese *Entfremdung*, so könnte man mit einer Terminologie erläutern, die Einstein nicht verwendet, opponiert der Kubismus mit einer spezifischen Form der *Verfremdung*, welche die spontane Synthese des konventionellen Bewusstseins rückgängig macht und dessen konventionel-

Das „neue Sehen" des Kubismus

len Charakter aufdeckt. Durch das „neue Sehen" des Kubismus wird das spontane und naive Bewusstsein kritisierbar; eine Möglichkeit zeichnet sich ab, neue Begegnungen mit der Welt und damit ein neues Verständnis von Wirklichkeit zu gewinnen. Dieser avantgardistische Impuls des Kubismus wird von Einstein angedeutet; er prägt vor allem implizit das Pathos seiner gesellschaftskritischen Essays.

Der Kubismus, dem von der konventionellen Kritik eine Verzerrung und Verformung der Wirklichkeit vorgeworfen wurde, bewahrt im Gegensatz zu anderen avantgardistischen Strömungen sehr wohl den Aspekt des Gegenständlichen[20], sodass Einstein mit einem gewissen Recht die Formel vom „subjektiven Realismus" prägte:

> Vom Kubismus führt der Weg nicht zu gegenstandsloser Kunst, und wenn solche Künstler den Kubismus anriefen, so aus Mißverstehen. Kubistische Bilder stehen im Bezirk der gegenständlichen Vorstellung und bereichern diese trotz der subjektiven Haltung; vielleicht gerade um derentwillen. Deuteten die Impressionisten den Gegenstand als Sensation, so die Kubisten als funktionale Formvorstellung, die konstruktiv frei behandelt wird, da man Momente der Sichtenfolge wählt und verwertet. (K 67)

Im Blick auf die Konzeptionen Döblins ist von besonderem Interesse, wie Einstein den Kubismus vom Futurismus abgrenzt. Es ist gerade das Interesse der Kubisten an der Gegenstandskonstitution, das ihre Position von der des Futurismus unterscheidet:

> Die Futuristen wähnten, die Bewegung selber zu fassen; begreiflich, da sie von der Literatur und deren zeitbestimmter Technik herkamen. Die Kubisten hingegen fixierten das bildformale Ereignis, die freie Synthese bildmäßiger optischer Vorstellungen und Erfahrungen. Statt einer Gruppe bewegter Dinge gibt man die zweidimensionale Simultangruppe der eigenen Bewegungsvorstellungen, wobei das Moment des stereometrischen Tiefenkörpers, die Augentäuschung, vermieden wird. Das Bild sagt nur soviel über Gegenstände aus, wie sie zweidimensionale Gestalt enthalten, das heißt: bildformale Kräfte. (K 59)

Kubismus, „Negerplastik" und neue Romantheorie

Die Analogie zwischen der Kubismustheorie und den Ausführungen zur afrikanischen Plastik einerseits und der kritischen

Wendung gegen die konventionelle Auffassung vom Roman liegt nun darin, dass in der Epik ebenfalls ein neues Sehen eingeführt werden soll, welches die vorschnellen Synthesen und die konventionellen Erklärungsmuster der erzählenden Literatur überwindet und zu einer neuen Schreibweise führt. Dabei ist festzustellen, dass die konventionelle Konstitution von Gegenständen und Objekten im Bereich der Epik über die psychologische Charakterisierung der Figuren funktioniert, durch welche diese in einen Kausalzusammenhang eingebunden und als Individuen konzipiert werden, denen ein Charakter, eine Entwicklung und eine spezifische Biographie zugeschrieben werden kann. Sarkastisch äußert sich Einstein im Jahre 1912 in der Zeitschrift *Die Aktion* über diese psychologische Orientierung der Romanliteratur in der Tradition des bürgerlichen Realismus:

Kubismus und moderne Epik

> Der psychologische Roman beruht auf causaler Schlußweise und gibt keine Form, da nicht abzusehen ist, wohin das Schließen zurückführt und wo es endigt. <...> Man stelle das Epos in Zukunft nicht mehr allein in den Dienst des geschlechtlichen Verkehrs. Das Besingen mehr oder weniger komplizierter Genitalien dürfte überflüssig sein usw. <...> Es gilt, im Roman Bewegung darzustellen – eine Aufgabe, der das Deskriptive gänzlich fern liegt. <...> Jedenfalls die Ruhe, das Deskriptive in die Gegenstände zu verlegen, ist sinnlos. Wertvoll im Roman ist – was Bewegung hervorbringt. Ruhe ist genug da – weil das Ganze schließlich doch fixiert ist. <...> Das Absurde zur Tatsache machen! Kunst ist eine Technik, tatsächliche Bestände und Affekte zu erzeugen.[21]

In seinem kurzen Roman *Bebuquin oder die Dilettanten des Wunders*[22] hat Einstein versucht, diese Kritik am realistischen Roman in der literarischen Praxis umzusetzen, und einen epischen Text präsentiert, in welchem die Identität seiner Hauptfigur in verschiedene Facetten zersplittert und eine lineare zeitliche Abfolge nicht zu erkennen ist. Die Einstein-Forschung hat dargelegt, dass dieser Roman auf der Ebene der Zeiterfahrung dasselbe zu leisten sucht, was der Kubismus im Blick auf die Raumerfahrung unternimmt: eine Auflösung der konventionellen Synthesen und eine kritische Analyse der Art und Weise, wie die unmittelbare Zeiterfahrung des Menschen ignoriert und durch schematische Konzepte verdrängt wird. Die Konsequenz und Radikalität von Einsteins avantgardistischem Experiment bedingt freilich, dass sich im *Bebuquin* das Epische fast vollständig auflöst und dass eine Weiterentwicklung des Romans auf dieser Grundlage als problematisch erscheint. Worum es einem Epiker wie Döblin gehen musste, erweist sich indirekt: die Kritik an der konventionellen Romanliteratur in eine erzählerische Form einzubinden, ohne diese gänzlich aufzulösen. Viel eher als Einsteins *Bebuquin* sind *Die drei Sprünge des Wang-lun* als ein Versuch in dieser Richtung zu begreifen.

Avantgarde und Vergangenheit

Wesentlich für die Analogie zwischen Epik und bildender Kunst erscheint der Gedanke, dass die Wendung gegen die konventionellen Synthesen im Kubismus und in der neuen Epik eine Wendung zu vormodernen Kunstformen provoziert: So wie die afrikanische Plastik als eine scheinbar rückständige Kunstform ein aktuelles Interesse gewinnt, so zitiert Einstein die Epik Homers als ein Vorbild für die revolutionäre Umformung des Romans. Auch hier zeigt sich also der paradoxe Befund, dass die Avantgarde als vermeintliche Speerspitze der geschichtlichen Entwicklung gerade nicht einem unkritischen Fortschrittsdenken folgt, sondern in Raum und Zeit entfernte Modelle untersucht, um die eigene Praxis zu bereichern.

Avantgarde als Kulturkritik

Typisch für die avantgardistische Position Einsteins ist die Tatsache, dass die Wendung zu einer neuen Kunstauffassung unterstützt wird von einer kulturkritischen Haltung, die sich gegen die vermeintlichen Errungenschaften der gesellschaftlichen Moderne wendet und die insbesondere die auf Zweckrationalität und Gewinnstreben ausgerichtete Mentalität des Großstädters aufs Korn nimmt. Einsteins kulturkritische Reflexionen konzentrieren sich in der Figur des Armen, der sich dem Streben nach Gewinn und Reichtum verweigert und damit die problematischen Gesetze der Gesellschaft bloßstellt:

> Er meint nicht, der Mensch sei zu Gewissem bestimmt oder eine Persönlichkeit, die über andere hinauswachsen müsse, und so widerlegt er die üblichen Satzungen <wie die Figur Bebuquin in Einsteins Roman>. Er meint nicht, ein Mensch müsse den anderen übertreffen in dem und jenem, er bettelt und wird sich darum nicht geringer. <...> Der Arme allein erkennt unspekulativ die Willkür aller Gesetze; wohl weiß er, sie funktionieren hie und da präzis, aber er weiß ebenso gut, daß sie dank ihrer unreligiösen Art kaum eines Menschen Seele zu fassen vermögen. <...> Der Arme steht auf und bleibt nicht allein; denn er wittert die Zeit, wenn Menschen um anderes streiten als Besitz, Überlegenheit und vergleichsweises Bessersein; wenn

> Menschen die ungeheiligten Gesetze entkleidet schauen. Denn eines ekelt ihn: der Zwang.[23]

Der ‚Arme' als existentielle Kategorie

Der Arme – es handelt sich hier um eine existentielle, nicht um eine soziale Kategorie – durchschaut also die Gesetze und Konventionen in ähnlicher Weise wie der Kubist die konventionellen Synthesen des Sehens durchschaut und überwindet. Hier lässt sich erkennen, wie Einstein eine ‚Parallelaktion' zwischen der Kunst und der politisch-existentiellen Revolte für denkbar hält. Deutlich ist die Analogie zu den Bemühungen Döblins vor Beginn des Ersten Weltkriegs, bei denen sich eine Beschäftigung mit einer neuen, die Konventionen der Psychologie überwindenden Epik mit einer Option für das taoistische Wu-wai, also die Verweigerung eines interessegeleiteten Handelns, verbindet, welche das alltägliche Leben der modernen Gesellschaft kennzeichnet.

Im Jahre 1919 formuliert Einstein im Hinblick auf die Erfahrungen des Ersten Weltkriegs eine radikale Position, die einen Abschied von der Kunst insgesamt und deren Aufgehen in einer kollektiven Praxis der Massen postuliert:

> Die uns nötige Kollektivkunst: Nur die soziale Revolution enthält die Möglichkeit einer Änderung der Kunst, ist ihr Prämisse, bestimmt allein den Wert einer Kunstwandlung und stellt dem Künstler seine Aufgabe.
> Primitive Kunst: Ablehnen der kapitalistischen Kunstüberlieferung. Europäische Mittelbarkeit und Überlieferung muß zerstört, das Ende der formalen Fiktionen festgestellt werden. Sprengen wir die Ideologie des Kapitalismus, so finden wir darunter den einzigen wertvollen Überrest des zerkrachten Erdteils, die Voraussetzung jedes Neuen, die einfache Masse, die heute noch im Leiden befangen ist. Sie ist der Künstler.[24]

Hier zeigt sich die Problematik von Einsteins avantgardistischer Position: Indem diese die religiöse Funktion der afrikanischen Plastik mit Emphase betonte, stellte sie implizit ein Vakuum fest, das sich auftut, wenn etwa der Kubismus die konventionellen Synthesen der traditionellen Kunst zerstört. Wenn aber die avantgardistische Kunst weder die religiöse Aura noch die soziale Einbettung aufweist, die Einstein bei der afrikanischen so beeindruckt, dann ist die Funktion der Kunst überhaupt in Frage gestellt. Aus einer Überforderung der avantgardistischen Kunst entwickelt sich so eine Wendung gegen die Kunst überhaupt, die konsequenterweise das Hauptanliegen von Einsteins zu Lebzeiten unveröffentlichten Spätwerk *Die Fabrikation der Fiktionen* darstellt.

Döblins Romanpoetik

Alfred Döblins Weg zur epischen Moderne weist zahlreiche Parallelen zu den Bestrebungen Carl Einsteins auf und vollzieht sich ebenfalls in einer an interkulturelle Diskurse anschließenden Art und Weise.[25] Rückblickend betont Döblin den Einfluss der avantgardistischen bildenden Kunst auf seine literarischen Entwicklung. Mit Blick auf die Kunstausstellungen des *Sturm* erklärt er 1918 in seinem Aufsatz *Von der Freiheit eines Dichtermenschen*:

> Ein, zwei Jahre vor dem Krieg hatte ich Gelegenheit französische, russische, italienische Künstler der jetzt dominierenden Generation zu sprechen; zu meinem Erstaunen, dessen Heftigkeit ich mich noch entsinne, äußerten sie, die mit deutschen Verhältnissen gerade so unbekannt waren wie ich mit ihren, Wünsche, Urteile, Pläne über Kunst und Verwandtes, die verblüffend mit einigen in Deutschland umgehenden übereinstimmten.[26]

Döblin und der Kubismus

Es ist wahrscheinlich, dass Döblin im Mai 1912 die Picasso-Ausstellung des *Sturm* besucht hat, und so können wir sein Bekenntnis zum Kubismus im Lichte unserer Ausführungen als Bestätigung ansehen:

> Was vorausging, so in der am meisten auffälligen Malerei, <unter anderem im> Kubismus <...>, gehört zu der gleichen Geisteswelle, die durchweg bei ihren Trägern oder Befallenen durch eine zunehmende Steigerung des Lebensgefühls, ein leidenschaftliches Sichbesinnen sich charakterisiert, durch eine berserkerhaft entschlossene Stellungnahme im Formalen und Inhaltlichen, Drang zu intensiver ungebrochener Äußerung.[27]

Wenn Döblin so die Analogie zwischen den avantgardistischen Bewegungen der bildenden Kunst und der Umwälzung der Epik unterstreicht, die seine eigenen Bemühungen charakterisiert, so ist es entscheidend, die auffälligen Übereinstimmungen zwischen seinem *Berliner Programm* von 1913 und den romantheoretischen Bekundungen Einsteins auf den Impuls zu beziehen, den der Kubismus vermittelte und der von der afrikanischen Plastik verstärkt wurde.

Wie Einstein wendet sich Döblin 1913 gegen die „psychologische Manier", und ebenso sarkastisch wie Einstein sieht er in der Betonung des Erotischen eine Spielart einer problematischen psychologischen Orientierung: „Die schriftstellerische Welt ist succesive vereinfacht auf das geschlechtliche Verhältnis; ein Prozeß, der durch das beifällige Interesse eines schlechten oder schlechtgeleiteten Publikums begünstigt wurde."[28] Hatte Einstein sich gegen das Deskriptive des psychologischen Romans ausgesprochen und verlangt, es gehe darum, Bewegungen darzustellen, so erklärt Döblin: „Man lerne von der Psychiatrie, der einzigen Wissenschaft, die sich mit dem ganzen seelischen Menschen befaßt; sie hat das Naive der Psychologie längst erkannt, beschränkt sich auf die Notierung der Abläufe, Bewegungen"[29].

Avantgarde und Interkulturalität

Die Avantgarde der bildenden Kunst und die der Literatur begegnen – so zeigt der Weg Einsteins, so demonstriert die Entwicklung Döblins – auf der Suche nach der Überwindung des erkenntnistheoretischen und psychologischen Schematismus Modellen außereuropäischer Kunst und Weltanschauung – so der „Negerplastik" und der taoistischen Philosophie des Wu-wai. Zweierlei erscheint dabei problematisch: Zum einen werden die außereuropäischen kulturellen Gehalte und Praktiken offensichtlich im Dienste einer konkreten, historisch zu bestimmenden europäischen Problematik instrumentalisiert, zum anderen treffen die europäischen Künstler auf dem geheimnisvollen Weg zu den unbekannten Welten Asiens und Afrikas auf religiös bestimmte Gesellschaften, Denkgebäude und Praktiken. Daraus ergibt sich die implizite Tendenz, die avantgardistischen Künste der europäischen Moderne mit einem religiösen Bedürfnis aufzuladen. Wenn dieser Prozess nicht durchschaut wird, kommt es entweder zu unangemessenen Heilsvorstellungen in bezug auf die künstlerische Praxis in der europäischen Moderne – die Idee des Neuen Sehens wird religiös aufgeladen –, oder eine maßlose Enttäuschung über die Kunst im Zeitalter des Verlusts der Aura erscheint vorprogrammiert. Vielleicht ist Döblins *Berlin Alexanderplatz* gerade deshalb Döblins bedeutendster Roman, weil er dieses religiöse Bedürfnis, das auch die Avantgarde kennzeichnet, nicht verdrängt, vielmehr in den Romandiskurs integriert und so in der erzählerischen Form bewältigt. Einsteins Abhandlung über die *Negerplastik* zeigt die von Döblin an den Heroen der Avantgarde gelobte „entschlossene Stellungnahme im Formalen und Inhaltlichen"; sie wirkt anregend für die Kunstpraxis der Moderne und auch für eine gerechte Einschätzung der afrikanischen Kunst; sie zeigt aber auch die Problematik, die darin besteht, dass die fremde Kultur des kolonialisierten Afrika umstandslos in einen Diskurs integriert wird, der primär an der Weiterentwicklung der avantgardistischen Ästhetik und Poetik interessiert ist.

4. Europäische Zivilisationskritik und indianische Mythen: Alfred Döblins *Amazonas*-Trilogie

Alfred Döblins Epos vom Amazonas (1937, 1938, 1948) thematisiert vor dem Hintergrund einer Stabilisierung des nationalsozialistischen Herrschaftssystems in Deutschland die Kolonialisierung Südamerikas durch die europäischen Eroberer. Der Epiker Döblin war von den Beschreibungen der gewaltigen Naturphänomene des großen Stromes und des Urwaldes ebenso fasziniert wie von den Beschreibungen der indianischen Kulturen, die er als Exilant in der Pariser Bibliothèque nationale mit großer Spannung studierte. Nachdem die Forschung und das Lesepublikum diesem gleichwohl faszinierenden Roman lange Zeit mit einer gewissen Distanz gegenüber standen, ist in jüngster Zeit gerade das interkulturelle Potential des Textes herausgearbeitet worden.[30] In scharfem Kontrast bietet die Roman-Trilogie aus der Zeit des Exils historische Schilderungen des Kolonisierungsprozesses und der Jesuitenreduktionen auf der einen und bizarre Mentalitätsstudien aus Döblins Gegenwart auf der anderen Seite, die offensichtlich psychische Dispositionen verdeutlichen sollen, mit denen die Hinwendung vieler Menschen zu faschistischen Weltbildern plausibel gemacht werden soll. Will Döblin einen Zusammenhang zwischen dem von den Konquistadoren zu verantwortenden Völkermord in Südamerika und dem Aufkommen des Nationalsozialismus herstellen, und wenn ja, wie wäre dieser Zusammenhang zu formulieren?[31] Und welchen Stellenwert weist Döblin dem literarischen Diskurs im Kontext dieser Problematik zu?

Döblins Amazonas-Trilogie: postkolonialistische Deutungsmuster

Die postkoloniale Literatur- und Kulturwissenschaft stellt – wie im ersten Teil dieses Buches gezeigt – Methoden zur Verfügung, mit denen Texte und kulturelle Phänomene analysiert werden können, die sich aus der kolonialen Konfrontation der Kulturen ergeben haben. Mit den hieraus abgeleiteten Analyseinstrumenten ergibt sich ein neuer Blick der interkulturellen Literaturwissenschaft auf Döblins *Amazonas*-Epos.[32] Dieses kann im Sinne des skizzierten postkolonialen Hybridisierungs-Modells interpretiert werden. Döblin demonstriert, indem er die Auseinandersetzung der Indianer mit den Missionierungsbemühungen der Jesuiten beschreibt, wie diese die fremde Kultur gleichzeitig annehmen und verändern. Dies zeigt sich in der Formel vom „indianischen Kanaan"; Döblin demonstriert weiterhin, wie die Jesuiten in entscheidenden Momenten der Romanhandlung eine existentielle Öffnung gegenüber dem Denken der Indianer erleben, das durch ein mimetisches Verhältnis zur Natur gekennzeichnet ist. Die Sprache des Romans kann im Sinne einer postkolonialen Mythopoetik ebenfalls als hybrid angesehen werden, da sie vertraute Bilder und Konzepte des europäischen Denkens mit fremden der indianischen Kultur in eine spannungsgeladene Konstellation bringt. Die Gegenwartspassagen des *Amazonas*-Epos lassen sich einerseits im Hinblick auf eine kritische Bilanz der europäischen Neuzeit interpretieren; sie zeigen andererseits, dass das faschistoide Denken und Fühlen als eine Panzerung gegenüber der Natur im Menschen angesehen werden kann, die durch eine Öffnung gegenüber der indianischen Kultur aufgebrochen werden könnte, wie die Schilderung der Vision des Polen Jagna im indianischen Urwald zeigt. Jenseits der realistischen und phantastischen Handlungselemente zeigen die literarische Sprache und die Bildlichkeit von Döblins Text beides: die Entfremdung und die Trennung des modernen Menschen von den Kräften einer befreienden Natur und die Möglichkeit, in einer Öffnung gegenüber dem Fremden diese Entfremdung und Trennung zumindest auf der Ebene des Diskurses punktuell aufzuheben. Wenn im Hinblick auf das *Amazonas*-Epos festgestellt werden kann, dass Döblin in diesem Momente von Horkheimers und Adornos *Dialektik der Aufklärung* vorweg genommen hat, so ist im Sinne des hier vorgestellten Ansatzes zu betonen, dass sich der Romancier Döblin vor den Gesellschaftskritikern der Frankfurter Schule dadurch auszeichnet, dass er den energischen Versuch unternimmt, den herrschenden Eurozentrismus zu überwinden und sich den Grundlagen des indianischen Denkens zu stellen. Es erscheint evident, dass die europäische Moderne nicht in eine naturreligiöse Mimesis regredieren kann; es ist aber ein Unterschied, ob man beispielsweise die Konfrontation mit dem Mythos im Hinblick auf den europäischen Zivilisationshelden Odysseus oder auf das indianische Land ohne Tod diskutiert. Dass es eine spezifische südamerikanische Mythologie und einen dementsprechenden spezifischen literarischen Umgang mit der eigenen traditionellen Kultur gibt, beweisen exemplarisch die mythopoetischen Modelle der Autoren Alejo Carpentier[33] und Gabriel García Márquez[34]. Die Deutung des Romans im Sinne der interkulturellen Literaturwissenschaft geht von der Prämisse aus, dass Döblin, der ein profundes Quellenstudium durchgeführt hat, mit seinem *Ama-*

zonas-Epos den Versuch unternommen hat, der Krise der europäischen Politik und Zivilisation durch ein literarisches Modell hybrider Interkulturalität zu begegnen und so der rassistischen Homogenisierung germanisch-europäischer Identitätsbildung eine interkulturelle Konfrontation zwischen europäischem und indianischem Denken entgegen zu setzen.

Literarische und kulturelle Hybridität

Die entscheidenden Gesichtspunkte, mit denen die interkulturelle Literaturwissenschaft der Deutung des *Amazonas*-Epos neue Impulse vermitteln möchte, sind folgende: Zu beachten ist die Eigenart der indianischen Mythen zwischen utopischer Einheit mit der Natur (*Land ohne Tod*) und Untergangsvision (*Blauer Tiger*), und fruchtbar ist der Gedanke, dass sich in der Konfrontation zwischen Europäern und Indianern hybride kulturelle und mentale Muster ausbilden, die eine Überwindung des jeweils einseitigen indianischen und europäischen Denkens zumindest als möglich erscheinen lassen. Zu bedenken ist weiterhin, dass diese Ausbildung einer kulturellen Hybridität literarische Konsequenzen für Döblins Text hat: Dieser realisiert auf der sprachlichen und formalen Ebene als Mythopoesie und als eine bestimmte Form des magischen Realismus eine hybride Mischung kultureller Perspektiven und Modelle, die darauf abzielt, die erkannten Defizite der europäischen Zivilisation zu überwinden. Diese Position Döblins zielt nicht auf eine Unterwerfung des modernen Denkens unter den Mythos; vielmehr ist mit der Einführung der Figur des Giordano Bruno die Idee einer denkerischen Bewältigung der Begegnung von Mythos und abendländischer Rationalität gegeben. Analog zu García Márquez' späterem Text *Hundert Jahre Einsamkeit* rechnet der Romanschluss freilich mit der düsteren Möglichkeit, dass mit den negativen Konsequenzen der westlichen Handlungsmodelle unbewusst die Untergangsvisionen der indianischen Mythen realisiert werden.

Zu erörtern sind zunächst die beiden zentralen indianischen Mythen, die im Roman vorgestellt und gestaltet werden, dann der Prozess der Hybridisierung in der Begegnung zwischen den Indianern und den Europäern und schließlich die Frage nach der Stringenz von Döblins Gegenwarts- und Faschismusanalyse in *Der Neue Urwald*, dem dritten Band der Trilogie.

Differenzierte Darstellung der fremden Kulturen

Die Mitglieder der indianischen Kulturen werden – dies ist von besonderer Bedeutung – nicht als eine homogene Gruppe dargestellt und erst recht nicht als eine Ansammlung edler Wilder, die in naiver Eintracht mit der Natur leben. Konflikte zwischen Interessengruppen und den Geschlechtern verzeichnet Döblin ebenso wie prometheische Herrschaftsformen und grausame Kriege. Die Unterordnung der Indios unter die Natur ist aber für Döblin der gemeinsame Grundzug des indianischen Denkens, der im Kontrast mit den Vorstellungen der Europäer hervorzuheben ist. Während die europäische Renaissance das Konzept der Herrschaft des europäischen Menschen über die Natur und über die außereuropäischen Kulturen ausbildet und damit die sich ebenfalls entwickelnde Idee der Humanität wegen der Ausschließung des Anderen und des Fremden nachdrücklich kompromittiert, zeigen sich die indianischen Kulturen von einer Perspektive geprägt, die als eine Unterwerfung unter die Natur und unter das mit den Weißen anscheinend einbrechende Schicksal bezeichnet werden kann. Die Unterordnung des Menschen unter die Natur als Grundlage des indianischen Denkens ist also durchaus als ambivalent zu betrachten, führt sie doch in Krisensituationen zu einer gewissen Entmündigung. Nicht als historisch aussichtsreiches Gegenmodell zu den aggressiven Handlungen der Konquistadoren wird das mythisch-animistische Denken der Indianer im Roman eingeführt, sondern als ein theoretisches Muster, das *in der Retrospektive* und in einer aktualisierenden Interpretation eine Bedeutung für eine kritische Selbstreflexion des europäischen Selbstverständnisses gewinnen kann.

Indianische Mythen

Zu beachten ist zudem, dass die beiden im Roman gestalteten Zentralmythen vom Land ohne Tod und vom blauen Tiger einerseits komplementär aufeinander bezogen, andererseits als mythische Interpretation geschichtlicher Erfahrung zu verstehen sind. Das Bild vom Land ohne Tod wird als Fluchtmotiv und damit als Krisensymptom offenbar, weil die Suche nach dem Land der Harmonie und des Friedens mit dem Kosmos, der Natur und den Ahnen als Reaktion auf den Einbruch der Weißen in die indianische Welt zu verstehen ist:

> Und es war wahrhaftig ein geheimnisvoller Zug, und die Männer, die sich auf ihm zusammenschlossen, hatten allen Grund, andere, deren sie nicht sicher waren, davon fernzuhalten. Denn es war, zum ersten Mal versucht und dann noch vielmals unternommen, die Fahrt in das Land ohne Tod. <...> Die Trommeln weinten: „Seht Euch vor. Es ist große Gefahr. Wir werden alle nicht leben bleiben. Gegen Sonnenuntergang hat der große Geist, der die Erde trägt, die Berge geschüttelt. *Wilde Tiere sind auf den Menschen gefallen.* Ganze Völker gehen zu Grunde. Blickt zum Himmel: der Hundsstern rückt dem Mond näher. Er wird ihn fressen.“[35]

Die wilden Tiere, die Döblin hier (gegen den Wortlaut der Quelle[36]) in den Text einfügt, sind die Weißen, die mit ihrem Eindringen in die indianische Welt dafür gesorgt haben, dass die mythischen Untergangsszenarien das Leben der Indianer konkret bestimmen:

> Die Losung war: „Nach Sonnenaufgang liegt das Land ohne Tod. Es gibt einen Baum, von dem man alle Früchte abnehmen kann, er ist der Vater der Tiere und Menschen. Wenn man auf ihn steigt, schlägt er seine Äste nach oben zusammen und hebt sie hoch, und den, der drauf sitzt, trägt er höher und höher, über die Bergspitzen, in den Himmel hinein. Und da wohnen die Ahnen, die großen Geister." <...> Und die Frauen sangen den Kindern: Ganz weit, nach Sonnenaufgang, ist ein großes Wasser, da liegt ein Land, wo man immer lebt und nicht alt wird. Keiner tut etwas Schlechtes. Der Baum, der alle Früchte trägt, der Vater der Tiere und Menschen, wächst in dem Land. Man braucht nicht zu arbeiten. (A 22f.)

Die indianischen Mythen haben im Roman verschiedene Bedeutungen:

> Döblin hat die bei Métraux aufgefundenen Mythen in den Roman *direkt* eingebunden. Der Einfall der Europäer ist auslösender Anlaß für die Suche nach dem Land ohne Tod zum einen, zum anderen mehr als nur die Bestätigung und Erfüllung eines alten Mythos, sondern vielmehr der blaue Tiger, das „grausame Tygerthier" selbst. In einem weitergehenden Sinne ist der blaue Tiger Symbol für die europäische Zivilisation.[37]

Im dritten Band erklärt ein weiser alter Indianer:

> Wir wissen, wer die Weißen sind. Sie kommen aus ihren Ländern, wo Unordnung herrscht, und bringen Zerstörung. Wo sie gehen, ist Zerstörung. Es ist gemeldet worden: Am Himmel unter dem Lager des Großen Vaters liegt der blaue Tiger. Wenn die Erde schlecht wird, gerät der Große Vater in Zorn, schickt den blauen Tiger auf die Erde und läßt zerstören. (A 823)

Die Begegnung mit dem Fremden ist ein entscheidendes Moment in Döblins Roman. Der Fremdheit zwischen Europäern und Indianern korrespondiert der Gegensatz zwischen einem magisch-animistischen und einem rationalen Weltbild. Da beide Arten des Weltverhältnisses aber Ausdruck einer etablierten kulturellen Tradition und einer starken kulturellen Ganzheit sind, bleibt es nicht bei dem starren Gegeneinander dieser Kulturen oder bei einer ‚einfachen' Unterwerfung der indianischen unter die europäische Kultur. Es kommt vielmehr zu einer charakteristischen Mischung. Diese Hybridisierung wird deutlich in einer Formel wie „indianisches Kanaan" (vgl. A 377 und 438f.[38]). Dieses indianische Kanaan wird folgendermaßen beschrieben:

Das „indianische Kanaan"

> Die Leute waren damit für die Sache der Väter gewonnen. Sie waren bekehrt. Eine Glaubensgemeinde? Selbstverständlich. Es gehörte alles zum Glauben. Die Väter brauchten bloß hinzusehen und hinzuhören und konnten feststellen: die Dunklen mischten und brauten alles zusammen, die Schrauben mit der Wanderung Johannes des Täufers durch die Wüste, die Nägel und den Hammer mit der Kreuzigung Christi. Und die Väter, die beim Bau mit Axt, Säge, Meißel arbeiteten, und die indianische Sprache lernten, schwitzten und lehrten, sahen bald, wie die Not sie auf einen guten Weg geführt hatte, den sie allein nie gefunden hätten. Die dunklen Leute verschmolzen ihren Wohnort, das Haus, die Straße, die vielen neuen Gegenstände mit den Lehre. Drollige Namen gaben sie den Dingen. Da gab es kein Haus, es war die Höhle auf der Flucht, der schwere Nagel, der das grobe Holz durchbohrte, wurde beschworen, nicht weh zu tun und den leidenden Jesus nicht am Kreuz zu halten; er hieß „Fürchte dich nicht". (A 423)

Der hier von Döblin gestaltete Vorgang lässt sich mit einem Konzept von Homi Bhabha als *Mimikry* bezeichnen (vgl. die Ausführungen zu Bhabhas Theorie in Teil I). Diese besteht – wie dargelegt – in einer ambivalenten Mischung aus einer Imitation und einer charakteristischen Veränderung der kolonialisierenden Kultur:

> Die Ambivalenz der Mimikry – fast, aber nicht ganz – legt den Schluß nahe, daß die fetischisierte koloniale Kultur potentiell und strategisch ein Aufruf zu Aufruhr und Widerstand ist. Ausschlaggebend ist hier, daß die Wirkungen, die ich als „Identitäts-Effekte" bezeichnet habe, immer *gespalten* sind. Unter dem Schutz der Tarnung ist die Mimikry, wie der Fetisch, ein Teil-Objekt, das die normativen Systeme des Wissens über die Priorität von Rasse, Schreiben, Geschichte radikal umwertet. Denn der Fetisch ahmt die Formen der Autorität an dem Punkt nach, an dem er sie de-autorisiert.[39]

Diese subversive Umwertung des christlichen Weltbildes vollzieht sich im Roman durch die hybride Vermischung von magischen und christlichen Vorstellungen. Das für den indianischen Weltbezug konstitutive Denken in Analogien und der unmittelbare Bezug von Natürlichem und Übernatürlichem opponiert gegen die Vorstellung einer säkularisierten Welt, die schon im Christentum angelegt ist. Kreuz und Rosenkranz werden ganz analog zu den Überlegungen Bhabhas als Zaubergegenstände zu Fetischen gemacht; entsprechend gelten die Jesuiten als mächtige Zauberer. Diese Unterminierung des christlichen Weltbildes bleibt aber – wie die Romanhandlung zeigt – nicht ohne Einfluss auf die Europäer, die ihrerseits in den Bann des indianischen Weltbezugs geraten.

Magischer Realismus und Interkulturalität

Punktuelle Begegnungen zwischen Europäern und dem Indianischen sind als Höhepunkt des ‚magischen Realismus' in der Döblinschen Ausprägung zu begreifen: Las Casas trifft den Wassergeist Sukuruja, Mariana den Flussgeist; Maladonata, die indianische Helferin der Väter, ist als Meisterin der Mimikry zu verstehen, weil es ihr gelingt, durch die verändernde Nachahmung der europäischen Impulse – „fast, aber nicht ganz" – das indianische Kanaan *auch* zu einem Paradigma *indianischer* Kultur zu machen. Zu erinnern ist im Übrigen auf der Gegenwartsebene des Romans an die Begegnung des Europa-Flüchtlings Jagna mit dem Reh als dem Repräsentanten der südamerikanischen Natur.

Die Begegnung der Europäer mit der Welt der Indianer

Die Begegnung des Las Casas mit dem Wassergeist wird so beschrieben:

> Der Wassergeist Sukuruja, die Mutter der Wassers glitt in den finsteren Wäldern als Schlange von Baum zu Baum. Manchmal stand sie in menschlicher Gestalt unter den grünen Zweigen. Mit einer schweren Keule stand sie da, mit Pfeil und Bogen, bunte Papageienfedern schmückten ihr schwarzes langes Haar, ihre dunkle Haut leuchtete im Dunklen, ihre Wangen und ihre Stirn waren rot bemalt. Sie ließ sich in das Schilf herunter. <...> Las Casas öffnete die Augen: Bin ich bei dir, Sukuruja? – Du erkennst mich? – Wo sind meine Gefährten? – Laß sie. – Wo ist mein Kreuz? Er richtete sich auf. Da war der Himmel, die freudigen Sterne, Sukuruja kauerte am Boden im Federschmuck. Las Casas schwankte auf den Füßen. Er hob das Kreuz und den Rosenkranz auf, sie glitten ihm aus der Hand. Er bückte sich. Sie fielen wieder. Sukuruja stand auf: Weißer Mann, in den Wald! Komm. – Der Alte im dunklen Mantel folgte zögernd, er drehte sich zweimal, dreimal nach den Sachen am Boden um. Sukuruja nahm ihn in den Arm und trug ihn. Las Casas weinte eine kleine Weile. Sie zogen zum Fluß herunter. Die Geier schimpften. Webervögel flogen. Unten zeigten sich Wasserschlangen, Alligatoren, Fische. (A 258f.)

Die Öffnung des jungen Jesuiten Mariana gegenüber dem indianischen Weltbild wird folgendermaßen angedeutet: „Sie haben Mariana drüben zum Führer proklamiert. Er hat ihren Vorbereitungen zum Abzug und den Tänzen beigewohnt. Er hat schon oft im Wald mit ihnen getanzt." (A 370) Und über Marianas Tod heißt es:

> Die Väter erfuhren nichts vom wahren Ende Marianas. Als Mariana über den Parana fuhr, der seinem großen Fall zuraste, sprach ihn der Flußgeist an. Aus einer braunen Welle erhob er sein zorniges Antlitz an einem dicken Schlangenleib, rasselte,

> zischte, spritzte ihn an. Mariana erschrak. Die Dunklen im Boot hatten die Schlange auch bemerkt und ruderten rasend. Die Schlange verfolgte sie. Da überließ Mariana die Gefährten nicht ihrem Verderben. Er redete, während die andern die Augen zukniffen, schrien und sich anfeuerten, zu der Schlange. Sie wunderten sich, daß er ihre Sprache kannte. Er sagte, er werde ihr Geschenke bringen, sobald sie am anderen Ufer seien.
> Da warf die Schlange Schaum gegen sein Gesicht und leckte das Wasser. „Meine Schwester Sukuruja hat mir von Weißhäutigen, wie du bist, berichtet. Ihr seid böse Geister, die den Tieren und Pflanzen das Leben stehlen. Es muß wohl sein, weil ihr selbst kein Leben habt. Man tut gut, Euch zu töten." „Hör nicht darauf, was man dir sagt, großer Flußgeist. Viele von uns sind schlecht, viele arm, ich liebe Euch und will Euch Euer Leben nicht stehlen. Ich mag nicht ohne Euch leben." „Du bist auch ohne Leben und mußt morden. Was willst du mir opfern?"
> „Was du verlangst, großer Flußgeist."
> Die Schlange rasselte hoch und überschüttete das Boot mit Wasser, die Ruderer kreischten, der Steuermann ließ die Stange fallen und stürzte vornüber ins Boot.
> „Dann will ich dich lieber gleich holen." Und sie fiel auf Mariana und ringelte um ihn und zog ihn über Bord.
> „Jetzt bin ich deiner sicher."
> Er klagte sie auf dem felsigen Grund an, schluchzte, jammerte nach seinen Gefährten, dann blickte er sich um, im Wasser, auf dem Grund, dann wurde ihm Vieles klar, und dann war er nicht mehr Mariana. (A 372f.)

Es kann hier durchaus von „magischem Realismus" gesprochen werden: Die Szene kann sowohl realistisch als Unfall als auch „mythopoetisch" als Begegnung mit dem Naturgeist verstanden werden; eine Koinzidenz von Natürlichem und Übernatürlichem ist festzuhalten. Gleichzeitig wird deutlich, dass der Mythenbezug eine *literarische* Funktion hat und symbolisch-allegorisch verstanden werden kann: als Wiederkehr der verdrängten Natur, die gleichzeitig als Apotheose und als private Apokalypse verstanden werden kann.

Ähnliches gilt von der Figur des Polen Jagna, der als Mensch des zwanzigsten Jahrhunderts in den Urwald gelangt und die Konfrontation mit der Welt der Natur ebenfalls gleichermaßen als Befreiung wie als Todesverheißung erfährt:

> Als er umgesunken war, kam ein Reh aus dem Gebüsch, trat auf seinen zarten Knotenbeinen näher und äugte auf den großen, hellen Körper am Boden. Es blickte auf Jagnas Füße und wußte nicht, daß es Füße waren. Es trat näher und da sich die Füße nicht zu erkennen gaben, suchte es den langen Körper

> entlang. Es drehte seinen braunen, flinken Kopf. In seine Augen blickten aus einer schmalen Spalte die Augen des Menschen. Jagnas trockene Lippen bewegten sich nicht. Seine Augen sagten, und das Tier verstand es: ich sterbe, Reh, ich sterbe, ich muß sterben. (A 812)

Unbefriedigend erscheint bisher die Suche nach einem stringenten Zusammenhang zwischen den historischen und „indianischen" Partien des Romans und dem dritten Band, der eine Gegenwartsanalyse skizziert. Drei Mentalitätsstudien werden angeboten, die hier nicht in extenso analysiert werden können. In diesem Zusammenhang ist aber wichtig, dass von einer Panzerung der Psyche gegenüber den Bedürfnissen der inneren Natur gesprochen werden kann und dass Döblin insofern im Bereich der privaten Kommunikation, aber auch des politisch-ökonomischen Denkens eine Kontinuität zuwischen dem Geist der Konquistadoren und dem der Moderne des zwanzigsten Jahrhunderts zu konstruieren sucht. Vor allem die Figur Klinkert, die als Vertreter eines „instrumentalen Denkens" eingeführt wird und Bezüge zu Ernst Jüngers Gestalt des „Arbeiters" und Technikers aufweist – und schließlich an diesem Denken zerbricht –, diese Figur kann als Beleg dafür gelten, dass in Döblins Perspektive eine Öffnung gegenüber dem von den Indianern Südamerikas repräsentierten Denken vermieden oder verpasst wurde. Die Zeit des sich stabilisierenden Nationalsozialismus konnte Döblin nicht zu optimistischen Schlussfolgerungen seiner „Generalabrechnung mit der europäischen Civilisation" führen. Der Roman schließt mit der paradoxerweise in den Tod führenden Suche nach dem Land ohne Tod, mit dem Untergang Tausender Indianer auf ihrer Flucht vor dem Blauen Tiger und mit ihrer im Tod sich vollziehenden Vereinigung mit dem Wassergeist Sukuruja.

Die entscheidende Frage ist aber nun: Propagiert Döblin damit selbst einen „Mythus der Zerstörung", ist er selbst von einer apokalyptischen Lust am Untergang beherrscht, wie ihm 1980 der Germanist und spätere Schriftsteller W. G. Sebald vorwarf?[40] Bei der Auseinandersetzung mit dieser Kritik ist die Tatsache zu beachten, dass es Döblin um eine philosophische Durchdringung des indianischen und gleichzeitig um eine gewissermaßen freiwillige Hybridisierung des europäischen Denkens geht. Bei Döblin – so meine abschließende These – steht die Figur des Physikers und Philosophen Giordano Bruno genau für dieses Anliegen, wenn sie in der Rahmenhandlung gemeinsam mit dem polnischen Faust Twardowski eine kritische Bilanz der Neuzeit zieht. Im *Amazonas*-Epos hat der Bezug auf Brunos Denken in

Giordano Brunos Naturphilosophie und das indianische Denken

diesem Kontext zwei Funktionen: Einerseits ist Brunos Naturphilosophie im Roman, die immerhin eine Ausprägung des europäischen Denkens der Renaissance darstellt, als eine weitgehende Annäherung an das indianische Denken zu verstehen. Der von Döblin gestaltete Hymnus Brunos an die Welt steht textimmanent in engem Zusammenhang mit der Beschreibung des Amazonas und der Anrufung des Wassergeistes Sukuruja und seiner Schwester, der Schlange, der Mariana begegnet ist: „Ah, bist du nicht Göttliches, Urewiges, wie eine Schlange, die sich blitzschnell durch die Zeitlichkeit windet und Welt nach Welt als ihre Haut liegenläßt. <...> Nun habe ich dich wieder fluten gesehen, du Unerschaffenes, Unvergängliches, du Tiefstes und Höchstes, Hellstes und Dunkelstes" (A 768). Andererseits lässt Brunos Idee der polaren Entwicklung einen Hoffnungsschimmer für die Entwicklung der europäischen Zivilisation erahnen, die sich gerade in der Phase ihrer tiefsten Verleugnung der Natur und ihrer menschenverachtendsten Grausamkeit zu einer Umkehr bewegen lassen könnte: „Das Menschengeschlecht ist gesunken! Ihr habt Böse unter Euch, sie haben die Herrschaft über Euch. Leidet, oh leidet! Seht es und leidet! Leidet noch mehr, noch mehr. Aus der Seele des Leidens kommt die Hilfe, Besinnung, der rächende Arm. Die Zeit wird reif. Rettet die Menschheit vor dem Untergang! Oh geschändete Welt! Oh herrliche Erde!" (A 772) Brunos Äußerungen sind nicht als Manifestation einer bequemen teleologischen Geschichtsphilosophie zu verstehen, die das Leiden der Menschen als eine dialektisches Moment in der Entwicklung des Geistes versteht (Hegel); nein, Bruno ist als wirklicher „Schmerzensmann" gezeichnet, der unter der Entwicklung der neuzeitlichen Menschheit leidet. Indem die Perspektive einer hypothetischen Entwicklung in polaren Gegensätzen angedeutet wird, zeigt Döblin, dass die Mythopoetik gerade nicht in eine regressive Unterwerfung unter die Fatalität eines als Terror zu verstehenden Mythos fällt, dass vielmehr die mythischen Untergangsvisionen als eine mögliche und nicht als die einzige Perspektive der Menschheit anzusehen ist. Dass auf der anderen Seite aber nicht ein fader Optimismus überwiegt, zeigt die Opposition Twardowskis gegen Brunos Forderung, dass die Menschheit noch fünfhundert Jahre brauche, um zu einer akzeptablen Situation zu gelangen. Die mythische Vision vom blauen Tiger, die den Roman beherrscht und seinen Schluss prägt, hat also im Sinne von Döblins Mythopoetik den Charakter einer Warnung an seine Leser, denen deutlich gemacht wird, dass gerade durch die destruktiven Tendenzen der neuzeitlichen

Zivilisation der indianische Mythos der Zerstörung zur Wirklichkeit werden kann – ganz wie es García Márquez am Schluss seines Romans *Hundert Jahre Einsamkeit* für den Mikrokosmos Macondo demonstriert.

Exkurs: Literatur, Mythos und Geschichte bei García Márquez

García Márquez gestaltet in seinem Roman *Hundert Jahre Einsamkeit* (1967) ein komplementäres Verhältnis von Geschichte und (indianischem) Mythos.[41] Während auf der Handlungsebene ein Wirklichkeitsbezug der Protagonisten konstitutiv ist, der weitgehend mit den Kategorien der europäischen instrumentellen Vernunft charakterisiert werden kann, zeigt sich das weitgehende Scheitern dieses Wirklichkeitsbezugs darin, dass entgegen dem Willen und dem Wissen der Handelnden Muster eben des mythischen Weltbezugs realisiert werden: An die Stelle von Fortschritt tritt der Kreislauf der Zeit; an die Stelle von Herrschaft über Welt und Natur steht am Ende die Zerstörung der menschlichen Welt und deren endgültige Vernichtung. Die Grundlagen des magischen Realismus bestehen in einer literarischen Beziehung zwischen abendländisch-rationalem und indianisch-mythischem Weltbild: Ein Ding, ein Ereignis kann gleichzeitig auf beiden Ebenen interpretiert werden. Die mythopoetische Kritik des instrumentellen Handelns vollzieht sich nicht explizit als anthropologische oder politische Kritik, sondern als literarischer Handlungsvollzug; im Scheitern des instrumentellen Handelns wird das mythische Schema realisiert:

Noch einmal: magischer Realismus und Interkulturalität

> Verwundet von den Todesspeeren eigener und fremder Sehnsüchte, bewunderte er <Aureliano, der letzte Spross der Familie Buendía> die Furchtlosigkeit der Spinngewebe auf den toten Rosensträuchern, die Beharrlichkeit des Unkrauts, die Geduld der Luft im strahlenden Februarmorgen. Und dann sah er das Kind. Es war eine geblähte, dürre Haut, die alle Ameisen der Welt auf dem Steinpfad des Gartens mühsam zu ihrem Bau schleppten. Aureliano konnte sich nicht rühren. Nicht, weil Verblüffung ihn gelähmt hätte, sondern weil sich ihm in diesem wundersamen Augenblick Melchíades' endgültige Schlüssel offenbarten, und nun sah er das Epigraph der Pergamente vor sich, folgerichtig eingeordnet in Zeit und Raum der Menschen: *Der erste der Sippe wird an einen Baum gebunden, und den letzten werden die Ameisen fressen.*[42]

Die „prometheischen" Bemühungen von García Márquez' Protagonisten haben also zu nichts anderem gedient als dazu, die in dem geheimnisvollen Pergament des Zigeuners Melchíades gespeicherte mythische Überzeugung vom notwendigen Untergang der menschlichen Welt zu verwirklichen. Trotz dieses von der Handlungsebene her gesehen düsteren Endes seines berühmtesten Romans ist García Márquez kein von der Lust am Untergang beherrschter Irrationalist. Vielmehr dient ihm die Mythopoetik zu einer Kritik an der auf Naturbeherrschung ausgerichteten aggressiven Zivilisation, die auf europäische Wurzeln zurückgeführt werden kann. Und wenn es auch auf der Handlungsebene keine Versöhnung zwischen dieser aggressiven Haltung und der mimetischen des indianisch-mythischen Denkens gibt, so vollzieht sich in der Schreibweise des magischen Realismus eine Hybridisierung, die in der Komplementarität von Magischem und „Realem", von Mythischem und Rationalem gerade die Konfrontation und Verbindung zwischen den verschiedenen Denkweisen und Konzepten herstellt, die als Handlungsmodell möglicherweise die negativen Folgen der zivilisatorischen Naturbeherrschung aufheben könnte. Dass der magische Realismus in Südamerika zu Hause ist, auf dem Kontinent, auf dem sich im Prozess der Kreolisierung indianische, europäische und afrikanische Kulturen in Konfrontation begegnen und mischen, erscheint nach dem bisher Dargelegten keineswegs als ein Zufall.

5. Günter Grass' *Blechtrommel*

Die interkulturelle Literaturwissenschaft entdeckt die Bedeutung von hybridem Erzählen und kultureller Differenz auch mit einem neuen Blick auf die deutschsprachige Nachkriegsliteratur, der sich hier exemplarisch in einer neuen Interpretation des Romans *Die Blechtrommel* (1959) von Günter Grass bewähren soll. Der als Ich-Erzählung des Danzigers Oskar Matzerath, der als kleines Kind aus Protest gegen die Welt der Erwachsenen auf sein weiteres Wachstum verzichtet, konzipierte Text gilt allgemein als das Zeichen eines Neuansatzes der deutschen Literatur nach der verhängnisvollen Epoche von Nationalsozialismus und Shoah. Die hier vorgestellte neue Deutung des Romans stellt diesen in den Kontext der Migrationsliteratur und geht von der Beobachtung aus, dass der dem

Die Blechtrommel als Migrationsliteratur

Roman zugrunde liegende Mikrokosmos Danzig als ein hybrider Ort zu verstehen ist, in dem sich Deutsche, Polen, aber auch die Kaschuben begegneten und mischten, bis die nationalsozialistische Diktatur Danzig zu einer deutschen Stadt machte und damit zwangsweise eine Homogenierung der kulturellen Vielfalt dieser Stadt bewirkte. Wenn man sich diese interkulturelle Perspektive von Grass' großem Roman bewusst macht, wird die Tatsache verständlich, dass der indische Autor Salman Rushdie, dessen umstrittener Roman *Die satanischen Verse* im dritten Teil dieses Buches vorgestellt wird, Günter Grass als eines seiner Vorbilder benennt. Vor diesem Hintergrund ist Grass' Werk im Kontext der postkolonialen Perspektive im Hinblick auf die Frage zu diskutieren, wie in ihm die Unterdrückung regionaler Kulturen durch eine Hegemonialkultur im Fokus einer Familiengeschichte dargestellt wird. Salman Rushdie nannte Grass' *Blechtrommel* als Vorbild für *Mitternachtskinder* (1981), seinen Roman über die indische Geschichte nach der Unabhängigkeit mit einem Ich-Erzähler, der schneller lebt als ‚normale' Menschen und wie Grass' Matzerath damit eine exzentrische Perspektive auf den Geschichtsverlauf zeigt.[43]

Grass' Roman als Plädoyer für Hybridität: das Kaschubische als dritter Ort

Die vorzulegende Interpretation der *Blechtrommel* geht von folgenden Prämissen aus: Die Wendung der deutschen Nachkriegsliteratur gegen die Grundlagen des nationalsozialistischen Denkens musste eine Wendung gegen Rassismus und Nationalismus bedeuten; das heißt aber auch: Gegen den Kampf der Kulturen musste ein literarisches Programm der Mischung entwickelt werden, das die Hybridität als einen freien Austausch der Kulturen propagierte und innerhalb der Kulturen keine homogene Identität postulierte, sondern Spannungen und Konflikte zur Entfaltung brachte. Überlegungen zur Frage eines Schreibens nach Auschwitz müssen also mit den Konzepten der interkulturellen Literaturwissenschaft zur Bedeutung kultureller Differenz in der modernen und postmodernen Kultur und Literatur in Verbindung gebracht werden. Konkret: Die *Blechtrommel* ist als ein radikales Plädoyer gegen eine starre nationale Identität und gegen Vorstellungen einer homogenen deutschen Kultur zu verstehen. Danzig ist *für Oskar* ein Modell der Verweigerung nationaler Identität, während die von ihm beobachtete Normalität der Kleinbürger auf eine Hegemonisierung der polnischen Kultur und eine Identifizierung mit dem Stärkeren (Deutschland) hinausläuft. Die viel diskutierte unzuverlässige Erzählinstanz Oskar ist als ein Symptom kultureller Hybridität zu verstehen, die sich nicht auf starre Wahrheit beziehen lässt, die sich klaren Identitäten verweigert. Das Kaschubische ist als eine kontrafaktische Utopie zu begreifen, als ein dritter Ort zwischen Deutschland und Polen, der in der historischen Realität majorisiert wurde, in der Erzählung aber wieder aufersteht. Oskar ist die erzählerische Verweigerung einer festen Identität: ein Wesen mit zwei Vätern, das von sich behauptet, diese beiden Väter zu Tode gebracht zu haben. Blasphemie und freizügige Erotik sind literarischer Ausdruck von Transgressionen, welche die starren Definitionen homogener Bewusstseinssysteme in Frage stellen. Grass' Roman inszeniert also eine literarische Subversion, die Nationalismus und Rassismus im Exzess des Schreibens bekämpft. Oskar identifiziert sich mit den Juden Markus und Fajngold, die eine von allen nationalen Identitäten getrennte Kultur repräsentieren.

Salman Rushdies Grass-Rezeption

Salman Rushdie kennzeichnet das Schreiben von Günter Grass als eine Literatur der Migration.[44] Für den indischen Autor ist Grass

> <...> eine Gestalt von zentraler Bedeutung in der Literatur der Migration, und vielleicht ist der Migrant die zentrale oder die maßstabsetzende Gestalt des zwanzigsten Jahrhunderts. Und wie viele Migranten, wie viele Leute, die eine Stadt verloren haben, hat er sie in seinem Gepäck wiedergefunden, verstaut in einer alten Blechdose. Kunderas Prag, Joyce' Dublin, Grass' Danzig: Exilierte, Flüchtlinge, Migranten haben viele Städte in ihrem Gepäck herumgetragen in diesem Jahrhundert der Wanderungen. (RG 175f.)

Salman Rushdie schlägt vor, den Migrationsbegriff nicht nur soziologisch, sondern auch poetologisch zu verstehen, um so charakteristische Eigenschaften der Interkulturalität in der Literatur zu erfassen:

Der Terminus „Migration"

> ‚Migration' bietet sich als eine der umfassendsten Metaphern unserer Zeit an. Das Wort Metapher selbst, das von dem griechischen Wort für ‚Herübertragen' stammt, beschreibt eine Form der Migration, die Migration der Ideen in die Bilder. Migranten – herübergetragene Menschen – sind ihrem Wesen nach metaphorische Wesen, und Migration, metaphorisch verstanden, begegnet uns allenthalben. Wir alle überschreiten Grenzen; und in diesem Sinne sind wir alle Migrantenvölker. (RG 177)

Die dreifache Entwurzelung des Migranten

Grundlegend erscheint Rushdie eine dreifache Entwurzelung des Migranten:

> Er verliert seine Heimat, er begegnet einer fremden Sprache, und er tritt in eine Umgebung ein, deren Sozialverhalten und Umgangsformen sich von seiner eigenen erheblich unterscheiden, ja sie gelegentlich sogar verletzen. <...> Der Migrant, der sich aller drei beraubt sieht, steht unter dem Zwang, neue Verfahren der Selbstdefinition zu finden, neue Verfahren des Menschseins. (RG 176)

Wie sind diese Bestimmungen auf den deutschen Autor Günter Grass anzuwenden, der doch nicht wie andere Schriftsteller als Exilant in einer anderen Sprache als seiner Muttersprache schreiben musste? Rushdie behauptet, dass in einem bestimmten Sinne

> <...> die dreifache Entwurzelung, die Migranten traditionell erleiden, auch im Falle des Migranten Grass stattgefunden hat, des Mannes, der quer zur Geschichte migrierte. Die erste Entwurzelung ist <...> der Verlust des Ursprungs. <...> Die zweite Entwurzelung ist die sprachliche. Wir kennen <...> die Auswirkungen der Nazizeit auf die deutsche Sprache, die sich daraus ergebende Notwendigkeit ihres Neuaufbaus aus den Trümmern, Steinchen für Steinchen; denn eine Sprache, in der das Böse so leicht seine Stimme fand, ist ein gefährliches Idiom. Die Vertreter der Trümmerliteratur – Grass selbst ist einer der prominentesten – nahmen die Herkulesaufgabe auf sich, die deutsche Sprache neu zu erfinden, sie in Einzelteile zu zerlegen, die vergifteten Teile herauszureißen und sie dann wieder zusammenzusetzen. Die dritte Entwurzelung ist die gesellschaftliche. <...> Grass mußte dieses Land aus seinem Bewußtsein tilgen, diese faschistische Art des Denkens über die Gesellschaft, und eine neue erlernen. (RG 178)

Diese dreifache Entwurzelung des Migranten führt dazu, dass dieser den Ideologien von Homogenität und kultureller Reinheit misstrauisch gegenüber steht, wie auch Grass' Werk zeigt:

> Denn das lehrt die dreifache Entwurzelung die Migranten: daß Realität ein Kunstprodukt ist, daß sie nicht existiert, solange sie nicht hergestellt wurde, und daß sie, wie jedes andere Kunstprodukt auch, gut oder schlecht gemacht sein kann und daß sie natürlich auch wieder zerstört werden kann. Was Grass auf seiner Reise über die Grenzen der Geschichte hinweg lernte, war der Zweifel. Von nun an mißtraut er all denen, die den Anspruch auf absolutes Wissen erheben; alle totalen Erklärungen sind ihm verdächtig, alle Gedankensysteme, die vollständig sein wollen. (RG 179)

Eine neue Interpretation der *Blechtrommel*

Es ergibt sich eine Deutung der *Blechtrommel*, die aus der von Rushdie bei Grass diagnostizierten Kategorie der Migrationsliteratur Bestimmungen entwickelt, die aus heutiger Sicht eine interessante Perspektive auf den Roman ermöglichen. Als wesentlich für den Anspruch der interkulturellen Literaturwissenschaft erscheint es, dass nicht der Eindruck entsteht, schon längst Bekanntes werde nur mit neuen Begriffen verziert und mit einem aktuellen ‚Outfit' versehen. Aus hermeneutischer Perspektive wäre vielmehr zu postulieren, dass die Qualität eines literarischen Textes dadurch offenbar wird, dass er auf Fragen antworten kann, die sich sein Autor zur Zeit der Abfassung noch gar nicht gestellt hat. Wenn wir also zu Beginn des 21. Jahrhunderts in Kategorien von Zuwanderung, Mischung und Hybridität denken und der Literatur die Aufgabe zuweisen, kulturelle Differenzen in spielerischer Form zu inszenieren, um gegen den Dogmatismus der starren Denksysteme überall – in Washington, Kabul, Teheran, Rom und München – zu opponieren, so könnte es von besonderem Interesse sein, diese Einsicht in die Notwendigkeit hybrider und unreiner Konstruktionen von Wirklichkeit in der historischen Auseinandersetzung mit dem verbrecherischen Antisemitismus und Rassismus des Nationalsozialismus aufzufinden. Die Frage nach einem Schreiben nach Auschwitz, nach einem epischen Umgang mit dem Völkermord an den europäischen Juden hängt in besonderer Weise mit einem Denken zusammen, das die wahnhaften Ideen von Reinheit und Überlegenheit der Herrenrasse bis in den Vernichtungskrieg und die Shoah geführt hat. Gegen die Mentalität und gegen das Denken, das diese Exzesse ermöglicht hat, helfen nicht mehr die universalistischen Konzepte der klassischen Aufklärung, sondern eine neue Denkweise, die Konzepte wie Humanität und menschliche Identität im Sinne einer Überwindung von Homogenität und Reinheit neu bestimmt.

1) Eine Literatur der Migration: kulturelle Differenz in der *Blechtrommel*

Kulturelle Differenz in Grass' Roman

Vor diesem Hintergrund ergeben sich zahlreiche Aspekte der Hybridität und der Mischung von Kulturen als Ausgangspunkte der *Blechtrommel*:

– Der Erzähler Oskar verweigert in der Konstruktion seines Ich eine Identifizierung mit einer nationalen Zugehörigkeit: Indem er sich zwei potentielle Väter, Alfred Matzerath und Jan Bronski, zuschreibt, weist er sich eine hybride Identität zu. Noch für deren Tod macht er sich jeweils verantwortlich, was die Distanz unterstreicht, die Oskar zwischen sich und seiner Umwelt aufbaut.

- Diese hybride Identität fällt zusammen mit einer kontrafaktischen Utopie des Kaschubischen, das als ein ‚dritter Ort' zwischen Deutschland und Polen begriffen werden kann und in Oskars Großmutter eine Verkörperung zu finden scheint. Jan Bronski repräsentiert die Option für das Polnische, während Agnes gewissermaßen die tragische Variante einer hybriden Identitätszuweisung darstellt.
- Danzig als Mikrokosmos erscheint von der kulturellen Differenz zwischen Deutschen, Polen und Kaschuben geprägt. Die historische Entwicklung ist dadurch gekennzeichnet, dass die Differenz durch die Machtpolitik und die Gewalt der Deutschen ausgelöscht wurde, was mit der zwangsweisen Assimilierung der sogenannten Volksdeutschen (Kaschuben) sowie der Unterdrückung bzw. Vernichtung der Ausgegrenzten (Polen, Juden) verbunden wurde.
- Die hybride Gestalt Oskar identifiziert sich mit den Figuren, die in der historischen Entwicklung vollständig ausgegrenzt wurden. Während Oskar die Polen und mit ihnen seinen potentiellen Vater Jan äußerst kritisch beurteilt, zeigt er eine uneingeschränkte Sympathie für den Spielzeughändler Markus und – in geringerem Maße – für den Ostjuden Fajngold, dessen Familie zum Opfer der Shoah geworden ist.
- Nicht nur die Gewalt der Nazis ist in den Augen Oskars Schuld an dem Zusammenbruch einer interkulturellen Öffnung in Danzig, sondern auch die fast bedingungslose Bereitschaft der Kleinbürger Danzigs, sich auf die Seite der Macht zu stellen (Matzerath). Den Opportunismus, der sich jeweils an der ökonomischen Stärke orientiert, verkörpert Maria, die sich immer an den jeweilig wohlhabendsten Geschäftspartner bindet.
- Oskar setzt das Trommeln im Kampf gegen die Systeme ein, die Anspruch auf absolutes Wissen erheben: gegen die Nazikundgebung auf der Maiwiese, aber auch gegen viele andere Vereinigungen und ideologischen Gruppierungen.
- Die Gefahr, in der Oskar sich befindet, ist die von Rushdie formulierte Neigung des Migranten, Bilder der Wirklichkeit vorzuziehen. Die ästhetizistische Phase des Trommlers zeigt die Tendenz, die Kunst des Trommelns der Realität abstrakt entgegen zu setzen. Der Roman macht aber diese Tendenz kriti-

sierbar und zeigt den Trommler in Opposition gegen die ‚Gesetze der Normalität' (Peter Weiss).

- Vor diesem Hintergrund ist die Wachstumsverweigerung als Ausdruck einer grundsätzlichen Distanzierung von der Welt der Erwachsenen zu verstehen – von der Welt derer, die sich der Macht unterwerfen und die kulturelle Differenz zugunsten der Homogenität einer Herrschaftskultur aufgeben. Und zwar mehr oder weniger freilich, weil ihnen die Kraft fehlt, die Differenz auszuhalten und weil sie die Homogenität der herrschenden Kultur als eine Orientierung in Bezug auf das eigene Handeln empfinden, das sie nicht selber zu bestimmen in der Lage sind. Auch in der Zeit nach 1945 ist in dieser Hinsicht keine große Veränderung eingetreten; eine Selbstbestimmung des Handelns ist nicht zu erkennen.

2) Der unzuverlässige Erzähler Oskar als hybride narrative Instanz

Oskar als hybride Erzählerfigur

Ein Problem der Forschungsgeschichte liegt darin, wie Oskar als Kritiker der historischen Entwicklung und gleichzeitig als unzuverlässiger Erzähler verstanden werden soll. Verliert die Kritik an den Danziger Kleinbürgern nicht an Plausibilität, wenn wir daran denken, dass sie aus der Perspektive eines Erzählers vorgebracht wird, der sich als „Insasse einer Heil- und Pflegeanstalt" vorstellt und der sich freut, wenn er dem Pfleger mal wieder etwas „vorgelogen" hat? Diesen Schwierigkeiten können wir mit folgenden Argumenten begegnen:

- „Wahrheit" und „Wirklichkeit" wird von denen definiert, die den herrschenden Diskurs bestimmen und die also auf Reinheit, Homogenität und Widerspruchsfreiheit setzen. Totalitär ist der Wahrheitsanspruch derer, die mithilfe von Rassentheorien und nationalistischen Ideologien Realitätskonstruktionen durchzusetzen suchen und Abweichungen ausschließen. Gegen diesen Anspruch steht der Erzähler Oskar als Repräsentant der Literatur und der Phantasie, die ihrerseits Realitätskonstruktionen anbieten, die nicht wahrer sind als die anderen, die aber im Interesse eines menschlicheren Lebens den Vorzug verdienen.
- Der Erzähler Oskar erhebt seinerseits also nicht den Anspruch, eine absolute Wahrheit zu verkünden; er setzt vielmehr denen, die eine dogmatische Wahrheit propagieren, eine Konstruktion von Realität entgegen, die der Differenz, dem Unreinen und Hybriden Gerechtigkeit widerfahren lässt. Insofern ist es unerheblich, wer wirklich Oskars Vater ist, ob er wirk-

lich am Tod seiner beiden potentiellen Väter Schuld hat oder ob er die Geschehnisse im Hause Matzerath ‚wahrheitsgetreu' erzählt. Entscheidend ist, dass er gewissermaßen einen Alternativdiskurs liefert zu der offiziellen Geschichte Danzigs in der Vorkriegs- und Kriegszeit und der BRD der Epoche nach 1945. Konsequent ist in diesem Zusammenhang die Wendung gegen religiöse und sexuelle Tabus, die ein wesentliches Element seines Diskurses darstellen.

3) Blasphemie als Ausdruck der Verweigerung religiöser Identität

Hybridität und Blasphemie

Oskar identifiziert sich in blasphemischer Weise mit Jesus, gibt der Jesusfigur in der Kirche die Trommel und ist enttäuscht, als der Jesusknabe nicht zu trommeln beginnt; als Anführer der Stäuberbande bezeichnet er sich als Jesus; umgekehrt erscheint er in Düsseldorf der Schwester Dorothea als Satan. Die Forschung hat sich mit der Deutung dieser Aspekte schwer getan. Volker Neuhaus formuliert: Oskar „ist der Messias einer heillosen Welt, der eben dieser Welt entsprechend Teufel und Messias zugleich ist."[45] Hier kann die Parallele zu Rushdie vielleicht weiter helfen: In einer Welt, die sich von dem Glauben an die allein selig machende Wahrheit abgewendet hat, kann der Glaube an Gott keine objektive verbindliche Gültigkeit mehr beanspruchen. Die Offenbarung kann göttlich sein, es kann sich aber auch um satanische Verse handeln. Wo die christliche, speziell die katholische Kirche in ihrer faktischen Unterwerfung unter den Nationalsozialismus jede Glaubwürdigkeit verloren hat (vgl. das Kapitel „Glaube, Liebe, Hoffnung"), kann der Repräsentant eines hybriden Alternativdiskurses wahlweise als Konkurrenz-Jesus und als Satan auftreten, wobei sich zeigt, dass Oskar in der Begegnung mit der Krankenschwester die satanische Rolle offenbar schon aus physiologischen Gründen nicht bis zum Ende einnehmen kann. Die Option für das Hybride und Unreine ist jedenfalls eine Wendung gegen den Wahrheitsanspruch der religiösen Dogmen, die ihre Legitimation verloren haben, weil sie im Kampf gegen das wahrhaft Böse versagt haben. Wie in Rushdies Roman folgt aus dieser Opposition gegen die Instanzen, die das ‚Gute' repräsentieren, die Identifizierung mit dem Satanischen, die primär so zu erklären ist, dass der Abweichende sich mit dem Bild identifiziert, das sich der Konformismus von ihm macht. So wie Rushdies Saladin Chamcha zu dem Ungeheuer mit Teufelshörnen und Ziegenfüßen wird, um das Bild zu visualisieren, das die guten Engländern von den Immigranten haben, so ist Oskar Matzerath freiwillig zu einem Wesen geworden, das denen monströs erscheint, die die Exzesse der nationalsozialistischen Mörder für normal halten.

4) Das Pornographische als hybride Kategorie

Hybridität und Erotik

Die freizügige Thematisierung von Sexualität (häufig aus der verrutschten Perspektive des kleinwüchsigen Erzählers Oskar) ist in demselben Zusammenhang zu sehen. Die Verbindung von Blasphemie und erotischem Diskurs zeigt sich unzweideutig in der Lüsternheit der so sauberen Schwester Dorothea. Die sexuellen Kontakte zwischen Agnes und Jan werden nicht als Ehebruch moralisch verurteilt; was aber gezeigt wird, ist die Doppelmoral, die hinter einer wohlanständigen Fassade die Abgründe einer selbst wiederum spießigen Abweichung verbirgt. Sexualität gehört zu Oskars Alternativdiskurs, weil die herrschenden Diskurse die Körperlichkeit der Menschen unterdrücken; schon die Auffälligkeit von Oskars Körper ist die bewusste Option für die Abweichung von den geltenden Normen. Und es ist der positivste Zug des Alfred Matzerath, dass er die Verschickung Oskars zum Euthanasieprogramm verschleppt (während Maria bereit ist, sich den „Gepflogenheiten" der Zeit auch in diesem Fall zu beugen).

5) Wahrheit und Lüge im außermoralischen Sinne

Hybridität und Kritik der „Wahrheit"

Es ist deutlich geworden, dass Oskars Alternativdiskurs nicht als Wahrheit gegen die offiziellen Lügen konzipiert ist, dass vielmehr eine Konstruktion von Realität einer anderen entgegen gesetzt wird. Oskar steht aber für einen Diskurs, der sich den Regeln einer abstrakten und gewalttätigen Allgemeinheit widersetzt und sich für das Ausgeschlossene und Ausgegrenzte einsetzt (für die unterdrückte Wahrheit der Körperlichkeit, für die verfolgten Juden). Oskar ist selbst kein besserer Mensch, der sich im Sinne einer universalistischen Moral besser verhält als andere Menschen. Er nimmt lediglich für sich in Anspruch, eine andere Geschichte zu erzählen als diejenige, die einer erzählt hätte, der die Übernahme des Kolonialwarengeschäfts Matzerath als Lebensperspektive angesehen hätte. Hinzu kommt, dass Oskars Sicht der Welt und seine Wertungen vom Leser bis zu einem gewissen Grade durchschaut und kritisiert werden können. Wenn in der Rezeption des Romans gesagt wurde, Oskars Meinungen und Einstellungen seien unmoralisch und er habe den bösen Blick, dann muss dem entgegen gehalten werden, dass er zwar einen unbestechlichen Blick für die Schwächen seiner Zeitgenossen hat, dass er aber nur als böse und monströs angesehen werden kann, wenn man sich mit den Gesetzen der Normalität identifiziert. Oskar wird nicht zu einem Vorbild im Sinne einer konventionellen Moral. Er ist als eine Instanz der Hybridität und der Unreinheit zu verstehen, die allen Versuchen, mit Gewalt homogene Denksysteme zu installieren und praktisch wirksam werden zu lassen, entschiedenen Widerstand entgegen bringt. Das Groteske, das Oskars Perspektive kennzeichnet, kann mit unserem Ansatz als ein Ausdruck dieser Weigerung verstanden werden, die Maßstäbe einer Normalität zu übernehmen, deren Monstrosität die Geschichte des 20. Jahrhunderts beherrscht hat. Dass Oskars Alternativdiskurs nicht automatisch zu einer besseren Welt führt, dass er vielmehr von einem grundlegenden Pessimismus beherrscht wird, zeigt nicht zuletzt der Schluss des Romans, der den Sieg der Schwarzen Köchin und damit des Prinzips einer allgemeinen repressiven Homogenisierung des Denkens und der Mentalitäten für möglich hält.

6. Peter Weiss' *Ästhetik des Widerstands*

Peter Weiss ist einer der bedeutendsten deutschsprachigen Autoren der Nachkriegszeit. Durch die Herrschaft der Nationalsozialisten mit seiner Familie ins Exil gezwungen, lebte er ab 1940 in Schweden und begann erst Ende der 50er Jahre eine Karriere als Schriftsteller in seiner deutschen Muttersprache. Neben experimenteller und autobiographischer Prosa schrieb Weiss den Theaterwelterfolg *Marat/Sade* und das Auschwitz-Drama *Die Ermittlung*, ein exemplarisches Modell des Dokumentartheaters der 60er Jahre. In seinem dreiteiligen Roman *Die Ästhetik des Widerstands* (1975-81) verbindet Weiss die imaginäre Biographie eines jungen Arbeiters in Berlin, im Spanien des Bürgerkriegs, in Paris und Stockholm mit der Geschichte der Arbeiterbewegung unter der Herrschaft des Nationalsozialismus und der Frage nach der Funktion der Kunst in den historischen Erfahrungen des zwanzigsten Jahrhunderts, aber auch der Menschheitsgeschichte insgesamt.

Die Ästhetik des Widerstands ist als Gegenstand der interkulturellen Literaturwissenschaft zunächst von Interesse, weil der Roman den Umgang mit Fremden aus der Perspektive des politischen Emigranten thematisiert. Erzwungene Heimatlosigkeit als Distanzierung von deutscher Politik und deutscher Herrschaft führt den Ich-Erzähler zwangsläufig in eine Begegnung mit Fremdem und Fremden.

Universalistische Tendenzen in Weiss' Roman

Das Grundanliegen einer Deutung der interkulturellen Perspektiven des Romans lässt sich in folgender These formulieren: Das „ideologische Projekt" der *Ästhetik des Widerstands* tendiert zu einer Aufhebung des Fremden in der interkulturellen Konstellation, weil der Roman einem universalistischen, marxistisch inspirierten Konzept folgt, nach dem die Welt allgemein aufgeteilt ist in Herrscher und Beherrschte, in „Hohe" und „Niedrige". Aus diesem Konzept ergibt sich gewissermaßen als anthropologische Universalie der Kampf gegen die Unterdrückung, und die Unterdrückten aus verschiedenen Ländern und Kulturen sind sich nicht fremd, sondern eben vertraut in diesem Kampf und in der Lebensführung, die daraus folgt. Als prototypisches Bild dieses Universalismus ist das Bild der Proletarier- und Bauernküche anzusehen, das etwa die beträchtlichen kulturellen und lebensweltlichen Differenzen zwischen einem spanischen Bauern und einem deutschen Industriearbeiter in der Zeit des spanischen Bürgerkriegs transzendieren soll. Überwindung von Fremdheit durch Betonung von Gemeinsamkeit – so ließe sich also das explizite ideologische Projekt des Romans kennzeichnen. Es gibt aber eine Dimension, die über diese etwas starre und schematische Konzeption hinausgeht. Von unserer heutigen Sicht aus können wir behaupten, dass Widerstand der Ästhetik in der globalisierten Welt, die zur Herstellung von Identität neigt, für uns nicht Überwindung der Differenzen, sondern gerade das Beharren auf Differenzen angesichts einer nivellierenden kommerziellen Weltkultur ist. In diesem Kontext ist zu beachten: In bestimmten Passagen der *Ästhetik des Widerstands* erscheint der Gedanke plausibel, dass es nicht darauf ankomme, das Zeugnis fremder Kultur vollständig vertraut zu machen und ihm so sehr seine Fremdheit zu nehmen, sondern dass vielmehr die Fremdheit zu bewahren ist, weil sie eine Ambivalenz und Vieldeutigkeit bewahrt, die gerade als authentischer Ausdruck einer kulturellen Konstellation und einer historischen Erfahrung zu verstehen ist. Im Hinblick auf die interkulturelle Konstellation im spanischen Bürgerkrieg ist zu zeigen, dass Picassos Collage-Bild *Guernica* als zeitgenössischer Repräsentant dieser Kultur gerade deshalb seine Faszination und Aussagekraft bewahrt, weil es vieldeutig, ambivalent und fremd bleibt und weil diese Fremdheit mit der fortbestehenden Fremdheit auch der spanischen Volkskultur zusammen hängt.

Widerstand als Beharren auf Differenzen

In Weiss' gesamtem Schaffen kann die Gestalt des Fremden als ein Archetyp seines Werkes angesehen werden. Der junge Autor erlebte die Exilerfahrung als aufgezwungene Fremdheitserfahrung und er gestaltete dies in dem 1948 verfassten Prosatext *Der Vogelfreie* (später unter dem Titel *Der Fremde* veröffentlicht). Als Weiss 1965 den Lessing-Preis der Stadt Hamburg verliehen bekam, bedankte er sich mit einer brillanten Preisrede *Laokoon oder Über die Grenzen der Sprache*, in der er seine Situation als Emigrant zwischen zwei Sprachen, dem Deutschen und dem Schwedischen, als eine Grundlage seiner künstlerischen Arbeit interpretierte. In seinem gesamten Werk erkennen wir ein Schwanken zwischen einer Position, die auf die Erfahrung verschiedener Kulturen mit einem Bedürfnis nach absoluter Freiheit reagiert (so in der autobiographischen Prosa *Fluchtpunkt* von 1962) und einer konträren, die ein geduldiges und differenziertes Abarbeiten an konkreten kulturellen Konstellationen postuliert (wie in dem erst postum veröffentlichten Roman *Die Situation* von 1957).

Das Modell einer hybriden Einheit

In der *Ästhetik des Widerstands* begünstigt die marxistische Perspektive die Neigung, kulturelle Differenzen einzuebnen. Eine Tendenz zur Komplexitätsreduktion durch den Verweis auf den allgegenwärtigen Klassenkampf von Barcelona bis Angkor Wat ist zu erkennen; hier zeigen sich eindeutig universalistische Tendenzen, deren relative Wahrheit im Hinblick auf einen unkritischen Multikulturalismus allerdings zu betonen ist. Der Widerstand der Ästhetik ist aber auch ein Widerstand gegen den marxistischen Schematismus: Die Unterschiede und Widersprüche lassen sich nicht synthetisieren, sondern stehen unverbunden nebeneinander, werden zu einer hybriden Einheit, deren Modell im Roman die von dem avantgardistischen Architekten Antonio Gaudí errichtete Kathedrale *Sagrada Familia* in Barcelona sein könnte: „Den Kopf weit zurückgebogen, starrten wir hinauf in das wuchernde Gestein, sahn eine Gotik, die Erinnrungen an Ägypten und Babylon trug, die durch Zwingburgen, Barockschlösser und indische Tempel, durch Jugendstil und Kubismus gegangen war." (ÄdW I, 193)[46] Die Konstruktionsprinzipien der modernen Kunst, so ließe sich formulieren, stehen für eine Einheit, die nicht auf der Synthetisierung des Widersprüchlichen beruht, sondern die Spannungen in dem konfliktuellen Nebeneinander des Widerstrebenden aushält und damit ein Modell für interkulturelle Koexistenz darstellt: „Wir <...> nahmen dieses Bauwerk aus Gegensätzen wahr, überlastet und kahl, vom Harten sich zum Weichen suchend, vom Rauhen zum Glatten, aus Uraltem kommend und Zukünftiges erahnend, nirgends einzuordnen.“ (ÄdW I, 195)

Der Roman kennt aber auch die Fremdheitserfahrung als die Erfahrung des Unheimlichen, er schildert das Fremde als das verdrängte Eigene – in der Auseinandersetzung mit dem Faschismus, aber auch in der Begegnung mit der kambodschanischen Tempelanlage Angkor Wat, die der (fiktive) kommunistische Funktionär Stahlmann auf einer Reise besucht. Dieser wird wahnsinnig, weil er im Fremden des „orientalischen Despotismus“, das sich in der Architektur der mittelalterlichen Khmer zeigt, verdrängte eigene Herrschaftsbedürfnisse erkennt:

> War es denn möglich, fragte er sich, daß sein Aussehn, wie der Gastgeber behauptete, diesen Majestäten verwandt sei, und er verzog lachend den Mund. Da hörte er, daß er ihnen gerade in diesem Augenblick gleiche. <...> Wie hatte sein Gesicht den Archäologen an die lächelnden Gesichter in der Bergpyramide erinnern können, fragte er sich in der Nacht, als er nackt, von Mücken umsurrt, auf der Matratze lag, glaubte er sich denn nicht den Soldaten näher, in ihren immer wiederkehrenden Haufen, oder gehörte er beiden an, den Obern und den Untern, und er hätte sich noch einmal durch das Tor des Todes zum Orakel von Bayon begeben wollen, war aber zu müde, vermochte kaum, sich zu erheben und zum Fenster zu treten. Er sah in die Schwärze, und es überkam ihn ein Schauder, vielleicht war er ein Göttlicher gewesen, der zu den Sterblichen hinabgestiegen war, und als wir, ohne daß ich es bemerkt hatte, durch den Vasapark gekommen waren, am Odenplan standen, sagte er, in dieser Nacht sei er verrückt geworden, in einem solchen Grad, daß er den Tod nie mehr scheue. (ÄdW III, 101, 103)

Das Fremde als das Unheimliche

Hier erweist sich also das Fremde als das Unheimliche in dem Sinne, dass die Darstellung der asiatischen Götter und die mit dieser nach der Konzeption des Romans verbundene affirmative Darstellung von Herrschaft Dimensionen in Stahlmanns Persönlichkeit manifest werden lassen, die seine Identifikation mit den Unterdrückten in Frage stellen. Ästhetisch wird die Ambivalenz von Figurendarstellungen damit zu einem Grundprinzip erhoben; politisch scheint die Perspektive auf, dass die starre, auf dem marxistischen Schema basierende Trennung in Unterdrücker und Unterdrückte einer komplexen Wirklichkeit nicht gerecht wird, in der Angehörige der Arbeiterklasse und andere Minderprivilegierte die nationalsozialistische Barbarei aktiv mittragen. „Doch wenn es nun darauf ankam,“ so heißt es im Roman nach der Schilderung des Endes der spanische Republik,

„Gründe für den Zusammenbruch anzugeben, so mußte versucht werden, diese auf die Unzulänglichkeit unsrer Phantasie zurückzuführen. <...> wir hatten das Unheimliche geleugnet, um aushalten zu können." (ÄdW II, 151) Das Verdrängen des Unheimlichen lässt sich im weiteren Kontext der interkulturellen Literaturwissenschaft als Leugnung der Fremdheit des eigenen Ichs interpretieren, als die Missachtung der rimbaudschen Einsicht des „Je est un autre" (Ich ist ein Anderer). Die Verdrängung der destruktiven Potentiale des Eigenen und damit der menschlichen Subjektivität im Allgemeinen begünstigte aber ein schematisches Menschenbild des aufrechten proletarischen Kämpfers, das ästhetisch fade und politisch desaströs war. Die faschistischen Rattenfänger konnten viele Anhänger gewinnen, weil sie die destruktiven Impulse der Menschen, die von der idealistischen Konzeption des guten Unterdrückten verdrängt worden waren, unmittelbar ansprachen. Demgegenüber hätte die ästhetische und politische Einsicht in die Notwendigkeit, die eigene Fremdheit zu akzeptieren, eine angemessenere politische Praxis begünstigen können. So ist jedenfalls die eben zitierte Passage des Romans zu verstehen, die von der Einheit der ästhetischen und politischen Auseinandersetzung mit dem Unheimlichen und damit mit dem Fremden als dem verdrängten Eigenen ausgeht.

Zwischen Heimatlosigkeit und Zugehörigkeit

Als der Ich-Erzähler des Romans nach seiner Teilnahme am spanischen Bürgerkrieg und einem Zwischenaufenthalt in Paris einen festen Wohnsitz in Stockholm hat, gewinnt er langsam eine gewisse Zugehörigkeit zu dem neuen Land, ohne dabei jedoch die Heimatlosigkeit des Migranten zu überwinden:

> Während der Beschäftigung mit dem Engelbrektstück war etwas wie Zugehörigkeit zu diesem Land in mir entstanden, ich sah mich ansässig werden in Schweden, Deutschland hatte mit meiner Herkunft nichts mehr zu tun, dort waren nur noch, im Untergrund, ein paar Freunde vorhanden, fremd war die Tschechoslowakei, deren Staatsbürgerschaft ich einmal besessen hatte, entlegen war Paris, Spanien verwüstet. Im Unbekannten befanden sich meine Eltern. <...> Bei den Ausblicken ins Mittelalter, oder, wie früher geschehn, in die Antike, hatte sich in mir der Sinn für universale Zusammenhänge herangebildet, nun <...> drängte sich mir der Wunsch auf, nicht nur Beobachter in einem Provisorium zu sein, sondern einzugehn in eine Gegenwart, die erfüllt war von den Erfahrungen der letzten Jahrzehnte. Nicht nach einer nationalen Verbundenheit suchte ich, der Begriff des Beheimatetseins hatte für mich keine Gültigkeit, vielmehr kam es mir darauf an, durch die verstärkte Be-

> ziehung zu einer Gesamtheit meine eignen Funktionen zu festigen. (ÄdW II, 255f.)

Die Existenz des Migranten, der zum Schriftsteller wird, ist im Falle des Ich-Erzählers wie des Autors Peter Weiss eine Existenz, die zwei Kulturen umfasst, aber auch zwei Sprachen. Denn wenn die Ich-Figur auch von einer Integration in die schwedische Kultur berichtet, so bleibt es doch bei der deutschen Sprache als dem Mittel der künstlerischen Artikulation. Dabei bewirkt dieses Festhalten an der fremden Sprache einerseits eine Distanz zu der Kultur des Gastlandes, andererseits ist es die Basis für die Fähigkeit, die eigenen Gedanken und Bedürfnisse artikulieren zu können:

> Nur die Sprache, die ich mit mir ins Exil getragen hatte, diese Sprache, die beim Lesen und Schreiben, beim Zusammensein mit Brecht, Hodann, Bischoff Gestalt annahm, behinderte die Übereinstimmung mit der neuen Umgebung, und vielleicht würde dieses Trennende weiterbestehn, auch wenn ich mich wie ein Einheimischer auszudrücken vermochte. Die Existenz einer andern Sprache in mir mußte akzeptiert werden. Diese innre Sprache war mein einziges Eigentum, ihre Erhaltung gehörte zu meiner Selbsterhaltung, obwohl diese Voraussetzung sich gänzlich unterschied von der Natürlichkeit, mit der Brecht, der Fertige, der in sich selbst Ruhende, in der Fremde mit seinem Idiom umging. Einsichten verwertend, die ich erhalten hatte auf dem Weg durch Gebiete, in den Staatsgrenzen aufgehoben waren und nur die Bewegungen der Gemeinsamkeit galten, begann ich damit, meine Sprache zu einem Arbeitswerkzeug zu machen. (ÄdW II, 256f.)

Dennoch bleibt ein Grundmotiv der *Ästhetik des Widerstands* die Selbsterfahrung eines Fremden in einer unbekannten Stadt. Schon der erwähnte Prosatext *Der Fremde*, zuerst *Der Vogelfreie* (1949), ist zwar auch ein Dokument der Fremdheit gegenüber der deutschen wie der schwedischen Kultur. Er ist aber aus der Perspektive einer Analyse der Erfahrung kultureller Differenz ein Zeichen der Erlangung der Erkenntniskraft des dritten Ortes in der spezifischen Ausprägung durch den Künstler Peter Weiss. Dieser konnte die deutsche Kultur als die Trägerin des Zivilisationsbruchs und des Völkermordes nur noch als fremde eigene erfahren, und die schwedische ihrerseits erlebte er als eine fremde, die von der „Seuche" des Nationalsozialismus nicht unbeeinflusst war, aber dennoch einen Bezugspunkt für das Ich des dritten Ortes bildete.

Das hybride Ich und die verschiedenen Kulturen

Entscheidend ist die Einsicht, dass hier und später kein von allen Bindungen völlig losgelöstes Subjekt spricht, dass wir es vielmehr mit einem Subjekt zu tun haben, das sich eine hybride Identität schafft, die nur denkbar ist als hervorgegangen aus der Konfrontation mit den Kulturen, von denen sich das Ich (mehr oder weniger) distanziert. Dabei dürfen diese Kulturen auch wiederum selber nicht als statisch verstanden werden, sondern müssen als dynamische begriffen werden, in denen sich divergierende Tendenzen in konfliktreichen Konstellationen gegenüber stehen.

In der *Ästhetik des Widerstands* ist die eindrucksvollste Beschreibung einer Fremdheitserfahrung die Begegnung des aus den Zusammenhängen des antifaschistischen Kampfes im Spanischen Bürgerkrieg herausgerissenen Erzähler-Ichs mit der Weltmetropole Paris. Dabei wird der Prozess des Kennenlernens der Stadt mit dem Nachdenken über ein Gemälde verknüpft, über Théodore Géricaults *Floß der Medusa* (1818/19), das einen Schiffbruch während einer kolonialen Expedition im frühen neunzehnten Jahrhundert darstellt und den Schrecken des drohenden Todes als extreme Fremdheitserfahrung gestaltet.

In der ersten Phase der Begegnung scheint die Stadt übermächtig zu sein:

> <...> diese farblosen Gestalten, die im Morgendunst noch etwas Fließendes an sich hatten, waren mir bekannt, sie, die mir als erste Stadtbewohner begegneten, erleichterten mir den Weg hinein in die Metropole, die Ankunft der unscheinbaren Helfer gab dem bald zu erwartenden Beginn der Geräusche einen vertrauten Grund, fortan sollten ihre schnellen und weichen Schritte unter dem Dröhnen liegen, das die Steinmassen ringsum zum Vibrieren bringen würde. Der eigentliche Vorstoß ins Fremde begann, als ich die Uferstraße über der Seine erreicht hatte, ich folgte der Mauerbrüstung nach rechts, unter einem Anfall von Schwindel und Umnachtung. (ÄdW II, 14)

Die Fremdheit einer ersten Begegnung mit Paris

Der Ich-Erzähler ist aus der Integration in seinen Auftrag (spanischer Bürgerkrieg) herausgerissen; die fremde Großstadt erscheint ihm als bedrohlich und (im negativen Sinne) überwältigend. Das Gefühl einer radikalen und irreduziblen Fremdheit bietet sich ihm im Verhältnis zu den bisherigen Kampfgefährten: „<...> erst hier, in der Hauptstadt der Offenheit, der Erleuchtung, wurden wir hineingezwungen in Blindheit. Am ersten Abend in Paris waren wir plötzlich überwältigt von der Fremdheit voreinander." (ÄdW II, 18) Die Fremdheit dieser ersten Begegnung ist vor allem dadurch bedingt, dass Paris als Stadt der Herrschaft erscheint, die den Unterworfenen keinen Orientierungspunkt vermittelt:

> Ich hatte Zeit, mich zu fragen, was denn dies war, diese Stadt, woraus sie ihr Wesen bezog, ihre Kraft, mit der sie unaufhörlich auf mich einwirkte. Es war immer mein Wunsch gewesen, in diese Stadt zu kommen, und nun, da ich hier war, kaum geduldet, zu den Niedrigsten gehörend, ging es darum, daß ich mich von ihr nicht in die Knie zwingen ließe. Ihren Gebäuden und Straßenzügen gegenüber hatte ich mich zu behaupten, in dieser mächtigen Ansammlung, die ihr Leben erhielt durch alle jene, die darin wohnten und gewohnt hatten, mußte ich nach Beziehungen suchen, die meinem Bewußtsein Halt gaben. Die Architekturen und Avenuen zogen den Wandrer hierin in ihre Weiträumigkeit, und das Licht, widergespiegelt vom Wasser und von den sandgelben Tönungen der Häuserwände, tat das seine, um ihn in eine Leichtigkeit und Hingabe zu versetzen. (ÄdW II, 20)

Die Stadt erscheint also als fremd, weil von Herrschaft geprägt. Vor diesem Hintergrund kommt es zu einer entscheidenden Wendung in der Reflexion des Ich-Erzählers. Die Fremdheit kann überwunden werden, indem man ganz im Sinne von Walter Benjamins Thesen *Über den Begriff der Geschichte* (vgl. die Ausführungen zur Kritischen Theorie in Teil I) nach den Spuren der Besiegten unter und zwischen den Zeichen des Triumphs der Herrschaft sucht. Der Gedanke an die „Niedrigen" und die Rekonstruktion einer „Geschichte von unten", einer Revolutionsgeschichte, macht die Stadt vertraut. Die Tendenz zur Aufhebung von Herrschaft überwindet somit die Fremdheit; und darüber hinaus ist es der Gedanke an die in der Stadt hervorgebrachten kulturellen Erzeugnisse (die der Ich-Erzähler schon vorher als Element seiner Identität definiert hatte), der einen Eindruck von Vertrautheit herstellt:

> Es war aber nicht dieses Muster <der Herrschaft>, das der Stadt ihr Gesicht gab, eher wurde die Empfindung des Hierseins, der Gegenwärtigkeit all dieser Bauten hervorgerufen vom Wissen um die Vorgänge, die ringsum, von unten her, immer wieder in die Wege geleitet worden waren, die Bewegungen der Empörung, des Aufruhrs, die ihre eigne Gewalt, ihre eigne Macht zur Entfaltung brachten. Von solchen Handlungen trug jedes Haus eine deutlichere Spur als von den Zwängen, die erlassen worden waren von den Dynastien, und wenn ich den Namenlosen, die auf den Gassen die Steine zu Barrikaden geschichtet hatten, jene hinzurechnete, die mit ihren Kunstwerken eingegangen waren in das Leben der Stadt, so geriet ich schon in eine brodelndes, heißes Gewühl, das mir den Atem verschlug. Fast alle, die dazu beigetragen hatten, mein Denken zu formen, waren hier wohnhaft gewesen, daß sie das, was ich sah, mit

> ihrem Blick geprüft, daß sie diese Straße überschritten hatten, konnte mir einen Augenblick lang Forderungen auferlegen, die kaum tragbar waren, ermutigte mich dann aber, denn auch von ihnen war keiner im Flug über seine Anfang hinausgelangt, und gerade sie, die mir am nächsten waren, hatten Zeugnisse ihrer Mühen und Entbehrungen hinterlassen. (ÄdW II, 20f.)

Eine ganz andere Erfahrung kultureller Fremdheit hatte sich in Spanien ergeben. Bei der Konfrontation mit der bäuerlichen Kultur des agrarisch strukturierten Landes ist eine Akkomodation an die fremde Kultur und eine Auseinandersetzung mit den künstlerischen Werken des Spaniers Pablo Picasso zu beobachten (vgl. zu dem spanischen Meister der Moderne die Ausführungen im Carl-Einstein-Kapitel in Teil II), bei der es nicht um die Überwindung von Fremdheit, sondern um die tendenzielle Bewahrung der Fremdheit geht. In diesem Kontext ist die folgende Szene eines Besuchs bei einem Bauern und seiner Familie von zentraler Bedeutung:

> Im letzten Gehöft, das wir besuchten, sollte der siebzehnjährige Sohn eben zum Militärdienst aufbrechen, und wir wurden eingeladen, an der Abschiedsfeier teilzunehmen. <...> Wir folgten dem Bauern vorbei am Ziehbrunnen, mit der schräg aufragenden Holzstange und dem Eimer an der Kette, zum Keller, dessen Lehmkuppel aus dem Schnee ragte. Mit diesem Weg begann ein Zeremoniell, das sich fortsetzte beim langsamen Aufklappen der Brettertür und beim Hinabsteigen auf steilen ausgetretnen Stufen in die tief in die Erde gegrabne Grotte. Im Schein der Öllampe, die der Sohn des Bauern hochhielt, zeigten sich die aneinandergereihten Tonnen und das viereckige Becken in der Handpresse zum Keltern des Weins. Den Spund eines der Tonnen zog der Bauer heraus und füllte eine große mit Bast umkleidete Karaffe. Dieser Wein war im Geburtsjahr des Sohns geerntet und verschlossen worden, und der Sitte gemäß durfte die Tonne erst geöffnet werden, wenn der Eintritt des Sohns in die Armee bevorstand. Mit der schweren Karaffe auf der Schulter stieg der Bauer die Treppe aus gehärtetem Lehm hinauf, der Sohn schloß die flach in der Kuppel liegenden Türflügel, und wir gingen zurück in die niedrige weißgekalkte Küche, um am Tisch den Wein zu trinken. Der cognacartige Geschmack des lange gelagerten, durchsichtig hellgoldnen Weins war noch auf Zunge und Gaumen zu spüren, als wir in dem vom Stab zur Verfügung gestellten Auto von Albacete in Richtung Denia fuhren. (ÄdW I, 268)

Die Fremdheit der spanischen Volkskultur

Die spanische Volkskultur wird hier als fremd und beeindruckend erfahren. Basis der Fremdheit ist offenbar der Unterschied zwischen einer bereits von Industrie und Technisierung geprägten Gesellschaft (Deutschland) und einer noch weitgehend agrarischen Gesellschaft (Spanien). Unterschiedliche Entwicklungsstufen sind aber nicht im Sinne eines Fortschritts-Modells zu interpretieren; vielmehr ist ganz im Sinne von Leo Kreutzers vergleichender Entwicklungsforschung (vgl. die Ausführungen in Teil I) zu erkennen, dass eine von Zeremonien und Ritualen geprägte Kultur zwar archaisch erscheint, dass sie aber bei offensichtlicher Armut Menschenwürde und eine tiefe Einsicht in die Bedeutung von Schwellensituationen artikuliert. Spanien ist in einem faszinierenden Sinne fremd, und diese Fremdheit ist nicht Exotismus, sondern Anlass zu einer vertiefenden Reflexion über das Verhältnis des Menschen zum Leben, zum Tod, zu Natur und Gesellschaft. In der Auseinandersetzung mit Picassos Malerei wird diese Fremdheit aufgrund der Verwurzelung des Malers in der spanischen Kultur wieder deutlich werden, und sie wird produktiv, weil sie eine unproblematische Einfühlung in das Kunstwerk verhindert. Hier ist Verfremdung gewissermaßen naturwüchsig vorhanden und braucht nicht wie in Brechts epischem Theater künstlich hergestellt zu werden.

Durchaus problematisch erscheint der Kommentar des Erzählers zu der Szene im Weinkeller, weil er die kulturelle Differenz zugunsten einer oberflächlichen universalistischen Deutung auflöst:

> Nicht etwas Fremdartiges hatte der Besuch im Gehöft wachgerufen, vielmehr Bekanntes anklingen lassen. Der Kreis um den Tisch erinnerte mich an den Raum, in dem ich, von Kindheit an, zu Hause war, so hatten auch wir immer gesessen, in der Nähe des Herds, auf hölzernen Stühlen. In der Wohnküche des Bauern hatte sich meine Zusammengehörigkeit mit dem Land mehr gefestigt als während der Monate im Herrensitz von Cueva, wo ständig das Wirken einer andern Klasse gewärtig war. (ÄdW II, 268)

Die Bedeutung der kulturellen Differenz

Die Plausibilität der universalistischen Konstruktion soll hier nicht gänzlich in Zweifel gezogen werden, die eine Vertrautheit und spontane Solidarität der „Niedrigen“ aufgrund ähnlicher Erfahrungen von Herrschaft und Unterdrückung postuliert; es ist aber darauf zu verweisen, dass die ästhetische und auch die historisch-kulturelle Bedeutung der skizzierten Szene offenbar nicht darin liegt, dass die spanische Wohnküche mit einer vergleichbaren deutschen Ähnlichkeiten aufweist, sondern dass eben gerade die Zeremonie mit dem alten Wein eine Differenz zu dem Leben eines deutschen Industriearbeiters anzeigt, die in der geschilderten Szene eben gerade relevant wird. Die Würde des Winzers als eines handwerklichen Produzenten wird hier deutlich und das Wissen um die Bedeutung der Generationenfolge, die auch dadurch unterstrichen wird, dass der junge Mann für fähig gehalten wird, die positiv bewertete republikanische Ordnung zu verteidigen. Diese Ordnung wird aber durch die Szene beim Bauern in gewisser Weise geadelt, weil sie mit dem Beharren auf der Würde des Bauern verbunden wird, die sich eben in der Zeremonie zeigte.

Picassos Bürgerkriegs-Gemälde *Guernica*

Die Begegnung mit der spanischen Kultur intensiviert sich in der Auseinandersetzung des Ich-Erzählers und seines Freundes mit dem Werk Pablo Picassos, insbesondere mit dessen bedeutendem Gemälde *Guernica* (1937), das die Zerstörung der gleichnamigen baskischen Kleinstadt durch die deutsche Legion Condor zum Thema hat, und mit dessen Vorstufen (u.a. *Minotauromachie* von 1935). Besondere Bedeutung erlangen diese Werke Picassos für die beiden deutschen Antifaschisten aufgrund ihrer engen Beziehung zu der Lebenswirklichkeit des spanischen Volkes, die in der Bauernszene für die Deutschen lebendig geworden war:

> <...> als Ayschmann die Abbildung der Minotauromachie aufschlug, wurden die Küche des Bauernhauses bei Cueva la Potita und der tief in die Erde gegrabne Keller gegenwärtig. <...> in dieser Radierung durchdrangen Exterieur und Interieur einander, kommend aus offnem Meer und Himmel neigte sich der Minotaurus in die tiefe Schwärze des Kellers, und ich sah dabei den jungen Sohn, die Lampe hoch erhoben, und den Bauern über ihm auf der steilen Treppe, die Karaffe auf der Schulter tragend. (ÄdW I, 337)

Während hier gerade die Fremdheit von Picassos Bild hervorgehoben wird, die mit der Fremdheit der Bauern-Szene korreliert, versucht der Kommentar des Ich-Erzählers erneut, diese Fremdheit zu überspielen, indem er die Analogie zwischen der Bauernküche und der Küche des deutschen Proletariers wiederum bemüht: „Daß die Zerstörung Guernicas auf den viereckigen Fliesen einer Küche stattfand, war mir unmittelbar verständlich. In einem solchen Raum hatte auch ich die Einsicht gewonnen, daß es keine Trennung gab zwischen den sozialen und politischen Manifestationen und dem Wesen der Kunst." (ÄdW I, 337)

Es ist deutlich, dass mit diesen Analogien der Kommentar des Ich-Erzählers sowohl das Spezifische von Picassos Werk als auch der eigenen Darstellung verfehlt. Schon der Augenschein des ja sehr anschaulich beschriebenen Bildes von der Aggression der deutschen Armee gegen die spanischen Zivilisten vermittelt die Einsicht, dass dort eben nicht der Akzent auf die verloren gegangene vertraute, Identität stiftende Situation am heimischen Herd gelegt werden soll, dass vielmehr der Schmerz und die Verstörung im Zentrum stehen. Im Hinblick auf die interkulturellen Perspektiven von Weiss' Roman ist darauf zu verweisen, dass die Vielschichtigkeit und Komplexität von Picassos Werk, die der Romantext hervorhebt, eben auch damit zusammen hängt, dass die spanische Kultur, die ja das Werk des Malers prägt, dem Ich-Erzähler und mit ihm seinen deutschen Lesern gerade *fremd* bleibt. Letztlich erscheint der Stierkampf wie die Bedeutung des Pferdes in dem *Guernica*-Bild mit der agrarischen Struktur Spaniens verbunden – wobei sich diese Aussage auf die Verhältnisse der 30er Jahre bezieht. Diese Fremdheit wird in der Unsicherheit des Ich-Erzählers in der Bewertung der Figuren des Pferdes und des Stieres auf Picassos Bild erneut deutlich:

> Dicht über ihrem <der Frau> schreienden Profil <...> wachte der gewendete Kopf des Stiers <...>, massiv, schnaubend stand er da, sein Schwanz peitschte in heftiger Bewegung nach oben, seine menschlichen Augen starrten nach vorn. Über der gefällten Statue eines Kriegers <...> breitete, aufgeteilt zu Muskelwülsten, das Pferd sich aus, mit riesiger klaffender Wunde, durchbohrt von der Lanze, ins Knie gegangen, doch immer noch stampfend, gefährlich, röhrend aus bösem Maul. <...> und da <in den Skizzen Picassos> der Stier immer menschlicher wurde, und das Pferd immer bestienhafter, meinten wir, im Taurus die Dauerhaftigkeit des spanischen Volks dargestellt zu sehn, und im engäugigen, starr schraffierten Hengst den verhaßten, vom Faschismus aufgezwungnen Krieg. <Dennoch ließ sich> der Hinweis auf eine andre Sinngebung entnehmen. Denn da entflog einmal der in den Pferdeleib geschlagnen Wunde ein kleines geflügeltes Roß <...>. Doch wenn wir nun, ausgehend vom Strom der Nebenbilder, der Auftürmung menschlichen und kreatürlichen Leidens noch eine Klage über die Flucht des Pegasus hinzufügen wollten, so mußten wir auch den Kritikern recht geben, die dem Werk, von dem sie Agitation verlangten, eine Undurchschaubarkeit und Gebrochenheit vorwarfen. (ÄdW I, 333f.)

Gerade die Undurchschaubarkeit und Gebrochenheit macht Picassos Werk aber natürlich authentisch; und in der Rezeption durch den Ich-Erzähler und Ayschmann wird die Gebrochenheit dadurch verstärkt, dass die spanische Kultur mit ihren Artikulationen in den Bildern des Stiers und des Pferdes *fremd* bleibt – und damit für verschiedene widersprüchliche Deutungen offen.

Die Unmöglichkeit, eindeutig positive und negative Figuren zu bestimmen, entspricht aber nur zu genau den Erfahrungen des spanischen Bürgerkrieges, die der Ich-Erzähler referiert, wurden hier doch zahlreiche Republikaner zum Opfer der Auseinandersetzung in den eigenen Reihen. Die interkulturelle Konstellation mit der Bewahrung der Fremdheit im Hinblick auf faszinierende und verstörende Momente der spanischen Kultur verhilft somit dem Ich-Erzähler oder doch zumindest den Rezipienten von Weiss' Roman zur Einsicht in die Widersprüchlichkeit der dargestellten historischen Situation. Im Hinblick auf die Ereignisse des 20. Jahrhunderts und auf deren adäquate künstlerische Reflexion scheint somit nicht die Überwindung von Fremdheit als ästhetisches und erkenntnistheoretisches Modell tauglich zu sein, sondern die künstlerische und theoretische Auseinandersetzung mit der Fremdheit als Fremdheit (für die im Roman Künstler wie Picasso, Géricault, aber auch Kafka und die schwedische Schriftstellerin Karin Boye stehen).

Hieraus folgt aber, dass die Intensität der Darstellung die universalistische Konzeption des Ich-Erzählers in der immanenten Reflexion des Romans in Frage stellt und dass sich damit der Roman in seinen stärksten Partien einer Konzeption nähert, die nicht mehr die Aufhebung von Fremdheit und die Behauptung einer Gemeinsamkeit aller (arbeitenden) Menschen ins Zentrum setzt, sondern die Bewahrung der Differenz und das Akzeptieren einer Fremdheit, die sich auf andere und auf das eigene Selbst bezieht.

Der Chronist als ,Bastler' von Identitäten

Vor diesem Hintergrund ist bezeichnend, dass der Ich-Erzähler im späteren schwedischen Kontext seine Arbeit als „Chronist" nicht so versteht, dass es darum gehen würde, eine Synthese aus den verschiedenen kulturellen Einflüssen zu schaffen; vielmehr entwickelt sich eine hybride Einheit durch ,bricolage' aus Elementen verschiedener Kulturen:

> Ich begann meine neue Tätigkeit als ein Chronist, der gemeinsames Denken wiedergab. Bücher, aus den Bibliotheken geholt, lagen gestapelt auf einem Tisch, ich ergänzte, was ich andeutungsweise vernommen hatte. Anfangs fand ich nicht mehr als bloße Wegzeichen, die sich, kaum sichtbar, aus einem Dickicht erhoben, doch konnten von ihnen aus Vermessungen vorgenommen, Verbindungen hergestellt werden, die mir einen ungefähren Begriff von weiträumigen, bisher unbekannten Gebieten vermittelten. Von jetzt an war mein Bewußtsein vom Prozeß des Schreibens erfüllt, es war darin ein Registrieren von Impulsen, Aussagen, Erinnrungsbildern, Handlungsmomenten, alles Bisherige war Vorübung gewesen,

> alles Schwankende, Zersplitterte, Vieldeutige, alle brodelnden Monologe wurden zum Resonanzboden für meine Gedanken und Reflexionen. Ich blickte hinein in einen Mechanismus, der siebte, filterte, scheinbar Unzusammenhängendes zu Gliederungen brachte, der Vernommnes, Erfahrnes zu Sätzen ordnete, der ständig nach Formulierungen suchte, Verdeutlichungen anstrebte, vorstieß zu immer wieder neuen Schichten der Anschaulichkeit. (ÄdW II, 306)

Aber:

> Die Tätigkeit im September hatte uns eine breite Grundlage verschafft. Im Rückblick nahm sich das Lied über Margareta und ihre Union als leicht singbar aus, fest konturiert standen die Höfe und Könige, fast unmöglich aber wurde es jetzt, aus dem Schattenhaften, Erdigen, Lehmigen diese kleine Gestalt zu kneten, von der es hieß, sie habe das Land zum Aufruhr gegen die Fremdherrschaft gerissen. Und grade hier war es doch, wo wir unsre Zugehörigkeit, unser Verständnis hätten aufspüren müssen. So verunstaltet waren wir von den Zeitläuften, so *fremd unsrer selbst* geworden, unter entmachtenden Hergängen, daß sich jedes Anzeichen eines Revoltierens mit Zweifeln durchsetzen wollte, daß wir bei jedem Aufschwung schon die Betrogne sahn. (ÄdW II, 212, Kursivierung M.H.)

Wenn die erste Passage den Eindruck aufscheinen lassen könnte, bei der Tätigkeit des Chronisten handele es sich um eine Synthese der Stimmen, die er zu Rate zieht, so zeigt die zweite Stelle die Problematik einer Identifikation mit einzelnen Manifestationen einer Kultur. Die Bilder des Zersplitterns, des Schwankens, des Brodelns sind Bilder der Hybridität; sie zeigen, dass der Ich-Erzähler nicht Einheit in der Vielheit erreichen kann und soll, dass er vielmehr die Widersprüche und die Komplexität der darzustellenden Situationen und Konstellationen in einer Art Montage darstellt. Die *Sagrada Familia* Gaudís und auch Picassos *Guernica* sind Beispiele für die interne Organisation moderner Kunstwerke, die ihre Elemente unverbunden nebeneinander stellen und damit eine Spannung des Widersprüchlichen und des Hybriden bewahren. Die interkulturelle Literaturwissenschaft stellt fest, dass die Kunst der Moderne bereits Anregungen gegeben hat für die Deutung interkultureller Konstellation in der postmodernen und postkolonialen globalisierten Gesellschaft. Die *Ästhetik des Widerstands* ist von dieser innovativen Perspektive der modernen Kunst geprägt, die im Hinblick auf interkulturelle Konstellationen die Anerkennung gegenseitiger Fremdheit gegenüber einer Aufhebung der Differenzen präferiert. Der universalistische Impuls von Peter Weiss' Widerstandsroman steht mit dieser Tendenz insofern in einer produktiven Spannung, als er darauf beharrt, dass das Aushalten kultureller Differenz nicht mit einer Anerkennung ungerechtfertigter Herrschaftsstrukturen einher gehen darf. Anerkennung kultureller Differenz darf nicht zu Billigung von Gewalt und Unterdrückung führen. Aus unserer heutigen Sicht ist aber Ästhetik des Widerstands – wie bereits angedeutet – nicht so sehr als Plädoyer für die Einheit, sondern eher als Engagement für die Bewahrung der Differenzen zu verstehen.

Anmerkungen:

1 Vgl. die Ausführungen im Unterkapitel „Kritische Fragen an Saids Konzept des ‚Orientalism'" in Teil I.

2 Mit der Sigle „WÖD" wird im Folgenden zitiert aus Johann Wolfgang Goethe: West-östlicher Divan. Studienausgabe. Hrsg. v. Michael Knaupp. Stuttgart 1999.

3 Vgl. Norbert Mecklenburg: Differenzierender Universalismus. Leitende Konzepte als interkulturelle Konzepte in Goethes Divan. In: Jahrbuch Deutsch als Fremdsprache 26 (2000), S. 63-86.

4 Vgl. Norbert Mecklenburg: Die Buddhas von Bamian und der reine Osten. Goethes Polemiken gegen „indische Götzenbilder". In: Wirkendes Wort 53 (2003), S. 5-15.

5 Johann Wolfgang Goethe: Gedichte. Sämtliche Gedichte in zeitlicher Folge. Hrsg. v. Heinz Nicolai. Frankfurt am Main 1992, S. 453-456, hier S. 454.

6 Ebd.

7 Ebd., S. 456.

8 Ebd., S. 306.

9 Karoline von Günderrode: Der Schatten eines Traumes. Gedichte, Prosa, Briefe, Zeugnisse von Zeitgenossen. Hrsg. und mit einem Essay v. Christa Wolf. München 1997, S. 137. Künftig zitiert mit der Sigle „G".

10 Zitiert nach Verena Kade-Luthra: Sehnsucht nach Indien. Ein Lesebuch von Goethe bis Grass. München 1991, S. 86f.

11 Ebd., S. 88.

12 Carl Einstein: Afrikanische Plastik. In: C. E.: Werke. Band 2. 1919-1928. Hrsg. v. Marion Schmid unter Mitarbeit von Henriette Beese und Jens Kwasny. Berlin 1981, S. 62-144, hier S. 62.

13 Vgl. allgemein zum Bild Afrikas und der Afrikaner in der europäischen Kultur Daniel Droixhe, Klaus H. Kiefer (Hrsg.): Images de l'Africain de l'antiquité au XXe siècle. Avec une introduction de János Riesz. Frankfurt am Main u.a. 1987.

14 Grundlegend Klaus H. Kiefer: Diskurswandel im Werk Carl Einsteins. Ein Beitrag zu Theorie und Geschichte der europäischen Avantgarde. Tübingen 1994. Dort auch eine Übersicht über die Einstein-Forschung bis 1994. Vgl. auch Klaus H. Kiefer (Hrsg.): Carl-Einstein-Kolloquium 1994. Frankfurt am Main u.a. 1996.

[15] Vgl. zu einer systematischen Darstellung von Einsteins Konzeption die heute noch aufschlussreiche Studie von Heidemarie Oehm: Die Kunsttheorie Carl Einsteins. München 1976 (zur Kubismustheorie S. 70-86, zum *Bebuquin* S. 86-158).

[16] Vgl. Liliane Meffre: Carl Einstein et la problématique des avant-gardes dans les arts plastiques. Bern u.a. 1989.

[17] Vgl. zur Integration der anglo-amerikanischen „post-colonial studies" in die Diskussion der Germanistik Doris Bachmann-Medick: 1+1=3? Interkulturelle Beziehungen als „dritter Raum". In: Weimarer Beiträge 45 (1999), H. 4, S. 518-531 und Michael Hofmann: Literatur und kulturelle Differenz. Problemkonstellationen in Geschichte und Gegenwart. In: Weimarer Beiträge 47 (2001), H. 3, S. 387-402.

[18] Mit der Sigle „NP" und der Angabe der Seitenzahl wird hier und im Folgenden verwiesen auf Carl Einstein: Negerplastik. In: Carl Einstein: Werke. Band 1. 1908-1918. Hrsg. v. Rolf-Peter Baacke unter Mitarbeit von Jens Kwasny. Berlin 1980, S. 245-391.

[19] Mit der Sigle „K" und der Angabe der Seitenzahl wird hier und im Folgenden verwiesen auf Carl Einstein: Die Kunst des 20. Jahrhunderts. Berlin 1926 (Propyläen Kunstgeschichte 16). Hier zitiert nach der 2. Auflage Berlin 1928.

[20] Die kritischen und ‚negativen' Tendenzen von Einsteins Avantgarde-Konzept betonen Dirk Heißerer: Negative Dichtung. Zum Verfahren der literarischen Dekomposition bei Carl Einstein. München 1992 und Antje Quast: Das Neue und die Revolte. Schlüsselbegriffe der Avantgarde bei Guillaume Apollinaire und Carl Einstein. Bonn 1994.

[21] Carl Einstein: Über den Roman. Anmerkungen. In: Einstein: Werke 1, S. 127-129. Der Text erschien zuerst im Jahre 1912 in der expressionistischen Zeitschrift *Die Aktion*.

[22] Carl Einstein: Bebuquin oder die Dilettanten des Wunders. In: Einstein: Werke 1, S. 73-114. Der Text des Romans wurde im Jahre 1912 vollständig in der Zeitschrift *Die Aktion* abgedruckt (im gleichen Jahr eine Buchausgabe im Verlag der Zeitschrift; einen Vorabdruck der ersten vier Kapitel enthielt *Die Opale 2* bereits im Jahre 1907).

[23] Carl Einstein: Der Arme. In: Einstein: Werke 1, S. 130-133, hier S. 131f.

[24] Carl Einstein: Zur primitiven Kunst. In: Einstein: Werke 2, S. 19f., hier S. 20. Der kurze Beitrag erschien zuerst 1919 in der von Ludwig Rubiner herausgegebenen Zeitschrift *Die Gemeinschaft*.

[25] Vgl. als aktuelle Übersicht über die Döblin-Forschung Gabriele Sander: Alfred Döblin. Stuttgart 2001 (mit ausführlicher Bibliographie).

[26] Alfred Döblin: Von der Freiheit eines Dichtermenschen. In: A. D.: Aufsätze zur Literatur. Hrsg. v. Walter Muschg. Olten, Freiburg 1963, S. 23-32, hier S. 23.

[27] Ebd., S. 23f.

[28] Döblin: An Romanautoren und ihre Kritiker. Berliner Programm. In: Döblin: Aufsätze zur Literatur, S. 15-19, hier S. 16.

[29] Ebd.

[30] Vgl. folgende Grundlagen zum Verständnis des Textes: Jacob Erhardt: Alfred Döblins *Amazonas*-Trilogie. Worms 1974; George Bernhard Sperber: Wegweiser im *Amazonas*. Studien zur Rezeption, zu den Quellen und zur Textkritik der Südamerika-Trilogie Alfred Döblins. München 1975; Hubert Brüggen: Land ohne Tod. Eine Untersuchung zur inneren Struktur der *Amazonas*-Trilogie Alfred Döblins. Frankfurt am Main u.a. 1987.

[31] Erste Antworten auf diese Frage geben Adriana Massa: Südamerika als Gegenbild Europas in den 30er Jahren in Döblins *Amazonas*-Trilogie. In: Internationaler Germanisten-Kongreß in Tokio. Sektion 15: Erfahrene und imaginierte Fremde. Hrsg. v. Yoshinori Shichiji. München 1991, S. 60-66 und Werner Stauffacher: Exil und Exotik. Zu Alfred Döblins *Amazonas*-Roman, ebd., S. 191-197. Vgl. auch Erich Kleinschmidt: Die Erfahrung des Fremden. Schreibdispositionen Alfred Döblins im Exil. In: Wirkendes Wort 3 (1993), S. 609-623.

[32] Auf Konzepte der Interkulturalität stützt sich auch eine vorzügliche neue Studie zu Döblins Südamerika-Epos: vgl. Dagmar Henze: Kulturkonzepte in Alfred Döblins *Amazonas*-Trilogie. Interkulturalität im Spannungsverhältnis von Universalismus und Relativismus. Trier 2003. Henze gelangt auf dem Wege über eine kritische Ethnologie zu ähnlichen Ergebnissen wie die vorliegende Studie.

[33] Mythopoetik und Interkulturalität prägen die Werke Alejo Carpentiers, der als Sohn eines Franzosen und einer Russin in Havanna geboren wurde und lange Zeit in Frankreich lebte. Die Konfrontation zwischen europäischer und südamerikanischer Kultur spielt in Carpentiers Texten eine entscheidende Rolle. Vgl. Alejo Carpentier: Die verlorenen Spuren. Roman <1953>. Aus dem Spanischen von Anneliese Botond. Frankfurt am Main 2001 und ders.: Barockkonzert. Novelle <1974>. Aus dem Spanischen von Anneliese Botond. Frankfurt am Main 1998.

[34] Vgl. vor allem den bekanntesten Roman des Nobelpreisträgers Gabriel García Márquez: Hundert Jahre Einsamkeit. Roman <1967>. Deutsch von Curt Mayer-Clason. Frankfurt am Main 1999.

[35] Alfred Döblin: Das Land ohne Tod. Ausgabe in zwei Bänden <mit durchgehender Paginierung>. Textredaktion und Nachwort von Fritz Pohle. Frankfurt am Main 1991 (Bibliothek Exilliteratur, hrsg. v. Hans-Albert Walter), hier S. 21 (Hervorhebung M.H.). Das mehr als ausführliche „Nachwort" von Fritz Pohle gehört zu den fundiertesten Studien über die Romantrilogie und gab der vorliegenden Deutung entscheidende Anregungen. Vgl. Fritz Pohle: *Das Land ohne Tod*. Alfred Döblins Kolumbusfahrt in der Pariser Nationalbibliothek. Versuch einer Annäherung, a.a.O., S. 861-1034. Zur Diskussion um den Titel der Trilogie vgl. die Editorische Nachbemerkung des Herausgebers a.a.O., S. 1035-1041, hier S. 1037: „Wir <...> stellen <...> den ursprünglichen Titel wieder her." Da sich der von Alfred Muschg 1963 gewählte Titel *Amazonas* eingebürgert hat, wird er hier trotz der bedenkenswerten Argumente Walters beibehalten. Aus der angegebenen Ausgabe wird somit auch mit der Sigle „A" zitiert.

[36] Vgl. Pohle: *Das Land ohne Tod*, S. 889f.

[37] Ebd., S. 890.

[38] Vgl. zum indianischen Kanaan ebd., S. 957.

[39] Homi K. Bhabha: Die Verortung der Kultur. Mit einem Vorwort von Elisabeth Bronfen. Deutsche Übersetzung von Michael Schiffmann und Jürgen Freudl. Tübingen 2000, S. 134. Vgl. auch Christof Hamann, Cornelia Sieber (Hrsg.): Räume der Hybridität. Postkoloniale Konzepte in Theorie und Literatur. Unter Mitarbeit von Petra Günther. Hildesheim u.a. 2002.

[40] Vgl. Winfried G. Sebald: Der Mythus der Zerstörung im Werk Alfred Döblins. Stuttgart 1980.

[41] Vgl. zur literaturgeschichtlichen Einordnung des Romans Christoph Strosetzki: Kleine Geschichte der lateinamerikanischen Literatur im 20. Jahrhundert. München 1994 (speziell zu Kolumbien S. 111-130) und Michael

Rössner (Hrsg.): Lateinamerikanische Literaturgeschichte. Stuttgart, Weimar 1995 (speziell zu García Márquez S. 323-329). Grundlegend Mechtild Strausfeld: *Hundert Jahre Einsamkeit* von Gabriel García Márquez. In: M. St. (Hrsg.): Materialien zur lateinamerikanischen Literatur. Frankfurt am Main 1976, S. 233-260 sowie Mythos und Wirklichkeit. Materialien zum Werk von Gabriel García Márquez. Hrsg. und mit einem Vorwort von Tom Koenigs. Übersetzung der Essays aus dem Spanischen von Willi Zurbrüggen. Köln 1985.

[42] Gabriel García Márquez: Hundert Jahre Einsamkeit. Roman. Deutsch von Curt Meyer-Clason. München 1999, S. 466.

[43] Vgl. zum Verhältnis *Blechtrommel – Mitternachtskinder* Rudolf Bader: Indian Tin Drum. In: International Fiction Review (Fredericton, New Brunswick) 11 (1984), H.2, S. 75-83; Patricia Merivale: Saleem fathered by Oskar. Intertextual Strategies in *Midnight's Children* and *The Tin* Drum. In: ARIEL. A review of International English Literature (Calgary) 21 (1990), H.3, S. 5-21; Kenneth Ireland: Doing Very Dangerous Things: *Die Blechtrommel* and *Midnight's Children*. In: Comparative Literature 42 (1990), H.4, S. 335-361; Jeanne Delbaere: „Wahlverwandtschaften": Günter Grass et Salman Rushdie. In: Irene Heidelberger-Leonard, Mireille Tabah (Hrsg.): Wahlverwandtschaften in Sprache, Malerei, Literatur und Geschichte. Festschrift für Monique Boussart. Stuttgart 2000, S. 245-259.

[44] Salman Rushdie: Ein Reisender über Grenzen im Ich und in der Zeit. In: Daniela Hermes, Volker Neuhaus (Hrsg.): Günter Grass im Ausland. Texte, Daten, Bilder. Frankfurt am Main 1990, S. 174-180 (übersetzt von Volker Neuhaus; Original unter dem Titel „Günter Grass" in: Salman Rushdie: Imaginary Homelands. Essays and Criticism 1981-1991. London 1991, S. 276-282). Künftig zitiert mit der Sigle „RG".

[45] Volker Neuhaus: Günter Grass, *Die Blechtrommel*. Interpretation. 3., überarb. Auflage München 1992, S. 102.

[46] Mit der Sigle „ÄdW" und der Angabe des Bandes mit römische Zahlen wird zitiert aus Peter Weiss: Die Ästhetik des Widerstands. 3 Bde. <1975, 1978, 1981>. Frankfurt am Main 1988.

III. Perspektiven einer postkolonialen Literaturgeschichte

Interkulturelle Konstellationen und interkulturelle Perspektiven der Literatur sind spätestens seit dem achtzehnten Jahrhundert durch das Phänomen des Kolonialismus geprägt. In der Retrospektive erscheint der Beginn der Neuzeit mit der Entdeckung Amerikas durch Columbus als der Anfang einer gewaltsamen Unterwerfung fast des gesamten Erdballs durch europäische Länder. Zum Höhepunkt der Kolonialzeit am Beginn des 20. Jahrhunderts waren dann mehr als 80 % aller Gebiete der Erde in europäischem Kolonialbesitz. Die führenden Kolonialmächte des 19. und des beginnenden 20. Jahrhunderts waren dabei Großbritannien und Frankreich; Deutschland strebte nach der Errichtung eines zentralisierten Nationalstaates ebenfalls nach einem „Platz an der Sonne", musste aber nach der Niederlage im Ersten Weltkrieg alle kolonialen Ansprüche aufgeben. Charakteristisch für die kolonialen Bestrebungen der europäischen Mächte ist eine problematische Verquickung von rücksichtsloser ökonomischer Ausbeutung der Kolonien und ihrer Menschen und einer Rhetorik, die den Anspruch demonstrierte, das Licht der Zivilisation und des Fortschritts in die angeblich wilden und unzivilisierten Gegenden der Erde zu bringen. Die postkoloniale Situation ist durch problematische und paradoxe Bedürfnisse und Bestrebungen gekennzeichnet: Den ehemals kolonialisierten Völkern muss es darum gehen, an verschüttete eigene Traditionen anzuknüpfen; sie machen aber die Erfahrung, dass diese Traditionen nicht mehr in unverfälschter Form wieder aufgenommen werden können. Aus diesem Grunde kommt es im Kontext der vor allem von Homi Bhabha theoretisch formulierten Konzepte der Hybridität, der Mimikry und des dritten Ortes (vgl. die Ausführungen in Teil I) zu dem Versuch, einen selbstbestimmten Weg zu finden, der Elemente der Kolonialkultur mit eigenen Traditionen und Normen und Werten zu einer originellen und oft überraschenden neuen „Mischung" verbindet. Dieser kreative postkoloniale Weg sieht sich gerade nach den Ereignissen des 11. September 2001 vor der fast unlösbaren Aufgabe, zwischen Fundamentalismus und Neo-Kolonialismus einen eigenen Weg zu finden, der auf die Reinheit homogener

Identität verzichtet und den Pluralismus und die Vielfalt der globalisierten Welt durch eine listige Infragestellung aller Herrschaftsstrukturen zu einer neuen Weltkultur umformt. Diese neue Weltkultur und ihre Ausprägungen in der Migrationsliteratur, aber auch in den künstlerischen und medialen Hervorbringungen einer hybriden transnationalen Kreativität sind nicht nur für die Menschen der ehemaligen Kolonien von Interesse, sondern auch für die Nachfahren der Kolonialherren, die ihrerseits ein Unbehagen an der eurozentrischen und neoliberalen Durchdringung der neuen Weltgesellschaft empfinden. Das kritische Durcharbeiten kolonialistischer und eurozentrischer Denkmuster und Handlungsstrategien bedeutet nämlich auch eine Infragestellung anthropologischer und mentalitätsgeschichtlicher Grundannahmen, die zu einer Krise der europäischen Kultur geführt haben und die untergründig das Unbehagen an der europäischen Kultur bestimmen. Die Option für Hybridität und der Verzicht auf homogene Vorstellungen von nationaler Kultur sind insofern eine Grundvoraussetzung für eine notwendige Erneuerung auch der europäischen Kultur.

Gegen den „Kampf der Kulturen"

Problematisch ist in diesem Zusammenhang das Erstarken etwa des islamischen Fundamentalismus, weil dieses nämlich zu Reflexen führt, die einen „Kampf der Kulturen" befördern und die Einmauerung der Europäer in dogmatischen Selbstbildern bewirken können (wie die periodisch wiederkehrende Diskussion um die deutsche Leitkultur zeigt). Die postkoloniale Literatur und Kultur ist somit eine Herausforderung für die Anhänger dogmatischer Konzepte auf beiden Seiten: für den Fundamentalismus etwa des Islam, der auf die Hersauforderungen von Moderne und Globalisierung mit dem Zurück in ein reines religiöses Bewusstsein reagiert, das paradoxerweise in dieser Form in der Vergangenheit gar nicht existiert hat – und für den Fundamentalismus einer Kultur des Westens, der es darum geht, den Glauben an die Marktwirtschaft mit Konzepten einer homogenen Kultur des Christentums oder des Nationalen zu verbinden. Wenn die Rede von einer postkolonialen Weltkultur legitim erscheinen soll, dann geht es um einen Lernprozess auf beiden Seiten des frühren Kolonialsystems, und bei diesem Lernprozess spielt die Kultur und damit auch die Literatur eine entscheidende Rolle.

Postkolonialismus und Literatur

Die Literatur erweist sich als ein Experimentierfeld, auf dem ausprobiert und demonstriert werden kann, welche Veränderungen in den Subjekten vorgehen, die sich in der postkolonialen Konfrontation der Begegnung mit einer fremden Kultur stellen müssen. Dabei ist einerseits selbstverständlich eine europäische Selbstkritik unabdingbar, die sich der Inhumanität der kolonialen Unterdrückung bewusst wird; dabei ist andererseits eine mentalitätsgeschichtliche Perspektive von besonderem Interesse, die aufspürt, welche Begrenzungen und Aporien des europäischem Bewusstseins in dieser kolonialen Konstellation in dramatischer Weise zum Vorschein geraten. Die Analyse kolonialen Bewusstseins wird in hervorragenden Beispielen der europäischen Literatur zu einer Selbstkritik der europäischen Moderne und damit zu einer wichtigen Ergänzung eben der Literatur- und Mentalitätsgeschichte dieser europäischen Moderne. Die postkoloniale Literatur wiederum ist einerseits als ein Modell der Selbstreflexion der Mentalität und der politisch-kulturellen Situation der ehemaligen Kolonien zu begreifen, andererseits aber auch als ein Angebot an die Nachfahren der ehemaligen Kolonialherren, denen es darum geht, die Einseitigkeiten und Aporien ihres eigenen Bewusstseins zu überwinden. Das besondere Interesse, das vor allem in Großbritannien und Frankreich Autorinnen und Autoren der ehemaligen Kolonien entgegen gebracht wird, ist nicht nur mit einem diffusen Schuldbewusstsein eben der Nachfahren der Kolonialherren zu erklären, sondern mit der elementaren Bedeutung, welche die Kulturen der ehemaligen Kolonien für die Metropolen haben.

Postkoloniale Konstellationen in Deutschland

Im Falle der deutschen Kultur sind die postkolonialen Konstellationen differenziert zu betrachten. Wie erwähnt, wurde Deutschland nach dem Ende des Ersten Weltkriegs keineswegs auf eigenen Wunsch aus dem Kreise der Kolonialmächte ausgeschlossen. Der kritische Rückblick auf die deutsche Kolonialgeschichte zeigt aber sehr wohl, dass gerade der Geist des Militarismus und Chauvinismus, der im Kaiserreich des späten 19. Jahrhunderts vorherrschend war, auch die deutschen Kolonialbestrebungen in entscheidender Weise beeinflusst hat. Mögen die Historiker über die genaue Beschreibung von Entwicklungslinien streiten, so ist doch nicht zu verkennen, dass es Kontinuitäten zwischen der abgebrochenen deutschen Kolonialgeschichte und den Phantasien vom „Volk ohne Raum“ gab, die einen großen Anteil an den Verbrechen des Zweiten Weltkriegs hatten. Auch lässt sich nicht verkennen, dass der Rassismus, der sich vor allem gegen die Bewohner der afrikanischen „Schutzgebiete“ richtete, in einem Zusammenhang mit dem späteren rassischen Antisemitismus der Nationalsozialisten stand. Im Übrigen ist der Eurozentrismus der kolonialen Bestrebungen evidentermaßen als ein gesamteuropäisches Phänomen zu verstehen, das seine Konsequenzen auch in der deutschen Kultur-

und Mentalitätsgeschichte entfaltete. Die Turbulenzen der globalisierten Welt und der weltweiten Migrationsströme betreffen in Deutschland vor allem die türkische Migration, die als Analogon zu der postkolonialen Literatur und Kultur in den ehemaligen Kolonialländern zu verstehen ist. Sie ist als ein Testfall für die Fähigkeit der deutschen Gesellschaft zu begreifen, den „Kampf der Kulturen" zu verhindern und ein vernünftiges Zusammenleben zwischen christlichen, säkularen und islamischen Traditionen zu organisieren.

Postkoloniale Literaturen

Im dritten Teil dieses Studienbuches geht es um die kolonialen und postkolonialen Bilder Afrikas und Indiens in der Literatur. Die Hauptelemente dieser Bilder wollen wir anhand einiger wichtiger Schlüsseltexte der interkulturellen Literatur in ihren Grundzügen darstellen. Die Selbstkritik der europäischen Moderne und die kritische Analyse kolonialer Bestrebungen und Mentalitäten studieren wir anhand von Joseph Conrads Roman *Herz der Finsternis* (wobei die kritische Perspektive auch gegen problematische Aspekte des Textes selbst stark gemacht werden kann und soll). Diesem Text stellen wir mit Chinua Achebes *Okonkwo oder Das Alte stirbt* eine afrikanische Stimme entgegen, die eine radikale Rückbesinnung auf die afrikanische Kultur (hier die Igbo-Kultur in Nigeria) mit einer kritischen Auseinandersetzung mit dem Prozess der Kolonialisierung verbindet. Uwe Timms Roman *Morenga* ist als ein herausragender Beitrag zur deutschen postkolonialen Literatur und als eine Untersuchung der deutschen Kolonialgeschichte und der mit ihr verbundenen mentalitätsgeschichtlichen Probleme zu würdigen. Im indischen Kontext analysieren wir zunächst mit Rudyard Kiplings *Kim* ein interessantes und in seiner Ambivalenz charakteristisches Beispiel der englischen kolonialen Literatur. Salman Rushdies Roman *Die satanischen Verse* wird dann abschließend als ein exemplarischer postkolonialer Text analysiert, der nicht nur die im Zentrum der Diskussionen stehende provokative Wendung gegen den islamischen Fundamentalismus enthält, sondern auch ein radikales Plädoyer für eine hybride Kultur der britischen Metropole und einen grundlegenden Einspruch gegen die traditionellen Denkmodelle des europäischen Establishments. Die literarische Brillanz und die intellektuelle Subtilität machen aus den *Satanischen Versen* das Paradigma einer neuen Weltliteratur, der eine grundlegende Bedeutung in den aktuellen Diskussionen um Globalisierung und Interkulturalität zukommt.

1. Afrika und das Dunkle im Herzen des europäischen Subjekts: Joseph Conrads *Herz der Finsternis*

Im Jahre 1901, also ein Jahr nach dem Tode Nietzsches und dem Erscheinen von Sigmund Freuds *Traumdeutung*, veröffentlichte Joseph Conrad seinen kurzen Roman *Herz der Finsternis*, der in exemplarischer Weise einerseits die Verbrechen des europäischen Kolonialismus deutlich werden lässt, andererseits aber auch die Erschütterungen registriert, denen das europäische Subjekt in der Begegnung mit dem afrikanischen Anderen ausgesetzt war. Ein Europäer, der mit vergleichsweise hehren Absichten nach Afrika gekommen war, dann aber zu einer Art Herrscher eines afrikanischen Stammes wird und die kultische Verehrung der Schwarzen in blutigen Ritualen genießt, steht im Zentrum dieses Textes und damit die Abenteuer des europäischen Subjekts, das nicht nur die vermeintliche Finsternis der afrikanischen Wildnis kennen lernt, sondern das Dunkle der eigenen Seele. Mit Nietzsche ist eine Situation jenseits von Gut und Böse zu erkennen, eine Überwindung der europäischen Moralvorstellungen, die sich mit einer Unterdrückung der „Natur" im Menschen verbinden; mit Freud ist eine Wiederkehr des Verdrängten zu konstatieren, weil die Befreiung der Sinnlichkeit und der „wilden" Triebe des Menschen archaische Formen von Herrschaft frei setzt, die zu einer Art negativen Hybridisierung, zu einer problematischen Verbindung europäischer und afrikanischer Herrschaftsformen und Mentalitätsmuster führen. Dass der vermeintlich „gute" Europäer wahnsinnig wird, führt zu einem negativen Befund im Hinblick auf die europäische Vernunft, deren Legitimation grundsätzlich bereits durch die kompromisslose Raffgier der europäische Kolonisatoren in Frage gestellt erscheint. Die interkulturelle Konstellation führt in dem literarischen Text somit zu einer Enthüllung der latenten Krise des europäischen Subjekts – aber nicht zu einer wirklichen Öffnung gegenüber dem Anderen, gegenüber der afrikanischen Kultur. Denn wenn Conrads Text auch die Machenschaften der europäischen Elfenbeinjäger mit einer schonungslosen Offenheit kritisiert und das Drama des europäischen Subjekts in der Konfrontation mit der eigenen und der fremden Finsternis mit großer Meisterschaft schildert, so bleiben die afrikanischen Stimmen

Koloniale Begegnungen und die latente Krise des europäischen Subjekts doch vormenschlich und unartikuliert, vermeintliche bloße Natur, die kulturelle Praktiken höchstens mechanisch nachahmend zu lernen in der Lage sind. *Herz der Finsternis* ist beides: kritische Reflexion der kolonialen Unterdrückung und der Deformation des europäischen Menschen, die sich im Umgang mit der Fremde manifestiert, und Fortschreibung eines kolonialistischen Klischees im Hinblick auf die „Wilden", denen eine artikulierte Stimme nicht zugebilligt wird. Die Aktualität von Conrads literarischer Analyse der kolonialen Konstellation zeigte sich in Francis Ford Coppolas Adaptation des Stoffes in *Apocalypse Now* (1979), dem umstrittenen Film über den Vietnam-Krieg, der diesen als postkoloniales Analogon zu Conrads kolonialer Zeitdiagnose in beklemmende Bilder umsetzte.

Conrads interkulturelle Biographie

Der Autor Joseph Conrad ist von seiner Biographie und seinem Schaffen her als ein besonders interessanter Untersuchungsgegenstand einer interkulturellen und postkolonialen Literaturwissenschaft anzusehen. Wie die meisten der postkolonialen und auch der deutsch-türkischen Schriftsteller unserer Zeit publizierte er seine literarischen Texte nicht in seiner Muttersprache, sondern in einer später erlernten Zweitsprache; und wie die heutigen Autorinnen und Autoren erlebte er interkulturelle Konstellationen nicht als freundliche Koexistenz der Kulturen, sondern als von Herrschaft und Unterdrückung geprägtes Gegeneinander. 1857 im russisch besetzten Polen geboren, erlebte er, wie sein Vater als Freiheitskämpfer verfolgt wurde und starb. Er verließ Polen und ging seit 1874 zur See, und zwar zunächst von Marseille aus. Ab 1889 finden sich erste literarische Versuche in englischer Sprache. 1890 verdingte er sich als Schiffskapitän einer Fahrt in den Kongo, die als Vorbild für die Handlung von Herz der Finsternis anzusehen ist. Er erlebte auf dieser Fahrt die Auswüchse der belgischen und englischen Kolonialisierung Afrikas, die ihn schwer traumatisierten, und erlitt eine schwere Erkrankung, die ihn dazu zwang, Afrika zu verlassen. Nach einigen Jahren gelang ihm dann die literarische Durcharbeitung seiner Erlebnisse in dem Roman *Herz der Finsternis*, der mit anderen Texten dazu beitrug, dass Conrad ab 1913 Erfolg und Anerkennung als einer der bedeutendsten englischsprachigen Erzähler fand – wobei sein Schaffen eng mit den Erfahrungen der kolonialen Konstellationen verbunden ist.

Der Plot des Romans *Herz der Finsternis*

Der Roman ist durch eine komplexe Erzählkonstruktion gekennzeichnet. Ein Ich-Erzähler berichtet von der Begegnung eines Seemanns namens Marlow mit ein paar Freunden auf einem Schiff auf der Themse, bei der dieser von seinen Erfahrungen im

Kongo erzählt. Marlow war von England nach Brüssel in die Zentrale seines Auftraggebers gekommen, wobei ihm Brüssel wie eine Stadt des Todes erschien. In Afrika angelangt, begibt er sich zu einer Station der vor allem nach Elfenbein suchenden „Gesellschaft“, bei der ihm eine menschenunwürdige Behandlung schwarzer Arbeiter und die Tatsache auffällt, dass sein Schiff völlig marode ist und unter schwierigen Bedingungen repariert werden muss. Auf der Station gerät er in eine Konfrontation mit dem „Direktor“, der wie alle anderen Anwesenden nur auf Profit aus ist und den Neuankömmling als potentiellen Konkurrenten kritisch beäugt. Als das Schiff nach langer Arbeit fertig gestellt ist, brechen Marlow, der Direktor und andere als „Pilger“ bezeichnete Weiße in das Innere des Dschungels auf, wo sie den geheimnisvollem Mr. Kurtz suchen wollen, der große Mengen Elfenbein an die Station geliefert, aber in der „Finsternis“ eine zweifelhaft erscheinende Verbrüderung mit den Schwarzen in die Wege geleitet hat. Nachdem die Expedition nach gefährlicher Fahrt die Nähe von Kurtz' Aufenthaltsort erreicht hat, begegnen sie einem Russen, der wie ein Harlekin erscheint und nur voller Verehrung von Kurtz spricht, und etwas später schließlich dem Gesuchten selbst, der schwer erkrankt ist und der auf dem Schiff zurück in Richtung „Zivilisation“ gebracht werden soll. Der geheimnisvolle Europäer ist umgeben von unheimlichen Schwarzen und von einem wilden afrikanischen „Weib“, das offensichtlich seine Geliebte gewesen ist. Auf dem Schiff stirbt er, nachdem er seine letzten Worte „Das Grauen! Das Grauen!“ herausgepresst hat. In Brüssel sucht Marlow Kurtz' empfindsame Verlobte auf, der er von den Exzessen ihres Bräutigams nichts erzählt, um das positive Bild, das von diesem als einem Vertreter von Fortschritt und Vernunft existiert, nicht zu zerstören.

Drei Aspekte sind aus der uns interessierenden interkulturellen Perspektive zu untersuchen: das Bild Afrikas und der Afrikaner, das Bild der ‚normalen' Kolonisatoren (verkörpert in dem Direktor) und das Drama der Figur Kurtz. Resümierend ist dann das ambivalente Bild zu charakterisieren, das Conrad von der Kolonialisierung Afrikas entwirft, und dessen Rezeption in der postkolonialen Perspektive.

Das Bild der Afrikaner

Wenn die Frage nach dem Bild Afrikas und der Afrikaner zu diskutieren ist, wie sie sich aus dem Roman ergibt, so ist die erwähnte komplexe Erzählkonstruktion zu berücksichtigen, die es nicht zulässt, umstandslos die Meinungen, Einschätzungen und Voraussetzungen der Figur Marlow auf den Autor Conrad zu projizieren. Grundlage für die folgenden Überlegungen ist dennoch die Perspektive Marlows, weil sie innerhalb des Textes nicht korrigiert wird und dadurch mit der Perspektive des Textes (nicht notwendig Conrads) zu identifizieren ist. Zu beachten ist freilich die Persönlichkeit Marlows, wie sie der Text schildert: Dieser ist ein ziemlich illusionsloser Seemann, der die alltägliche Realität vieler Ecken der Welt kennt und an idealistische und verklärende Darstellungen nicht glaubt; seine Identifikation mit dem Geist Europas bezieht sich am ehesten darauf, dass er an Werte wie Tüchtigkeit, Fleiß und Ordnung glaubt und diese bei den „Wilden“ am meisten vermisst. Vor diesem Hintergrund ist seine ambivalente Haltung gegenüber den Eingeborenen und gegenüber der „Wildnis“ zu sehen. Die Fahrt in den Dschungel erscheint ihm (und damit dem Text als einem Ausdruck eines durchaus exemplarischen europäischen Bewusstseins) als eine Fahrt in das Unheimliche, das sich einer rationalen Kontrolle entzieht und in dem man nichts unterscheiden kann. Literarisch ist die Farben-Metaphorik hier von besonderer Bedeutung: Der Dschungel erscheint als ununterscheidbar grün während des Tages (wobei die Reflexion über die Tatsache ausbleibt, dass hier offenbar eine mangelnde Gewöhnung der Europäer an die Differenzierung der Farben des Urwaldes vorliegt) und mit Einbruch der Dämmerung und danach als schwarz und finster. Die entscheidende Wendung des Textes liegt darin, dass diese Charakteristik des Dunklen und Unartikulierten auch auf die afrikanischen Menschen übertragen wird: Diese sind (bekanntlich) dunkel, was aber dazu führt, dass die Europäer ihre Gesichtszüge nicht erkennen und/oder unterscheiden können – Marlow erklärt, die Afrikaner hätten „Gesichter wie groteske Masken“ (HF 23).[1] Hinzu kommt, dass das Fremde sich für Marlow und die anderen Europäer auch in der Sprache der Afrikaner zeigt, die gerade nicht als artikulierte Hervorbringung von Lauten verstanden wird, sondern als unartikulierter „Schrei“. Somit wird die Begegnung mit Afrika nicht als interkulturelle Begegnung interpretiert, als Begegnung mit einer fremden Kultur, sondern als Begegnung zwischen Kultur und Natur. Und diese Einstellung ist nicht nur diejenige der brutalen Ausbeuter und primitiven Kolonisatoren, sondern auch die des Erzählers Marlow. Es ist dieser Aspekt von Conrads Text, der Chinua Achebe zu seinem Urteil geführt hat, der Text *Herz der Finsternis* sei als ganzer rassistisch.[2] Es ist in der Tat nicht zu verkennen, dass die gleichwohl zu beobachtende scharfe Kritik Conrads an den Auswüchsen des Kolonialismus ihre Grenze darin findet, dass es ihr schwer fällt, die Afri-

Artikulation und „Schrei“

kaner als Menschen zu akzeptieren, wie sich in der folgenden Reflexion Marlows zeigt: „Das Schlimmste war der Verdacht, das es sich bei diesen Schwarzen auch um Menschen handelte." (HF 63) Der rituelle Tanz, den der Erzähler hier beobachtet, wird charakteristischerweise nicht als eine kulturelle Praxis begriffen, sondern als ein unmittelbarer Ausdruck von Natur. Diese Perspektive ist in Conrads Sinne sicherlich insofern „realistisch", als es in der Regel in der kolonialen Begegnung nicht zu einem kulturellen Austausch zwischen den Europäern und den „Eingeborenen" kam. Verständlich ist aber auch die literarische Intention des Nigerianers Achebe, der erklärt, dass es für die postkoloniale Literatur darauf angekommen sei, den Afrikanern als Subjekten menschlicher Kultur überhaupt erst einmal ihre Stimme wiederzugeben – ihre Stimme, die in Conrads Erzählkontext nur als unartikulierter Schrei vorkommt, vor deren Ähnlichkeit mit der menschlichen Stimme sich der Erzähler nur fürchten kann.

Kritik des Kolonialismus

Wie bereits erwähnt, hindert dieses problematische Verhältnis zu Afrika und den Afrikanern den Erzähler Marlow nicht daran, die Machenschaften der kolonialistischen Ausbeuter zu brandmarken. In dem Direktor zeigt sich die europäische Vernunft und Zivilisation auf den Imperativ des Ökonomischen reduziert, und die Afrikaner sind in einem extremen Maße verdinglicht, weil sie lediglich als Menschenmaterial zur Steigerung des Profits angesehen werden. Den heutigen Leser erinnert die Schilderung von Sklavenarbeit in der Station des Direktors in erschütternder Weise an Darstellungen der Arbeit in Konzentrationslagern:

> Ein schwaches Klirren hinter mir ließ mich den Kopf wenden. Sechs Schwarze quälten sich in einer Reihe den Pfad herauf. Sie gingen aufrecht und langsam und balancierten kleine Körbe voll Erdreich auf ihren Köpfen, und das Klirren ertönte im Takt ihrer Schritte. Sie hatten schwarze Lumpen um ihre Lenden geschlungen, deren kurze Zipfel wie Schwänze hin und her wackelten. Ich konnte jede einzelne Rippe erkennen; die Gelenke ihrer Glieder glichen den Knoten in einem Tau, jeder trug ein Halseisen, und alle waren durch eine Kette miteinander verbunden, die in Schwüngen zwischen ihnen baumelte und rhythmisch klirrte. (HF 26)

Die Zwangsarbeit führt in ihrer logischen Konsequenz zum Tode der Gepeinigten, wie eine andere Beschreibung verdeutlicht:

> Sie gingen langsam zugrunde – das war sehr deutlich. Sie waren keine Feinde, sie waren keine Verbrecher, sie waren nun nichts Irdisches mehr, nichts als sieche, ausgemergelte schwar-

> ze Schatten, die in dem grünlichen Düster zerstreut herumlagen. Mit Hilfe rechtmäßiger Zeitverträge aus allen Winkeln des Küstenstreifens hergebracht, hoffnungslos verloren in der fremden Umgebung und mit ungewohnter Nahrung abgespeist, fingen sie an zu kränkeln, wurden unbrauchbar, und dann gestattete man ihnen, fortzukriechen und zu ruhen. (HF 29)

Den Höhepunkt von Conrads Roman bildet aber nicht diese „einfache" Kolonialismus-Kritik, die sich an der Figur des Direktors festmachen lässt, sondern die Schilderung der Entwicklung des düsteren Helden Kurtz. Zu betonen ist in diesem Zusammenhang zunächst, dass Conrad mit einer Technik der Auslassungen und Andeutungen arbeitet, welche die Hauptfigur des Romans in einem dämonischen Zwielicht belässt und jede ‚zupackende' Deutung spekulativ erscheinen lässt. Aber diese Technik ist natürlich ein Teil des literarischen Experiments, das wir vor uns haben, denn die Finsternis des Dschungels färbt auch auf die europäische Figur des Kurtz ab, genauso wie die Römer als Kolonisatoren in der englischen Finsternis bezeichnet werden (vgl. HF 10) und wie die Stadt Brüssel den Erzähler Marlow an ein „übertünchtes Grab" erinnert (HF 16). Festzuhalten ist zunächst, dass Kurtz vor allem deshalb als ein Gegenspieler des Direktors erscheint, weil er für einen humanen Umgang mit den Afrikanern eingetreten ist. Kurtz erscheint am Anfang als ein Repräsentant von Fortschritt und Humanität, der die wirtschaftliche Ausbeutung des Kongo immerhin mit einer Investition in die Bildung und Ausbildung der Eingeborenen verbinden will und der eine Denkschrift über die humane Behandlung kolonialisierter Völker geschrieben hat. Irgendwann aber während seines Aufenthalts in der tiefsten „Wildnis" hat sich eine Wandlung in Kurtz vollzogen, die aber nicht einfach als ein Umschlag von Humanität in (präfaschistische) Barbarei zu deuten ist, sondern letztlich als ein gescheiterter Versuch, in das Denken und die Mentalität der „Eingeborenen" einzudringen. Kurtz – so ließe sich formelhaft erklären – hat bei der Konfrontation mit der fremden Kultur wichtige Prinzipien der europäischen Kultur geopfert; diese Annäherung hat aber nicht zu einem friedlichen Ineinander von europäischer und afrikanischer Kultur geführt. Vielmehr hat die Preisgabe bestimmter Momente von Rationalität und (konventioneller) Moral aus Kurtz einen schrankenlosen Herrscher unter den „Eingeborenen" gemacht, der mit magischen und rituellen Praktiken seine Stellung sichert. Kurtz ist damit das Opfer einer Dialektik geworden, die in der Konfrontation zwischen der europäischen und der afrikanischen Kultur zum Ausdruck

Kurtz' Wandlung vom Humanisten zum Barbaren

gekommen ist: Die europäische Vernunft, Rationalität und Zivilisation beruht (ganz im Sinne der Rationalitätskritik der Moderne, wie sie sich in der Literatur, aber auch in der Kritischen Theorie und dem Postrukturalismus manifestiert) auf der Verleugnung der Natur innerhalb und außerhalb des Menschen. Die skizzierte allgemeine Rationalitätskritik als Selbstkritik der europäischen Moderne erfährt nun in der kolonialen Literatur und in der interkulturellen Literaturwissenschaft, welche diese reflektiert, eine bedeutsame Konkretisierung, die ihrerseits den Kolonialismus als Symptom und Verstärkung des skizzierten Krise der europäischen Moderne herausstellen kann: Gerade weil in der europäischen Selbstreflexion die Vernunft die Natur (und auch die Anteile des Unbewussten) verdrängt, kann Afrika den Europäern als „bloße Natur" entgegen treten – und zwar die Landschaft ebenso wie die Menschen. Dem kolonialen Bewusstsein – das auch noch den Text Conrads prägt – erscheint die fremde Kultur als bloße Natur und die Krise Kurtz' als der scheiternde Versuch, die Vernunft mit ihrem Anderen zu versöhnen. Indem die Grenzen der (europäischen) Rationalität mit ihrer Tabuisierung von Körperlichkeit und Geschlechtlichkeit überschritten werden, kommt nicht versöhnte Natur zum Vorschein, sondern unbeschränktes Begehren, das zu Herrschaft werden will. Rationalität, die sich als vernünftig kontrollierte Herrschaft über die Natur begriffen hat, löst sich auf und wird zu einer schrankenlosen Herrschaft des vermeintlich natürlichen „Willens zur Macht" (Nietzsche). Interessant ist in diesem Zusammenhang auch die Perspektive der Geschlechtsbilder des Weiblichen: An die Stelle des konventionellen Frauenbildes, das mit Moral und Empfindsamkeit konnotiert ist („Madonna", vgl. die Verlobte Kurtz' in Brüssel) tritt das Weibliche als das unkontrolliert Triebhafte und das Andere der Vernunft („Hure", vgl. das faszinierend-dämonische afrikanische „Weib"). Die Katastrophe Kurtz', des modellhaften Europäers, liegt demnach darin, dass er mit untauglichen Mitteln versucht hat, den europäischen Rationalismus zu überwinden. Dieser Rationalismus hat das Widersprüchliche im Eigenen verleugnet, hat die Finsternis, das heißt das Triebhafte und Emotionale, in der Seele des europäischen Subjekts verdrängt, und dieses Widersprüchliche, dieses Andere im Eigenen, bricht in der Begegnung mit dem Anderen auf – aber nicht als friedliche Symbiose, sondern als unkontrollierte Herrschaft, welche die perfektionierte Ausplünderung der Natur und der Menschen (Elfenbein) mit einer archaischen Unterdrückung verbindet: Der Mythos und das Ritual werden zum Terror, wel-

Die fremde Kultur als bloße Natur

che die Macht stabilisieren, wie die Totenschädel, die den Bezirk von Kurtz' Herrschaft absichern, eindrücklich zeigen. Diese sind aber im literarischen Kontext der interkulturellen Konstellation der sichtbare Ausdruck der Verdrängung des Todes und des Anderen, welche die europäische Kultur und ihren Rationalismus kennzeichnet. Indem Kurtz die Sitten und Denkweisen der „Wilden" anerkennt, offenbart sich das Wilde in ihm selbst, ein unkontrollierter Herrschaftstrieb, der nicht mehr durch die Tabus der europäischen Vernunft kontrolliert wird und sich ganz im Sinne der Philosophie Nietzsches als „jenseits von Gut und Böse" zeigt. Die Krise des europäischen Subjekts, die sich in der Figur Kurtz und in deren Konfrontation mit der „Finsternis" Afrikas manifestiert, beruht aber aus der postkolonialen Perspektive auf einem Denkmodell, das auf homogene Konzepte setzt und sich selbst einseitig eine Position der Vernunft zuschreibt, die Anteile von Natur, Trieb, Gefühl und Körperlichkeit ausgrenzt. Wenn dieses Modell der Vernunft einer Krise ausgesetzt ist, ohne dass die ‚Unreinheit' angemessener vernunfttheoretischer und anthropologischer Modelle berücksichtigt wird, kommt es zu problematischen Vermischungen, wie sie sich in der Figur des Kurtz darstellen. So ist es bezeichnend, dass gerade Kurtz als derjenige, der versucht, die Herrschaft des Kolonialismus zu überwinden und sich den „Wilden" anzunähern, in die Krise des Wahnsinns und der schrankenlosen Herrschaft gerät. Wenn sich ihm wie dem europäischen Rationalismus nur einseitige Oppositionen ergeben wie Vernunft vs. Wildheit, Geist vs. Natur, Verstand vs. Gefühl, Mann vs. Frau, dann führt die Aufgabe des „europäischen" Moments der Opposition zu einer problematischen Herrschaft des Anderen der europäischen Vernunft. Dieses Andere ist aber nicht das Fremde, wie z. B. das Afrikanische, sondern eine Konstruktion, die sich aus der unmittelbaren Entgegensetzung zu dem europäischen Modell ergibt und die lediglich auf das Fremde projiziert wird. Kurtz wird insofern gar nicht zu „Natur", sondern zur Manifestation eines problematischen Konstrukts, das sich aus einer einseitigen Interpretation von Natur und Wirklichkeit durch den europäischen Rationalismus ergibt. Dass sich bei Kurtz eine Wendung gegen den abendländischen Rationalismus, ein enttäuschter, zur „Natur" desertierender Idealismus mit schrankenloser Herrschaft und verschärfter ökonomischer Ausbeutung verbinden, lässt die Figur aus heutiger Sicht als eine ungewollte Prophezeiung des Faschismus erscheinen – aber nicht als eine oberflächliche politische Warnung, sondern als eine komplexe Darstellung, die zeigt, wie die Krise des eu-

Der „Wilde" im Europäer

ropäischen Subjekts in der Konfrontation mit der kolonialen Konstellation in eine gefährliche Kumpanei mit dem Anderen der Vernunft führen kann.

Dass die Alternative des Europäers aber nicht die zwischen dem Abgleiten in einen diktatorischen Irrationalismus und einer Rückkehr zu dem konventionellen Rationalismus besteht, zeigt die postkoloniale Literatur, die für eine Anerkennung der fremden Kultur plädiert und im Falle Afrikas für eine Anerkennung des Anderen als eines *kulturellen* Anderen. Die interkulturelle Konstellation, die sich aus der Begegnung mit der postkolonialen Literatur und Kultur Afrikas ergibt, führt dabei aber zu einer Überprüfung starrer und homogener Konzepte von Kultur und zu einer positiven Bewertung hybrider Modelle, bei denen das Herrschaftsverhältnis zwischen europäischer und kolonialisierter Kultur überwunden wird und das jeweils Eigene im Anderen bei aller Bewahrung der Fremdheit anerkannt wird.

2. Statt des Schreis eine Stimme: Chinua Achebes *Okonkwo oder Das Alte stürzt*

In Conrads Roman wird das Sprechen der Afrikaner nicht als Stimme wahrgenommen, sondern als ein unartikulierter Schrei. Statt einer fremden Kultur glaubt der europäische Seemann bloße Natur zu sehen, die ihm als Landschaft und als deren nur menschenähnliche Bewohner entgegen tritt. Gegenüber dieser diskriminierenden Haltung war es die Aufgabe der afrikanischen Kultur, ihre Stimme zu erheben und gegenüber der kolonialen Fremdherrschaft eine kulturelle Eigenständigkeit zu entwickeln. Dieses Vorhaben war aber gerade durch eine auch kulturelle Unterdrückung von Anfang an mit sehr komplexen Problemen konfrontiert. Häufig waren die afrikanischen Literaturen mündlich überliefert, und dies im Medium von Stammessprachen, die in vielen Fällen nicht von sehr vielen Menschen gesprochen wurden. Ansätze zur Verschriftlichung der einheimischen Sprachen gingen oft von den europäischen Kolonisatoren aus, häufig von Missionaren, die das christliche Evangelium in den Sprachen der Einheimischen verkünden und auf eine schriftliche Textgrundlage nicht verzichten wollten. Die kulturelle Selbstbehauptung der verschiedenen afrikanischen Völker konnte in diesem Kontext in den meisten Fällen nur gegen die Kolonialherren durchgesetzt werden, die ihr jeweiliges – meistens britisches oder französisches – Erziehungssystem fremden Kulturen überstülpten und von der Überlegenheit der europäischen Sprachen und ihrer Kulturen überzeugt waren. Diejenigen Afrikaner, die eine intellektuelle und/oder akademische Bildung genossen, waren also in der Regel durch das europäisch bestimmte und definierte Erziehungs- und Hochschulsystem gegangen. Mit der Bewegung der Entkolonialisierung nach dem Zweiten Weltkrieg (und der umfassenden Einrichtung neokolonialer Strukturen) entwickelte sich eine afrikanische Literatur, die paradoxerweise häufig die Sprache der (ehemaligen) Kolonialherren wählte – nicht zuletzt weil diese als Verkehrssprachen in den neu entstandenen afrikanischen Staaten fungierten. Während gewichtige Stimmen diese Entwicklung als ein Fortsetzung der europäischen kulturellen Hegemonie betrachteten, versuchten bedeutende Vertreter dieser neuen afrikanischen Literatur die europäischen Sprachen zu „afrikanisieren", das heißt so zu verändern, dass durch neue sprachliche – syntaktische, lexikalische, metaphorische – Mittel die genuine Erfahrung afrikanischer Lebenswirklichkeit und die komplexen Entwicklungen des kolonialen und postkolonialen Prozesses artikuliert und reflektiert werden können.

„Négritude"

Im Bereich der französischen Kolonialherrschaft entwickelte sich besonders durch den Lyriker und Staatsmann Léopold Sédar Senghor, der 1983 als erster Afrikaner in die renommierte Académie Française aufgenommen wurde, das Konzept der „Négritude", das sich die Aufgabe stellte, den Wert und die besonderen Errungenschaften der afrikanischen Kultur in den Mittelpunkt des poetischen Schaffens zu stellen. Senghor entwickelte mit anderen Autoren ein spezifisch afrikanisches Französisch, das zu diesen Zwecken eingesetzt wurde. Die Problematik dieses Konzepts liegt gerade in interkultureller Perspektive darin, dass der Kultur der Kolonialherren ein homogenes und essentialistisches Konzept afrikanischer Kultur entgegen gesetzt wurde, das den Erfahrungen der kolonialen und postkolonialen Prozesse eigentlich gerade nicht entsprach. Vor allem ist zu bedenken, dass die Selbstzuschreibungen der Afrikaner in eine Art Exotismus-Falle tappen, wenn afrikanische Kultur etwa im Gegensatz zu der europäischen als nahe zur Natur definiert wird. Die Gefahr besteht, dass die stereotypen Bilder, die in Conrads *Herz der Finsternis* zu Recht kritisiert werden, als klischeehafte afrikanische Selbstbilder in sublimierter Form erneut auftauchen. Im Übrigen erscheint eine sorgsame Differenzierung zwischen den verschiedenen Kulturen des afrikanischen Kontinents notwendig, die eine Rede von *der* afrikanischen Kultur ebenso verbietet wie eine pauschale Bezeichnung „europäische Literatur".

Postkoloniale Konstellationen

Weiterhin ist zu bedenken, dass die kolonialen und postkolonialen Erfahrungen zu den theoretischen Modellen der Hybridität und des dritten Ortes geführt haben – und dies deshalb, weil ein Zurück zu einer „ursprünglichen" einheimischen Kultur durch die gewaltigen Transformationsprozesse der kolonialen Erfahrungen unmöglich geworden ist. Die afrikanische Kultur und Literatur steht vielmehr vor der epochalen Aufgabe, die kulturelle Autonomie ihrer Länder und Völker wieder herzustellen, ohne den Einfluss der Kolonialherrschaft verdrängen zu können. Kein Zurück zu einer originären afrikanischen Erfahrung kann es geben, sondern im Idealfall eine kulturelle Selbstbestimmung, die an Elemente der eigenen Tradition und Vergangenheit anknüpft, ohne von der Prägung durch die europäische Kultur der Kolonialherren abstrahieren zu können. Es geht darum, an wesentliche Traditionen der afrikanischen Kultur anzuknüpfen und diese so weiter zu entwickeln, dass sie in einer veränderten Welt und im Kontakt mit dem Einfluss der kolonialen Vergangenheit eine tragfähige Grundlage für eine selbstbestimmte Auseinandersetzung mit der Gegenwart bilden. Die afrikanische Literatur des zwanzigsten Jahrhunderts ist damit aber in einem besonderen Maße interkulturell, weil die Reflexion auf die Wurzeln der eigenen Kultur unauflöslich mit einem Durcharbeiten der kolonialen Vergangenheit und einer Neubestimmung des interkulturellen Verhältnisses zu den ehemaligen Kolonialherren verbunden ist. Niemals zu vergessen ist dabei, dass dieses interkulturelle Verhältnis nicht ohne die Perspektive der Herrschaft zu denken ist, dass es von der Hypothek bestimmt ist, die durch die Ausplünderung, durch die Gewalt und durch die kulturelle Unterdrückung des Kolonialismus gegeben ist. Für den europäischen Leser ist die moderne afrikanische Literatur ein Geschenk, ein großherziges Gesprächsangebot, das die Reflexion auf die Schuld der europäischen Zivilisation einfordert, das ihn aber auch mit alternativen Denk- und Lebenstraditionen bekannt macht, die im Zusammenhang mit der Krise der europäischen Zivilisation eine besondere Brisanz entwickeln können.

Chinua Achebe

In diesem Kontext ist das literarische Schaffen des nigerianischen Autors Chinua Achebe und vor allem dessen Roman *Okonkwo oder Das Alte stürzt* (1958) zu sehen. Mit diesem Text wurde Achebe zum Begründer der modernen afrikanischen Literatur, weil er in exemplarischer Weise eine kritische Rückbesinnung auf die Wurzeln seiner spezifischen afrikanischen Kultur mit einer Charakterisierung des kolonialen Prozesses verbunden hat. Achebe, ein Angehöriger des Igbo-Volkes, wurde in Ogidi (West-Nigeria) als Sohn eines protestantischen Geistlichen geboren. Durch seine Familie und seine Schulbildung, die innerhalb kirchlicher Einrichtungen verlief, wurde er intensiv mit Einflüssen der britischen und speziell auch der christlichen Kultur konfrontiert. Gleichzeitig bewahrte er jedoch ein intensives Verhältnis zu der Kultur der Igbo, die in dem erwähnten Roman eine zentrale Rolle spielt. Neben weiteren Romanen, die sich auch kritisch mit der Rolle der afrikanischen Eliten in dem postkolonialen Prozess auseinander setzen, veröffentlichte Achebe, der unter anderem den nigerianischen Rundfunk leitete, aber auch an nigerianischen und amerikanischen Hochschulen Literaturwissenschaft lehrte, eine fundamentale Kritik an Joseph Conrads Roman *Herz der Finsternis*, indem er auf die rassistischen Implikationen des Bildes der Afrikaner in Conrads Text einging. Indem Achebe feststellt, dass den Schwarzen in Conrads Text letztlich Kultur und sogar Sprache abgesprochen wird, definiert Achebe die Aufgabe seiner eigenen literarischen Tätigkeit gerade darin, die Sprache und die Kultur seines Landes zu artikulieren – für seine afrikanischen Landsleute, denen er das Bewusstsein ihrer kulturellen Würde zu vermitteln vermag, aber auch für die Europäer, die sich mit den Anliegen und Errungenschaften eben dieser afrikanischen Literatur und Kultur auseinander setzen und anthropologische und gesellschaftspolitische Reflexionen in interkultureller Perspektive anstellen können. Achebes Perspektive ist dabei trotz seiner schonungslosen Analyse der kolonialen Unterdrückung nicht auf eine einseitige Opposition gegen die europäische Kolonialherren und deren Kultur angelegt, sondern auf die Frage, wie eine spezifisch afrikanische Kultur in einer charakteristischen Vermittlung afrikanischer und europäischer Einflüsse neu gedacht und gelebt werden kann.

Der Plot des Romans: das Leben und Scheitern Okonkwos

In dem Roman *Okonkwo*, der als Modell postkolonialer afrikanischer Literatur in interkultureller Perspektive interpretiert werden soll, erzählt Achebe die Geschichte eines Igbo-Stammes vor dem Einbruch der kolonialistischen Gewalt durch die britische Herrschaft und er gestaltet die Konfrontation mit dieser Gewalt und die Konsequenzen, die sich für die Gemeinschaft dieses Stammes aus den dramatischen Veränderungen der Kolonialisierung ergeben. Im Zentrum der Geschichte steht die männliche Hauptfigur Okonkwo, deren Leben und Scheitern den Plot des Romans bestimmt. Wesentlich erscheint aber primär die Schilderung des gesellschaftlichen Lebens des Stammes zunächst vor dem Einbruch der englischen Kolonialherrschaft. Es wird eine traditionelle afrikanische Kultur dargestellt, in der dem Individuum keine zentrale Bedeutung beigemessen wird. Der Clan und der Stramm stehen vielmehr im Mittelpunkt der Weltanschauung; nicht der Einzelne, sondern das Kollektiv ist entscheidend. Hinzu kommt die bedeutende Rolle der Ahnen, auf deren positive Gestimmtheit die Handelnden jederzeit angewiesen sind. Der Einzelne ist demnach in dieser Kultur in ein Kollektiv und darüber hinaus in eine göttliche Ordnung eingebunden, die in einem privilegierten Verhältnis zu den Abläufen der Natur steht. Die Igbo-Kultur ist agrarisch strukturiert, und aus dieser Tatsache heraus entwickelt sich ein normatives Natur-Verständnis: Der Einzelne darf die Abläufe der Natur nicht stören, da sonst die Bestrafung durch die Götter droht, die sich zum Beispiel und vor allem in einer Missernte ausdrücken kann.

Afrikanische Kultur im Verhältnis zur Natur

Vor dem Hintergrund der Diskussion um das Verständnis von Natur und Kultur in Conrads *Herz der Finsternis* ist darauf zu verweisen, dass es sich bei der Ordnung des Igbo-Stammes keineswegs um eine „bloßes" Natur-Verhältnis handelt; vielmehr ist ein komplexes System von Normen, Praktiken und rituellen Handlungen zu erkennen, das eine kulturelle Interpretation des natürlichen Kreislaufes darstellt, der das Leben der Menschen bestimmt. Einerseits ist im Vergleich zu den europäischen Kulturen damit ein mimetisches Verhältnis zur Natur zu erkennen (der Gedanke, dass sich der Mensch der Natur unterordnen muss, ist durchaus prägend), andererseits stellen die erwähnten Rituale und Praktiken sehr wohl eine Methode dar, auf die Prozesse der Natur Einfluss zu nehmen. Insofern ist eine Dialektik von Mythos/Ritual und Aufklärung zu erkennen, wie sie von Max Horkheimer und Theodor W. Adorno in ihrer *Dialektik der Aufklärung* beschrieben worden ist (vgl. die Ausführungen zur Kritischen Theorie in Teil I). Die Einbindung des Einzelnen in eine über-individuelle, kollektive und religiöse Ordnung wird symbolisiert durch das Bild des „chi", einer individuellen Schutzinstanz, die jeder einzelne Mensch hat und von deren Wohlwollen als einer übergeordneten Kontrollmacht er abhängig ist.

Achebe verwendet – nicht nur im Hinblick auf diese religiöse Vorstellung – Wörter der Igbo-Sprache in seinem englischen Text; er fügt viele Sprichwörter der Igbo-Kultur in seinen Roman ein und lässt den Rhythmus seiner Sprache dem afrikanischen

Vorbild folgen. Die Beschreibung der landwirtschaftlichen Tätigkeiten und der Orientierung des Jahres am Kreislauf der Natur prägen vor allem den ersten Teil des dreiteiligen Romans. So wird über die Bedeutung der Yams-Wurzeln ebenso ausführlich gehandelt wie über das Trinken des Palmweins.

Differenzierte Darstellung der vorkolonialen Situation

Entscheidend ist aber die Feststellung, dass die Schilderung der vorkolonialen Gesellschaft des Igbo-Stammes keineswegs eine konfliktlose Idylle darstellt und dass auch keineswegs eine geschichtslose Gesellschaft beschrieben wird, die nur von den Gesetzen der Natur bestimmt erscheint. Es wird nämlich zunächst dargelegt, dass in der Igbo-Gesellschaft ‚männliche' und ‚weibliche' Ordnungsprinzipien konkurrieren und dass mit diesen Ordnungsprinzipien auch verschiedene Einstellungen und Praktiken verbunden sind. Während die männlich orientierten Diskurse des Stammes primär von kriegerischen Konflikten und gewaltsamer Selbstbehauptung erzählen, geht es in den eher weiblich bestimmten Erzählungen um einen respektvollen Umgang mit der Natur. Der Protagonist Okonkwo ist ein radikaler Vertreter des männlichen Prinzips, ein tüchtiger Bauer und Krieger, der über seine Familie (mit mehreren Frauen) mit unerbittlicher Strenge herrscht. Die extreme Ausformung dieses ‚männlichen' Prinzips wird ihm im Laufe der Romanhandlung zum Verhängnis. Der Text zeigt, dass die Igbo-Gesellschaft durch die Auseinandersetzung bestimmt ist, wie die männlich und weiblich orientierten Prinzipien in einen vernünftigen Ausgleich gebracht werden können. Aber es ist noch ein anderer Grundkonflikt zu erkennen, der die vorkoloniale Igbo-Gesellschaft durchzieht: Es herrschen bestimmte rituelle Vorstellungen und Tabus, die durch die Tradition der religiösen Vorstellungen gegeben sind und die wegen ihrer offenbaren Unmenschlichkeit zunehmend auf das Befremden vieler Stammesmitglieder stoßen. So gibt es die Regelung, dass Zwillinge ausgesetzt und getötet werden sollen; es gibt Aussätzige, mit denen die Stammesangehörigen keinen Kontakt haben dürfen; es gibt sogenannte besessene Kinder, die als Feinde der Eltern angesehen werden und deren Körper nach ihrem Tod verstümmelt werden müssen. Als Okonkwo nach der traditionellen Vorschrift einen Jungen aus einem fremden Stamm tötet, der jahrelang wie ein Sohn in seinem Haus gelebt hat, trifft dieser Gehorsam gegenüber den geheiligten Regeln auf das Unverständnis seines Freundes Obierika, der gegenüber dem Spruch des Orakels eine distanzierte Haltung einnimmt: „Wenn aber das Orakel befohlen hätte, meinen Sohn zu töten, so hätte ich ihm weder widersprochen noch hätte ich

Der Mensch und das Orakel

den Befehl selber ausgeführt.“ (O 77)[3] Insgesamt ist in der Geschichte des Stammes die Tendenz zu erkennen, die Grausamkeit der rituellen Strafen zu vermindern:

> Der älteste Mann im Dorf, Ogbuefi Ezuedo, erzählte zwei Männern, die ihn besuchten, daß die Nichteinhaltung der Woche des Friedens heutzutage wesentlich milder bestraft würde als früher.
> „So war es nicht immer“, sagte er. „Mein Vater hat mir erzählt, er habe gehört, daß früher ein Mann, der den Frieden brach, so lange durch das Dorf geschleift wurde, bis er starb. Nach einiger Zeit aber war dieser Brauch abgeschafft worden, weil er den Frieden zerstörte, den er eigentlich bewahren sollte.“ (O 40)

Wandlungen des Rituals

Diese Passage belegt, dass die Gesellschaft der Igbo eine Entwicklung durchmacht, bei der die alten rituellen Vorschriften auf ihren Sinn hin befragt und mehr und mehr symbolisch interpretiert werden. Die kritische Reflexion, die fragt, ob es sinnvoll ist, zur Bewahrung des Friedens einen Mann mit dem Tode zu bestrafen, zeigt die Fähigkeit der afrikanischen Kultur zur Selbst-Aufklärung und zur Herstellung einer Ordnung, die sowohl die traditionelle Ehrfurcht gegenüber den Gesetzen der Natur (wie sie das Ritual interpretiert) bewahrt als auch die Würde des einzelnen Menschen gegenüber dem Kollektiv stärker zu berücksichtigen vermag. Mit diesen Überlegungen ist der Anspruch der europäischen Kolonialherren, dass nur sie dazu in der Lage seien, die afrikanischen Völker zu kultivieren, massiv und nachhaltig in Frage gestellt. Die postkoloniale Reflexion des afrikanischen Schriftstellers begreift im Übrigen die Rituale der traditionellen Stammesreligion keineswegs als Aberglaube und „Barbarei“, sondern als Ausdruck kultureller Ordnungsvorstellungen, deren Berechtigung der Roman darlegt. Dass diesen Ritualen bisweilen inhumane Verfahren entsprechen, diese Reflexion ist – so zeigt Achebe – keineswegs ein Monopol des europäischen Humanismus, sondern hat sich durchaus in der Entwicklung der afrikanischen Gesellschaft angedeutet. Der Fehler des Kolonialismus lag in der gewaltsamen Missachtung der einheimischen Kulturen, in deren praktischer Abschaffung und damit in der Verhinderung einer kontinuierlichen und selbstbestimmten Weiterentwicklung. Indem der Roman auf diese kulturellen Wurzeln zurückgreift und deren humanes Potential herausstellt, gibt er den Afrikanern die Möglichkeit, an diese Elemente der Tradition anzuknüpfen. Dem europäischen Leser ist in der interkulturellen Konstellation seiner Lektüre des afrikanischen Romans die Möglichkeit gegeben, die kulturellen und humanenen Impulse der traditionellen afrikanischen Ordnungsvorstellungen zu erfassen – nicht indem er diese sich einfach aneignet, sondern indem er deren philosophischen und anthropologischen Hintergrund aufnimmt und begreift.

Der weitere Verlauf der Romanhandlung zeigt, dass Okonkwo wegen seines gewalttätigen und unbeherrschten Wesens seine gute Stellung innerhalb des Stammes verliert. Als er versehentlich einen anderen Jungen tötet, muss er für eine bestimmte Zeit ins Exil gehen; seine Behausung wird zerstört und alle seine Spuren im Dorf werden getilgt.

Der Einbruch des kolonialen Systems in die Stammesgesellschaft

Der Roman zeigt in den wesentlichen Handlungselementen des zweiten und dritten Teils den Einbruch des kolonialen Systems in die Stammesgesellschaft, die bisher zwar Konflikte mit anderen Stämmen auszufechten hatte, insgesamt aber relativ ungestört nach ihren eigenen Regeln leben konnte. Dabei unterstreicht Achebe die entscheidende Rolle der christlichen Missionierung für den kolonialen Prozess. Christliche Missionare etablieren sich in Okonkwos Dorf und stellen zunächst nur eine geringe Bedrohung für die traditionelle Stammesordnung dar. Die abstrakte monotheistische Religion der Christen ist für die meisten Einheimischen eher unattraktiv; lediglich die Zwillingsmütter und die „Aussätzigen“ interessieren sich für die neue Weltanschauung. Es ist aber bezeichnend, dass Okonkwos Sohn Nwoye, ein sensibler Junge, der die Tötung seines Halbbruders durch seinen Vater nie verwunden hat, sich ebenfalls von der christlichen Religion angezogen fühlt. Der Roman zeigt dabei, dass prinzipiell eine Koexistenz zwischen dem Glauben der Europäer und den traditionellen Vorstellungen der Stämme möglich gewesen wäre. Die Religion der Igbos erhebt keinen universellen Anspruch; die Gläubigen akzeptieren problemlos, dass die Europäer die Götter ihrer Vorfahren verehren. Eine krisenhafte Situation entsteht freilich dadurch, dass durch den Übertritt einzelner Stammesmitglieder die Einheit des Stammes aufgelöst wird, die eine Grundlage der traditionellen Lebensweise darstellt. Trotzdem erscheint zunächst die friedliche Koexistenz der Religionen und der Kulturen möglich; der erste Missionar, der in dem Dorf lebt, respektiert weitgehend die Stammesbräuche und verzichtet auf ein aggressive Missionierung. Sein Nachfolger vertritt aber eine ganz andere Position und verleitet einen der Konvertiten zu einer Schreckenshandlung: Dieser reißt einem „Egwugwu“, einem der als Ahnen maskierten Stammesmitglieder, seine Maske herunter und tötet damit nach der Überzeugung der Stammesmitglieder einen Ahnengeist. Diese Tat bewirkt

Friedliche Koexistenz der Religionen

Die Nacht des Schreckens nach dem ‚Clash‘ der Kulturen

eine Nacht des Schreckens in Okonkwos Dorf und gewalttätige Spannungen zwischen den Einheimischen, dem christlichen Missionar und der Polizeigewalt, die sich in einer größeren Stadt in der Nachbarschaft etabliert hat. Okonkwo, der inzwischen aus seinem Exil zurückgekehrt ist, tötet im Zuge dieser Streitigkeiten einen Vertreter der Obrigkeit. Als er aber feststellt, dass sein Stamm nicht die Energie und die Konsequenz zu einem systematischen Kampf gegen die Kolonialherren aufbringt, tötet er sich selbst und begeht damit eine Tat, die im Weltbild der Tradition unerhört ist.

Kolonialismus und kulturelle Unterdrückung

Insgesamt zeigt sich, dass gerade die intolerante Missionstätigkeit der Christen in letzter Konsequenz als massive Unterstützung des administrativen und politischen Kolonialisierungsprozesses wirkt. Die polemische Wendung des Monotheismus gegen die angebliche Vielgötterei der Einheimischen und gegen deren „barbarische" Sitten führt zu einer Aushöhlung der kulturellen Grundlagen der Stammesgemeinschaft und damit letztlich zur Vernichtung von deren Identität. Achebe, der Sohn eines protestantischen Geistlichen, verkennt nicht die humanen Gehalte der christlichen Religion. Um so schwerer wiegt seine Analyse von deren Funktion im Rahmen des Kolonialisierungsprozesses. Die postkoloniale Literatur Achebes steht – wie wir gezeigt haben – in einem dialektischen Verhältnis zu der afrikanischen Tradition und zu der Kultur der Kolonialherren. Es gelingt Achebe, in seiner Schilderung der vorkolonialen Stammesgesellschaft zu zeigen, dass die Europäer auf eine funktionierende und effiziente Sozialordnung trafen, die sie in eurozentrischer Verblendung und aus ökonomischem und machtpolitischem Interesse zerstört haben. Dies gelingt ihm, ohne dass er die traditionelle Stammesordnung in einseitiger Weise glorifiziert und als konfliktfrei und harmonisch darstellt. Achebe deutet vielmehr an, dass es möglich gewesen sei, zwischen den durchaus humanen Grundlagen der rituellen Praktiken und deren konkreter Durchführung zu unterscheiden, und er legt nahe, dass diese Reflexion bereits ein Element der vorkolonialen Geschichte des Igbo-Volkes war. Die Zerstörung dieser Kultur kann nicht mehr rückgängig gemacht werden; Achebe verhilft aber seinem Volk zu der Rückgewinnung eines kulturellen Gedächtnisses, indem er zeigt, dass die vorkoloniale afrikanische Kultur keineswegs bloße Natur oder reine Barbarei war, sondern eine Ordnung, die in ihren Praktiken eine normative Deutung des menschlichen Verhältnisses zur Natur besaß und lebte – und dass diese Ordnung keineswegs naturhaft und unveränderlich war, sondern einer Entwicklung unterworfen war,

Humanität als universales Potential der Kulturen

die durchaus eine humane Perspektive besaß. Humanität ist für Achebe damit mitnichten ein Monopol der Europäer; er zeigt vielmehr, dass die Igbo-Kultur ein humanistisches Potential besaß, an das seine Leserinnen und Leser zur Sicherung ihrer kulturellen Autonomie anknüpfen sollten. Der Impuls der postkolonialen Literatur bei Achebe in der erwünschten Wirkung auf seine Rezipienten besteht darin, dass diese das unterbrochene Denken der vorkolonialen Ordnung wieder aufnehmen und eine weltanschauliche Position entwickeln können, die Elemente der eigenen Tradition bewahrt und kritisch weiter entwickelt. Ein ähnliches humanes Potential gesteht Achebe durchaus dem europäischen Denken und dabei besonders dem Christentum zu, dessen negative Rolle im Kolonialisierungsprozess er ausdrücklich von der religiösen Lehre trennt. Die Entwicklung eines humanistischen afrikanischen Denkens ist damit für Achebe in eine interkulturelle Konstellation eingebettet, die durch den Missbrauch der europäischen Kultur im Sinne einer Zerstörung der afrikanischen extrem belastet ist. An die Stelle von Herrschaft und Unterdrückung der vorkolonialen Lebensformen setzt die postkoloniale Literatur eine fiktive Wiederherstellung der zerstörten afrikanischen Kultur, und sie bietet sogar den Europäern ein Gespräch an, indem sie diese auf die Diskrepanz zwischen ihren Idealen und ihrer kolonialistischen Praxis hinweist. Diese Großzügigkeit wird nicht von allen afrikanischen Schriftstellern und Intellektuellen geteilt. Völlig verständlich erscheint die konträre Position, die sich den europäischen Sprachen verweigert und die jede Hoffnung auf ein humanistisches Potential der europäischen Kulturen als naives Verkennen von deren Herrschaftscharakter ansieht. Achebes Position seines Romans der 50er Jahre des 20. Jahrhunderts erscheint in der Tat versöhnlich und relativ optimistisch, wobei ihm die weitere Geschichte der Beziehungen zwischen Europa und Afrika eher Unrecht gegeben hat. Für die europäischen Leserinnen und Leser ist *Okonkwo oder Das Alte stirbt* aber – wie dargelegt – ein großzügiges Gesprächsangebot, mit dem der Autor eine vorurteilsfreie Begegnung mit einer bedeutenden afrikanischen Kultur ermöglicht und auch die Perspektiven einer Selbstkorrektur des europäischen Denkens durch die Konfrontation mit den humanen Gehalten dieser Kultur eröffnet. Entscheidend ist dabei der Gedanke, dass die Kultur und die Religion der Igbo durchaus eine Vielfalt der Religionen und Weltanschauungen tolerieren und dass sie den Respekt vor den Vorstellungen bewahren, welche die Angehörigen fremder Kulturen mitbringen. Die aktuelle Situation in Afrika, die durch aggressive Missionierung christlicher und muslimischer Eiferer geprägt ist und in der die traditionellen religiösen Vorstellungen der Afrikaner kaum noch eine Chance haben, zeigt die kontrafaktische Notwendigkeit, die Vielfalt und die Fülle der afrikanischen Kultur im kulturellen Gedächtnis der Literatur zu bewahren. Die Europäer können den impliziten und expliziten Eurozentrismus ihres Denkens gerade dadurch überwinden, dass sie das Angebot der postkolonialen Literaturen aufnehmen und sich dem Einfluss der fremden Kulturen öffnen, indem sie diese überhaupt erst als Kulturen anerkennen und nicht als bloße Natur diskriminieren und indem sie die Krise des europäischen Denkens durch die Aufnahme dieser fremden Anregungen bearbeiten.

3. Afrika aus deutscher postkolonialer Perspektive: Uwe Timms *Morenga*

Der Terminus „postkoloniale Literatur" wurde in den 80er und 90er Jahren des 20. Jahrhunderts vor allem im anglo-amerikanischen Sprach- und Kulturbereich entwickelt, und noch heute gibt es trotz einiger bedeutender Ansätze eine gewisse Zurückhaltung der deutschen Germanistik und der deutschen Öffentlichkeit insgesamt, von postkolonialen Phänomen der deutschen Geschichte, Kultur und Gesellschaft zu sprechen. Im Jahre 2004 wurde eine breitere Öffentlichkeit auf die deutsche Kolonialvergangenheit aufmerksam, als der hundertste Jahrestag der Vernichtung des Volkes der Herero am südwestafrikanischen Waterberg zu begehen war und die deutsche Bundesregierung sich mit vehement vorgetragenen Reparationsforderungen konfrontiert sah. Dass die Geschichte des Kolonialismus und die postkoloniale Konstellation als eine spezifische Form der interkulturellen Konstellation auch für Deutschland und die deutsche Geschichte und Kultur eine bedeutende Rolle spielt, ist aber nicht nur wegen der angedeuteten Verstrickung in brutale Formen der Kolonialherrschaft evident. Der auf kolonialistischen und zum Teil rassistischen Vorurteilen beruhende Eurozentrismus, der das Selbstbild der Europäer lange Zeit bestimmte, hat vor Deutschland nicht Halt gemacht. Dass das konservative und reaktionäre Bewusstsein des deutschen Kaiserreiches sehr wohl mit kolonialistischen Expansionsgelüsten und stereotypen Bildern

Kolonialismus und deutsche Geschichte

insbesondere des Afrikaners besetzt war, ist durch die Auseinandersetzung mit dem Nationalsozialismus und dessen Entstehung lange Zeit aus dem Blick geraten, und erst in letzter Zeit lassen sich intensive Bemühungen erkennen, diesen deutschen Anteil am europäischen Kolonialismus in seinen politischen und ideologischen Dimensionen herauszustellen.[4]

Um so mehr ist die Vorreiterrolle von Uwe Timm zu betonen, der bereits 1978 mit seinem Roman *Morenga* ein exemplarisches Modell deutscher postkolonialer Literatur vorlegte, das nicht nur dazu beigetragen hat, den Völkermord an den Herero im kollektiven Gedächtnis der Deutschen zumindest ansatzweise zu verankern, sondern auch ganz im Sinne der von uns bisher analysierten kolonialen und postkolonialen Afrika-Texte herausgearbeitet hat, dass die interkulturelle Begegnung mit Afrika für die Europäer und damit auch für die Deutschen eine Selbstreflexion über ihr eigenes Selbstverständnis, über ihre anthropologischen Überzeugungen und die Fassung ihres Verhältnisses zur inneren und äußeren Natur darstellt.

Uwe Timm

Uwe Timm wurde im Jahre 1940 in Hamburg geboren, studierte nach einer Kürschnerlehre von 1963 bis 1971 Philosophie und Germanistik in München und Paris, war in den Jahren 1967 und 1968 politisch aktiv im SDS, wurde 1971 in Philosophie promoviert (*Das Problem der Absurdität bei Albert Camus*) und veröffentlichte 1974 seinen ersten bedeutenden Roman *Heißer Sommer*, eine selbstkritische Auseinandersetzung mit der Geschichte der Studentenbewegung. Die interkulturelle Literaturwissenschaft hat Timm nicht nur mit *Morenga* bereichert, sondern auch mit dem 1987 erschienenen Südamerika-Roman *Der Schlangenbaum*. Sein weiteres Werk umfasst unter anderem ein sehr erfolgreiches Kinderbuch (*Rennschwein Rudi Rüssel*, 1989) und herausragende Beiträge zur Reflexion über die deutsche Geschichte (*Die Entdeckung der Currywurst*, 1993; *Johannisnacht*, 1997; *Rot*, 2001; *Am Beispiel meines Bruders*, 2003; *Der Freund und der Fremde*, 2005).

Timms Roman *Morenga*

Die interkulturelle Perspektive von Timms Roman *Morenga* betrifft – wie skizziert – die deutsche Kolonialherrschaft in Südwest-Afrika; der historische Bezug liegt in dem Aufstand der Herero und Nama („Hottentotten") gegen die deutschen Kolonialherren („Schutztruppen") 1904 und 1905 sowie in dem Völkermord an den Herero nach der Schlacht am Waterberg im August 1904. Vergleicht man die Schilderungen Timms mit vergleichbaren Passagen in Conrads *Herz der Finsternis* und mit der allgemeinen Kenntnis über die Kolonialherrschaft der Briten und Franzosen, so zeigt sich zumindest in Timms Darstellung das Spezifische des deutschen Kolonialismus in dem preußisch geprägten Militarismus des Kaiserreichs und in einem ausgeprägten Rassismus gegenüber den Afrikanern, wobei auch keine Ansätze zur Entwicklung eines an deutschen Beispielen orientierten Bildungs- und Erziehungssystems zu erkennen sind. Timms postkoloniale Perspektive liegt einerseits in der historischen Rekonstruktion der deutschen Kolonialvergangenheit, anderseits enthält sein Roman durchaus auch eine utopische Dimension, geht es ihm doch um die retrospektive Herstellung eines hybriden Bewusstseins, einer kontrafaktischen Vermischung europäisch-deutscher und afrikanischer Mentalität. Ähnlich wie bei Achebe wird hier – allerdings aus der Perspektive der ehemaligen Kolonisatoren – in der literarischen Fiktion auf das verwiesen, was in der historischen Realität nicht stattgefunden hat: auf einen Austausch zwischen den Kulturen, der nicht auf Herrschaft beruht und bei dem beide Parteien echte Partner hätten werden können, die den anderen durch bestimmte Elemente und Aspekte ihrer eigenen Kultur bereichern. Dabei geht es Timm auch um eine anthropologische Perspektive: Das Verhalten und die Mentalität der deutschen Kolonisatoren sind durch eine Unterdrückung der Sinnlichkeit gekennzeichnet, die auf Ideale der (militärischen) Disziplin und Selbstüberwindung bezogen ist. Wie im Falle der britischen und belgischen Kolonialherrschaft in Joseph Conrads Roman ist die Mentalität der Deutschen durch eine klare Distanz gegenüber der (inneren und äußeren) Natur gekennzeichnet. Aus der Sicht der Deutschen, die an einer systematischen ökonomischen Ausnutung des Landes und seiner Ressourcen interessiert sind und die dazu die Arbeitskraft der Afrikaner rücksichtslos ausnutzen wollen, ist die fehlende Gewöhnung der Nama und Herero an systematische Arbeit ein negativer Aspekt, wobei die unterschiedlichen Systeme des Wirtschaftens und der damit jeweils verbundenen Mentalität nicht bedacht werden. Positiv fällt aber sogar den deutschen Soldaten die Vertrautheit der Afrikaner mit Natur und Landschaft auf; hinzu kommt, dass die Vieh züchtenden Herero in besonderer Weise als „Freunde der Rinder" gelten (was sich unter anderem darin zeigt, dass sie nur ganz wenige ihrer Tiere überhaupt töten).

Deutsche und Afrikaner: mentalitätsgeschichtliche Perspektiven

Zur Gestaltung seines Romans hat Uwe Timm eine komplexe literarische Konstruktion entwickelt, in dem er zwischen verschiedenen Erzählebenen wechselt: Man erkennt eine Mischung dokumentarischer Passagen (dabei handelt es sich u.a. um Berichte des deutschen Generalstabs) mit realistischen Erzählanteilen und Passagen mit phantastischen Elementen. Timm verwendet zur Information seiner Leser authentische Dokumente und wissenschaftliche Darstellungen, die keinen fiktionalen Charakter haben und mit den historischen Fakten vertraut machen. Timm erzählt die Geschichte des „Oberveterinärs" Gottschalk, der sich als Tierarzt freiwillig für den Einsatz in Afrika gemeldet hat, zunächst keine Zweifel an der Berechtigung der militärischen Maßnahmen hat, dann aber eine Entwicklung durchmacht, die ihn dazu bringt, mit den Einheimischen zu sympathisieren, deren Sprache zu lernen, ihnen zu essen zu geben, mit einer Frau sexuelle Kontakte zu beginnen und eigentlich die Kolonialherrschaft abzulehnen (vor allem die Unterdrückung und die Tötungen der Herero und Nama). Gottschalk wird in seinen Zweifeln bestärkt durch den Einfluss des Unterveterinärs Wenstrup; dieser ist ein Anarchist und ein Anhänger der Schriften Kropotkins („Solidarität durch gegenseitige Hilfe"); er artikuliert heimlich seine antimilitaristischen oppositionellen Ansichten, verschwindet irgendwann plötzlich und hinterlässt Gottschalk ein Buch des russischen Revolutionärs. Im Gegensatz zu den beiden sind die anderen Deutschen gedankenlose und autoritätsfixierte Militaristen, die durch Brutalität und Rassismus, aber auch durch zunehmende Verwahrlosung und Trunksucht auffallen. Wichtig für Timms Versuch, eine utopische retrospektive Annäherung zwischen deutschem und afrikanischem Bewusstsein zu rekonstruieren, sind die drei legendenhaft-phantastischen Geschichten aus der Frühzeit der deutschen Kolonialisierung Südwest-Afrikas, die ungefähr 50 Jahre vor der Haupthandlung anzusiedeln sind („Landeskunde").

Gottschalk und Wenstrup

Die Begegnung zwischen den Deutschen und den Herero/Nama vollzog sich als Unterdrückungsfeldzug, der auf dem Bewusstsein der zivilisatorischen Überlegenheit der Deutschen basierte. Timm lässt keine Zweifel daran, dass die Deutschen Unrecht begangen haben; die Frage, ob der Völkermord an den Herero eine Art Vorläufer des Holocaust war, wird nicht explizit gestellt, ist aber latent präsent, zumal die Kennzeichen Rassismus, Militarismus, Autoritätsfixierung, Herrenmenschentum zu erkennen sind – im Gegensatz zu der englischen und französischen Kolonialisierung zeigen sich keine ernsthaften Absichten zur „Erziehung" der „Eingeborenen". Timm beschreibt die anthropologischen Defizite der Deutschen, die vor allem durch die militärische und autoritäre Erziehung bedingt sind; sie führen vor allem zu einer Verleugnung der eigenen Sinnlichkeit, die sich

Das Unrecht des deutschen Kolonialismus

nur verdeckt in Alkoholexzessen, Prostitution und Grausamkeit entlädt.

Die Begegnung mit dem Fremden ist vor diesem Hintergrund eine negative Abgrenzung gegenüber dem Anderen und eine positive Bezugnahme auf das Eigene, die spezifisch „deutsche" Tugenden wie Disziplin, systematische Arbeit usw. betont (obwohl diese vor allem aufgrund des Klimas sich gar nicht als adäquat erweisen). Die Verachtung gegenüber den Schwarzen geht einher mit einer besonders auffälligen Diskriminierung der afrikanischen Frauen („Hottentotten-Steiß"); die Gender-Perspektive zeigt den Kolonialismus als Männerphantasie (zumal deutsche Frauen nur ausnahmsweise, etwa bei den Missionaren, anwesend sind).

Die Lehren des Anarchismus und das Sozialsystem der Nama

Timm verwendet die anarchistische Theorie Peter Kropotkins (nicht irgendeine afrikanische Weltanschauung) als eine Gegenfolie zu dem herrschenden Bewusstsein der Deutschen – dies wird plausibel gemacht durch den Verweis darauf, dass der Anarchismus auch eine Befreiung der Sinne postuliert: „sinnlos ist, wer nicht frei seine Sinnenhaftigkeit ausbilden kann." (M 63)[5] Es wird angedeutet, dass die sozialen Verhältnisse der Nama als ein Modell der gegenseitigen Hilfe im Sinne Kropotkins gelten können:

> Wenn aber eine Familie einmal reichlich zu essen habe, sei es eine Antilope oder eine Racke, teile sie brüderlich mit den anderen. <...> Die Frau sei dem Mann durchaus nicht nachgestellt. Wenn der Mann oder die Kinder etwas wünschen, so bitten sie freundlich darum und erhalten es auch. <...> Die Kinder untereinander hülfen sich schon. (M 135)

Von besonderer Bedeutung ist die Vorliebe der Nama für den ekstatischen Tanz, der als eine Öffnung gegenüber dem Körper und gegenüber den eigenen emotionalen Bedürfnissen anzusehen ist. Diese Offenheit unterscheidet sich in charakteristischer Weise von der Triebunterdrückung, die für das Arbeitsethos der Europäer und speziell der Deutschen kennzeichnend ist:

> Schön sei es, den Menschen beim Tanzen zuzuschauen, eine grenzenlose Ausgelassenheit, die manchmal allerdings auch beängstigend ekstatische Züge annehmen könne. <...> Geregelte Arbeit aber empfinde der Hottentotte als Last: Er sieht nicht in die Zukunft, weder für sich noch für die Seinigen, er ißt und trinkt, um zu leben, er lebt, um zu essen und zu trinken. (M 135)

Der durchschnittliche deutsche Soldat sieht die Mentalität und die Lebensweise der Nama nicht als eine Lebensform, die den klimatischen und natürlichen Gegebenheiten seiner Umgebung angemessen ist. Der Roman verwendet die Perspektive von Außenseitern, die sich in privilegierten Momenten Einsichten nähern, die eine gegenseitige Bereicherung von Deutschen und Afrikanern hätten bewirken können. Bedeutsam ist dabei der ökologische Aspekt: Anarchismus wie Herero-Gebräuche respektieren die Rechte der Tiere; in den mit phantastischen Elementen angereicherten „Landeskunde"-Geschichten versteht zum Beispiel der christliche Missionar Gorth im Rausch die Sprache der Rinder.

Ambivalent erscheint in diesem Zusammenhang die Rolle des Rauschmittels Alkohol: Dieses kann zur Unterdrückung der Afrikaner beitragen, aber auch den Europäern zu einer (positiv verstandenen) partiellen Überwindung ihrer Panzerung und Verklemmung verhelfen. Hervorzuheben ist auch das ambivalente Bild des Christentums: Dessen repressive Moral und die Wendung gegen die Gewohnheiten der Afrikaner machten es zum Helfer der Kolonialherrschaft; hier argumentiert der Roman analog zu den Positionen Achebes. Die Religion der Europäer kann aber auch ein Ansporn zur politischen Befreiung der Afrikaner sein, die ihre Lehren auf ihrer Weise auslegen. Ein englischer Missionar, der dem Alkohol sehr zugeneigt ist, benennt dieses ‚Problem' und sieht die Lösung darin, den Afrikanern die Bildung zu verweigern, die ihnen das Studium des heiligen Buches der Europäer ermöglichen könnte:

Ambivalenz des Christentums

> Der Engländer, genannt die Rumbuddel, sagte, ihm sei dieses Problem durchaus bekannt, und dieses Problem stelle sich immer wieder, daß Eingeborene, können sie erst einmal die Heilige Schrift lesen, sich durchaus die Stellen herauspicken, die sich gegen die Reichen, dann gegen die Obrigkeit und schließlich sogar gegen die Missionskirche richten. So käme es immer wieder zur Bildung von Sekten. Dieses Problem könnte konsequent nur dann gelöst werden, wenn man den Eingeborenen gar nicht erst Lesen und Schreiben beibrächte. So wie es die Rumbuddel auch tatsächlich hielt. (M 132)

Mimikry

Das von Homi Bhabha theoretisch explizierte Phänomen der „Mimikry" spielt in der Darstellung Timms von der Begegnung der Afrikaner mit den Deutschen eine signifikante Rolle. Die Nama etwa ahmen die Verhaltensweisen der Deutschen nach, nutzen diese aber durch leichte Veränderungen zum Widerstand. Der Bericht eines keineswegs kolonialkritischen Professors, den Timm als Dokument in seinen Text einfügt, unterstreicht diesen Aspekt:

> Einstweilen müssen wir also offen bekennen, daß der Hottentotte uns besser kennt als wir ihn. Schon im Bewußtsein seiner Schwäche verliert er niemals das Interesse am Studium des weißen Eindringlings. Seit Generationen und von Jugend auf geschult, mit List zu Werke zu gehen, läßt er den Weißen nur in den seltensten Fällen in die Ergebnisse seiner eigenen Menschenbeobachtung blicken.
> So habe ich es angetroffen, daß ein und derselbe Hottentotte, einmal als Diakon beim Missionar arbeitend, mit segnenden Gebärden von der Nächstenliebe sprach und davon, daß man die Händler aus dem Tempel treiben müsse, und nach wenigen Wochen bei einem Viehhändler das Hauptbuch führte und wiederum vier Monate später bei einem Oberleutnant als Bambuse diente und seinen Esel anschnarrte, daß man glaubte, auf einem Berliner Kasernenhof eines Garderegiments zu sein. In allen drei Rollen stimmte die Gestik, die Mimik, sogar der Tonfall beim Sprechen verblüffend mit dem seiner Herren überein, aber in allen drei Fällen etwas überzogen und fast karikierend, so daß man nie wußte, ob sich der Hottentotte nicht insgeheim über alle drei lustig machte. (M 363)

In der Figur des Morenga ist dieses Phänomen der Mimikry ebenfalls zu erkennen: Bei dem Führer des Aufstandes der Afrikaner handelt es sich um einen ehemaligen Minenarbeiter, der sich zu einem hervorragenden Feldherrn und Strategen entwickelt hat. Er wird ausgerechnet als „schwarzer Napoleon" bezeichnet, beschämt aber gleichzeitig die Deutschen durch sein humanes Verhalten gegenüber Gefangenen.

Aus der Perspektive des Rezipienten geht es in Timms Roman somit nicht nur um eine Reflexion historischen Geschehens, um die Konfrontation mit einem dunklen Kapitel der deutschen Geschichte, sondern auch um die kontrafaktische utopische Rekonstruktion einer glückenden interkulturellen Begegnung, bei der beide Seiten von dem Anderssein des Anderen profitieren und damit ihr Eigenes in einer positiven Weise verändern.

Postkolonialismus und Anarchismus

Peter Kropotkins Gegenseitige Hilfe

Wie dargelegt, integriert Uwe Timm die anarchistische Theorie des Russen Peter Kropotkin in seinen Roman, die als Inspiration für die antimilitaristischen und antikolonialistischen Überzeugungen der Figur Wenstrup gelten. Folgende Grundzüge dieses weltanschaulichen Konzepts sind in unserem Zusammennahung von Interesse: Kropotkin wendet sich gegen die biologische Theorie Darwins („survival of the fittest") und stellt die

These auf, gegenseitige Hilfe sei auch im Tierreich vorherrschend; er unternimmt eine Grundlegung der Moral in dieser Konzeption der gegenseitigen Hilfe und entwickelt eine anarchistisch-sozialistische Utopie, welche die Freiheit des Einzelnen mit dem Prinzip der gegenseitigen Hilfe verbinden soll. egenseitige Hilfe soll sich in kleinen Gruppen und Gemeinschaften vollziehen, die ohne eine autoritäre Struktur auskommen und die nicht zu repressiven bürokratischen Strukturen führen. Aus heutiger Sicht ist Kropotkin als Kritiker eines bürokratischen Kommunismus und als Vorläufer der Ökologiebewegung anzusehen. In *Morenga* ist seine Theorie als radikales zeitgenössisches Gegenmodell zu Militarismus und autoritärem Denken zu verstehen. Außerdem ist der Bezug zwischen Herrschaftsfreiheit und Ökologie (Verhältnis zu den Tieren) als ein Schlüssel zum Verständnis der afrikanischen Kulturen der Nama und Herero zu begreifen.

Der Roman vermittelt nicht den Eindruck, dass Gottschalk oder Wenstrup die Fremdheit gegenüber den Afrikanern überwinden; er postuliert, dass eine oppositionelle europäische Theorie ein Modell zur Öffnung gegenüber dem Fremden vermittelt. Er behauptet somit keine Aufhebung der kulturellen Differenz, sondern vermittelt die Einsicht, dass Momente des Anderen sich auch innerhalb der eigenen Kultur (als oppositionelles, verdrängtes Wissen) entwickeln können. Der Militarismus und das autoritäre Denken sind auf Macht, Stärke und Überwindung des Anderen gerichtet; der Anarchismus ist eine oppositionelle europäische Theorie, die sich (bei Kropotkin) auf Herrschaftsfreiheit, Öffnung gegenüber dem Anderen, Respekt vor allen Lebewesen und Befreiung der Sinnlichkeit richtet. Wie sich Momente dieses Denkens in der Praxis der Nama wiederfinden, wurde bereits angedeutet. Kropotkins Gedanke der Gleichwertigkeit aller Lebewesen findet in *Morenga* seine literarische Entsprechung in der Vision des Missionars Gorth und in dessen Verbindung zu den Tieren: „Was Gorth am meisten erstaunte, war später, daß es ihn gar nicht überrascht hatte, einen Ochsen reden zu hören. Er hatte lediglich seinen Schritt etwas verlangsamt und ging, damit der keuchende Rote Afrikaner nicht so laut sprechen mußte, schließlich neben ihm.“ (M 140)

4. Die Fülle Indiens und der europäische Geist: Rudyard Kiplings *Kim*

Indien und der Kolonialismus

Die koloniale und postkoloniale Literatur hat einen besonderen Schwerpunkt im Hinblick auf Indien, das seit dem 17. Jahrhundert unter britischem Einfluss stand und im 19. Jahrhundert zur größten britischen Kolonie wurde. Schon 1857/58 kam es zu einem großen Aufstand der Inder gegen die britische Kolonialherrschaft, und 1885 wurde die Kongresspartei gegründet, die auch nach der Unabhängigkeit lange Zeit die Geschicke des Landes bestimmte (und heute wieder bestimmt). Der indische Unabhängigkeitskampf mit den Aktionen zivilen Ungehorsams unter Mahatma Gandhi gehört zu den bewegendsten Entwicklungen des 20. Jahrhunderts und sorgte für eine große weltweite Sympathie mit der indischen Nation und ihrer Kultur. Von Anfang an war freilich das Verhältnis Großbritanniens und Europas zu Indien ein anderes als das zu Afrika und auch zu den südamerikanischen Kulturen, denn im Verständnis der Europäer war der Orient und speziell Indien die Heimat großer Weltreligionen und geheimer Weisheiten. Für die Romantiker hatte der asiatische Subkontinent als Heimat der Menschheit und des Wissens eine besondere Bedeutung (vgl. die Ausführungen in Teil II). Vor diesem Hintergrund ist der zivilisatorische Anspruch der britischen Kolonialisierung zu sehen, der darauf zielte, dem alten Land der Weisheit die Segnungen der modernen Zivilisation zukommen zu lassen. Aber ebenso wie in Afrika wurde die zivilisatorische Mission zu einem hohlen Anspruch, weil im Zentrum des Kolonialismus auch in Indien die Ausplünderung und die ökonomische und kulturelle Unterdrückung der Einheimischen stand. Der Anspruch, eine friedliche Synthese zwischen europäischem und asiatischem Geist zu schaffen, wird zur Ideologie angesichts der realen Interessen, die das Verhältnis zwischen Kolonialherr und den kolonisierten Völkern bestimmten. Rudyard Kiplings Roman *Kim* veranschaulicht in einer literarisch eindrucksvollen Weise die Ambivalenz des britischen Verhältnisses zu Indien, weil eine grandiose Schilderung der Schönheiten und der spirituellen Substanz des fremden Landes mit dem unverhohlenen Willen zur Festigung der britischen Herrschaft verbunden wird.

Von besonderer Bedeutung für die neue Weltliteratur ist die postkoloniale Literatur von Autorinnen und Autoren indischer

Herkunft, für die stellvertretend die Namen des Nobelpreisträgers V. S. Naipaul und Salman Rushdie stehen. Die postkoloniale indische Literatur verkörpert in exemplarischer Weise den Gedanken einer hybriden neuen Weltkultur, indem die Texte aus den Traditionen europäischer und asiatischer Literatur schöpfen und der globalisierten Welt einen Weg zeigen, wie sich die Kritik an der kolonialen und neokolonialen Repression mit einer Ausdruckskraft verbindet, die Indern und Europäern ein neues kulturelles Selbstverständnis zu vermitteln vermag.

Rudyard Kipling

Rudyard Kiplings Roman *Kim* ist im selben Jahr wie Joseph Conrads *Herz der Finsternis* erschienen und gemeinsam mit diesem Text das exemplarische literarische Zeugnis des Kolonialismus. Wie Conrad war auch Kipling ein gesellschaftlicher Außenseiter. Er wurde im Jahre 1865 in Bombay als Sohn eines Engländers irischer Abstammung geboren, kam 1871 nach England, wo er die Schule besuchte, kehrte 1881 nach Indien zurück und begann dort eine siebenjährige Tätigkeit als Journalist. 1889 verließ Kipling Indien und ging zurück nach England, unternahm in der Folgezeit zahlreiche Reisen, unter anderem nach Südafrika, ohne jedoch Indien jemals wieder zu sehen. Seine Erinnerungen an die indischen Erfahrungen verarbeitete Kipling in zwei Romanen, die Weltruhm erlangten: im *Dschungelbuch* von 1893 und in *Kim* von 1901. 1907 erhielt Kipling den Nobelpreis für Literatur. Er verstarb im Jahre 1936.

Ambivalenz des Romans *Kim*

Die fundamentale Ambivalenz des Romans *Kim* liegt darin, dass dieser beides ist: eine beeindruckende Liebeserklärung an Indien, seine Bewohner und seine Kultur und gleichzeitig ein eindeutiges Beharren auf der vermeintlichen Notwendigkeit, dass dieses Land von der britischen Kolonialherrschaft geführt werden soll und muss. Die spirituelle Tiefe der Gläubigen und die Schönheit der indischen Landschaften, die Herzlichkeit der Menschen und die Vielfalt ihrer Lebensformen – all dies wird in dem Roman auf anrührende Weise beschrieben; ebenso aber die behauptete Unfähigkeit, mit den beschriebenen Vorzügen und Eigenschaften in der modernen Welt bestehen zu können und einen ökonomischen und zivilisatorischen Fortschritt zu erreichen. Die sympathetische Darstellung einzelner Personen und Träger bestimmter kultureller und nationaler Eigenheiten in dem kolonialen „Groß-Indien" – wie etwa der tibetanische Lama, der afghanische Pferdehändler, die indische Hausfrau – kontrastiert mit stereotypen Auslassungen des Erzählers über bestimmte Eigenschaften und Verhaltensweisen „des Orientalen" im Allgemeinen. Diese grandiose Kultur ist in ihren verschiedenen Ausprägungen nicht nur zu respektieren, sondern sie wird von den Europäern mit Recht bewundert; sie ist aber nicht in der Lage, ihre Fülle und ihre Mannigfaltigkeit so zu organisieren, dass in der modernen Welt eine effiziente Organisation ihrer Fähigkeiten und Möglichkeiten zu realisieren wäre. Dies ist die Auffassung Kiplings, die seinen Roman prägt und die es ermöglicht, dass dieser bruchlos die Darstellung einer buddhistisch inspirierten Suche nach der Erlösung von den Zwängen des menschlichen Lebens mit der Schilderung der Aktivitäten des britischen Geheimdienstes in Indien verbindet.

Der Plot des Romans *Kim*

Kim, der Protagonist des Romans, ist ein zum Waisen gewordener Sohn eines Iren, der in einem britischen Regiment in Indien diente. Er lebt zu Beginn der Handlung als Jugendlicher in Lahore und führt eine Art Vagabundenleben, in dessen Verlauf er als „Freund aller Welt" verschiedenen Bewohnern der Stadt Gefälligkeiten erweist. Eines Tages taucht ein tibetanischer Lama in der Stadt auf, der auf der Suche nach spiritueller Erlösung den „Fluss des Pfeils" und in diesem die Befreiung von den Mühen und Sünden des irdischen Lebens zu finden hofft. Kim wird zum „Chela", zum Schüler und Helfer dieses Lamas, und erledigt gleichzeitig erste Aufträge für den britischen Geheimdienst, die ihm zunächst ein afghanischer Rosshändler übermittelt. Die Romanhandlung besteht weitgehend in der Wanderung des Mönchs und des Knaben über die indische Heerstraße, die zum Bild für die Fülle und Mannigfaltigkeit des Landes und seiner Menschen wird. Als Kim zufällig bei dem ehemaligen Regiment seines Vaters ankommt, wird er dort festgehalten und auf eine britische Schule geschickt, wo ihm gleichzeitig bereits Grundlagen für eine Tätigkeit als „Messmann" und damit als Spion für den britischen Geheimdienst vermittelt werden. Bald aber sehen wir den Jungen wieder mit seinem Meister auf den Straßen und Wegen des weiten Landes unterwegs. Sie gelangen schließlich in eine Bergregion und begegnen einem Russen und einem Franzosen, die gegen die Herrschaft der Briten konspirieren. Als einer der Fremden den Lama beleidigt und sogar tätlich angreift, besiegt Kim den Aggressor in einem Handgemenge; die Fremden bleiben zurück und Kim gelangt in den Besitz der Aufzeichnungen, die sie für ihre anti-britischen Aktivitäten erarbeitet haben. Am Ende hat der junge Kim einen wesentlichen Beitrag zur Stabilisierung der britischen Herrschaft in Indien geleistet, und der Lama hat seinen Fluss gefunden und die erstrebte Erleuchtung erlangt.

Kim als Entwicklungsroman

Im Zentrum des Romans steht neben der angedeuteten religiösen und politischen Thematik die Identitätssuche des Protagonisten; als Adoleszenzroman, als die Beschreibung eines Reifungsprozesses wurde der Roman vor allem in der britischen Kultur intensiv rezipiert. Kims Geschichte kann als die einer Identitätsfindung gelesen werden; ihr fehlt die Gebrochenheit vieler Texte der Literatur der Moderne, weil es in der Intention des Plots und wohl auch des Autors zu einer exemplarischen Synthese von Individuum und Gesellschaft, von Bestrebungen des Einzelnen und den Interessen eines großen Ganzen kommt. In interkultureller Perspektive ist der Roman aber aus einem postkolonialen Blickwinkel zu sehen, das heißt: Es ist die Frage zu stellen, wie die Begegnung zwischen britischer und indischer Kultur in dem Text konzipiert wird und vor allem wie es möglich ist, dass der Eindruck weitgehender Konfliktlosigkeit in der dargestellten historischen Situation und in der thematisierten interkulturellen Konstellation entsteht.

In diesem Zusammenhang ist zunächst zu betonen, dass Kim zwar europäischer Abstammung ist, dass Indien und die indische Kultur ihm aber keineswegs fremd sind. Er und die positiv gezeichneten Figuren des Romans gießen vielmehr ihren Spott aus über Engländer, die gerade erst aus Europa gekommen sind und die glauben, Veränderungen in Indien herbeiführen zu können, ohne dass sie das Land kennen. Kim hingegen ist der „Freund aller Welt", der Junge aus Großbritannien, der wie ein Inder unter Indern lebt:

> Kim war Engländer. Zwar war er schwarz gebrannt, wie nur irgendein Eingeborener, gebrauchte mit Vorliebe die Landessprache und radebrechte die eigene Muttersprache nur in einem undeutlichen Singsang, verkehrte auch mit den kleinen Bazarbuben auf völlig gleichem Fuß. Dennoch war Kim eine Weißer – ein armer Weißer – von den Allerärmsten einer. (K 5)[6]

Kims Zugehörigkeit zu Indien

Als sein afghanischer Freund ihn fragt: „Und wer ist dein Volk, Freund aller Welt?" antwortet er: „Dieses große und wundervolle Land" (K 154) und unterstreicht damit seine Zugehörigkeit zu Indien und seinen Menschen. Indem aber betont wird, dass er gleichzeitig doch ein Weißer und ein Engländer sei, wird auf bestimmte Fähigkeiten verwiesen, die ihn über die Einheimischen stellen. Letztlich stellt Kipling die These auf, dass Menschen wie Kim eine exemplarische Synthese zwischen britischer und indischer Kultur darstellen, wobei aber die planmäßige Vernunft und die rationale Kontrolle der Welt und des eigenen Handelns die

Momente des europäischen Anteils in der Persönlichkeit des Protagonisten sind. Mit dieser Position wird Kipling bei aller Hochschätzung der Kultur Indiens zu einem Apologeten des Kolonialismus und Imperialismus. Dennoch ist zu konzedieren, dass der Roman mit Enthusiasmus und Engagement die sinnliche Vielfalt der indischen Kultur und ihre religiöse Inbrunst beschreibt und dass er Kritik an den Engländern übt, die ohne jedes Verständnis für die indische Kultur eine Kolonialherrschaft errichten. Es wird plausibel, dass die Motivation für die Kolonialisierung die Unzufriedenheit mit einer monotonen und sinnenfeindlichen europäischen Kultur ist. Für viele Kolonisatoren ist der Aufenthalt in Indien eine Befreiung aus der Monotonie und alltäglichen Routine des europäischen Lebens. Und so wird die indische Heerstraße zum Sinnbild des prallen sinnlichen Lebens der indischen Kultur:

> Und wahrlich, die große indische Heerstraße bietet ein wunderbares Schauspiel. Sie läuft pfeilgerade und trägt ohne Gedränge Indiens Handelsverkehr fünfzehnhundert englische Meilen weit – ein Strom von Leben, wie es ihn nirgendwo sonst in der Welt gibt. Sie schauten die grünüberwölbte, schattengetigerte Länge, die weiße Breite, getüpfelt mit langsam schreitenden Volk, und die zweizimmrige Polizeistation gegenüber. (K 67)

Britische Kontrolle über indische Lebensfülle

Diese Beschreibung ist von einer exemplarischen Symbolik: Die Fülle des Landes wird in enthusiastischen Worten gepriesen – und gleichzeitig darauf verwiesen, dass die (britische oder von den Briten eingesetzte) Polizei die Vielfalt und Fülle kontrolliert und überwacht. Der gesamte Plot des Romans spiegelt dieses Verhältnis wider, indem die religiös inspirierte Lama-Handlung mit der Beschreibung des „Großen Spiels" verbunden wird, mit den Aktivitäten des britischen Geheimdienstes, der eben die besagte Kontrolle über die pralle Fülle des indischen Lebens ausübt. So wird die These aufgestellt, dass die Inder nicht zu einer rationalen Gestaltung der sinnlichen Vielfalt ihrer Kultur imstande sind – der Romantext spricht das „große, graue, formlose Indien" (K 109) an, wobei die Referenz auf die Farbe „grau" angesichts der Buntheit des indischen Lebens doch ein gewisses Ressentiment erkennen lässt.

Der Lama braucht die Unterstützung Kims, weil ihm jegliche praktische Lebenstüchtigkeit fehlt – ebenso braucht in Kiplings Perspektive Indien die britische Herrschaft. So ist Kim einerseits der jugendliche Schelm, der in der indischen Gesellschaft wie ein Fisch im Wasser lebt, andererseits ein Mitarbeiter des britischen Geheimdienstes, der mithilfe des „Großen Spiels" die britische Herrschaft über Indien (zu dessen Nutzen, wie Kipling meint) stabilisiert. Kim gewinnt seine Identität in der rationalen Organisation seines Lebens – genauso wie Indien eine Identität gewinnt durch die rationale Strukturierung seiner Vielfalt durch die Briten. Allerdings ist Kim durchaus als eine hybride Figur zu verstehen, die als Mischung aus Britischem und Indischem gezeichnet wird, wobei allerdings innerhalb der Mischung eine Hierarchie besteht, indem das Britische als überlegen erachtet wird. Parallel geschaltet sind die spirituelle Suche des Lamas (nach dem „Fluss des Pfeils") und die Aktivitäten Kims im Auftrag des Geheimdienstes: Die fremden Europäer beleidigen den Lama, womit sich im Sinne des Textes zeigt, dass sie nicht wie die Engländer die indische Kultur respektieren. Kolonialismus im negativen Sinne wird bei Kipling in stereotypen Urteilen über die „Orientalen" („Alle vierundzwanzig Stunden sind dem Orientalen gleich, und der Reiseverkehr ist dementsprechend geregelt" K 33) erkennbar, in der klischeehaften Beschreibung der Passivität und Hilflosigkeit des Lamas sowie in dem Gedanken, dass die westliche Rationalität die sinnliche Vielfalt Indiens strukturieren müsse. Auf der anderen Seite belegt der Roman gerade die Schwäche der kolonialen Kultur, indem er die Motivation für die Kolonialisierung als das Ungenügen an der europäischen Kultur darstellt, indem er die Briten eigentlich eine *rein formale* Kontrolle über die indische Vielfalt ausüben lässt, indem somit die vorausgesetzte inhaltliche Überlegenheit der europäischen Kultur gar nicht deutlich wird, sondern vielmehr der Eindruck entstehen kann, der Kolonialherr brauche den Kolonialisierten mehr als dies umgekehrt der Fall ist.

Kim als hybride Figur

Edward Said weist in seinem Beitrag *Die Wonnen des Imperialismus*[7] darauf hin, dass der Roman keine Konflikte zwischen Indern und Briten erkennen lässt; er gehöre gerade aus dem Grunde zur kolonialen Ideologie, weil er eine weitgehende Harmonie zwischen Kolonialherren und Kolonialisierten behauptet. Im Rückblick auf den Indien-Diskurs der deutschen Romantik ist ein vergleichbares Indien-Bild zu erkennen („überbordende Sinnlichkeit"). Allerdings ist Kipling im Gegensatz zu den deutschen Romantikern in die Kolonialisierung Indiens verstrickt, weshalb in seinem Roman eine bemerkenswerte und paradoxe Verbindung zwischen der romantischen Bewunderung der indischen Kultur und dem imperialistischen Willen zu deren Unterwerfung zu erkennen ist. Die postkoloniale Literaturanalyse kann die Tragweite dieser Ambivalenz verdeutlichen und die britische

Verleugnung kolonialer Konflikte

Literatur der Kolonialzeit mit den Texten konfrontieren, die in unserer Gegenwart von indischen Autoren gestaltet werden und die der Metropole ein ganz anderes Bild der Peripherie zeigen.

5. Die Geburt einer neuen Weltliteratur aus dem Geiste indisch-britischer Hybridität: Salman Rushdies *Satanische Verse*

Das Exemplarische von Rushdies Werk liegt in der dezidierten Wendung gegen alle Vorstellungen einer homogenen Kultur, in der glanzvollen literarischen Opposition gegen enge Normen und konventionelle Denkmuster. Sinnliche Fülle, Obszönität, Blasphemie, Komik, Satire, Groteske – all diese Aspekte kennzeichnen Rushdies Prosa, die sich europäischer und asiatischer Vorbilder und Traditionen gleichermaßen verpflichtet weiß und mit den verschiedensten Mustern souverän umgeht. Die Todesdrohung des iranischen Ayatollah Khomeini steht im Zentrum der öffentlichen Wirkung Rushdies; sie ist aber nicht der Grund für die exemplarische Bedeutung dieses Autors. Es zeigt sich nämlich in seinen Texten, dass sich eine neue Weltliteratur entwickelt hat, die den Herausforderungen der Globalisierung dadurch entgegen tritt, dass sie aus den interkulturellen Konstellationen der postkolonialen Situation und aus den Erfahrungen der Migration eine Ästhetik des Mischens und des Überschreitens entwickelt, die sich jeder engen nationalen Zuschreibung definitiv entzieht und die insofern eine Herausforderung für alle Apologeten einer starren „Leitkultur" darstellt. Die Erfahrungen, die sich in Rushdies Texten ausdrücken, zeugen davon, dass Normvorstellungen und Lebensweisen relativ sind – gebunden an Kulturkreise und einzelne Gesellschaften und Gemeinschaften – und dass die Individuen der globalisierten Welt von einem Normensystem in das andere ebenso wechseln wie von einer Lebensform in die andere. Wenn aber die Grenzüberschreitung zur Grundlage der alltäglichen Lebenspraxis wird, wenn die Identität des Individuums sich als kulturelles Patchwork herausbildet, als eine plurale Mischung konträrer Anregungen und Zumutungen, dann wird dies von vielen als Provokation verstanden, als Herausforderung der vermeintlichen Gewissheiten und Dogmen, die eine fraglose Einbindung in ein kulturelles System

Eine neue Weltliteratur

ermöglichen. Die besondere Pointe von Rushdies Schaffen und besonders von seinem umstrittenen Roman *Die satanischen Verse* liegt darin, dass in ihm nicht nur der islamische Fundamentalismus, sondern auch das europäische, speziell das britische Beharren auf einer abgeschotteten eigenen Kultur als Ausdruck einer unangemessenen Flucht vor den Bewegungen und Herausforderungen der postmodernen und postkolonialen Konstellation erscheint. Rushdie zeigt: Wer die ökonomische Globalisierung will wie das britische Establishment, muss den zunehmende kulturellen Einfluss asiatischer Migranten in England akzeptieren, und wer den Islam zu einem gleichwertigen Partner der Weltgesellschaft machen will wie die islamischen Fundamentalisten, der muss den Pluralismus der Religionen, Weltanschauungen und Lebensformen tolerieren und in seine Selbstreflexion einbeziehen.

Zur Problematik der Blasphemie

Im Gegensatz zu Orhan Pamuk (vgl. den Exkurs am Ende des Teils I) ist Rushdies Schreiben nicht um Konsens und um einen schonungsvollen Umgang mit denen bemüht, die andere weltanschauliche Positionen beziehen. Sein Schreibstil und seine Bilder sind schrill, obszön und provokant. Wenn sich die Frage stellt, ob sein Buch durch die Darstellung Mohammeds und die indirekten Hinweise auf die Frauen des Propheten die Gefühle gläubiger Muslime verletzt wurden, so ist dieser Einwand ernst zu nehmen. Auf der anderen Seite zeigt der Plot der *Satanischen Verse* sehr deutlich, dass die Blasphemie auch im Falle Rushdies als der Ausdruck eines leidenschaftlichen und von einer bestimmten Perspektive her sogar verzweifelten Verhältnisses zu den Problemen der religiösen Gewissheit anzusehen ist. Insofern ist der blasphemische und obszöne Roman durchaus als ein Ringen um die Wahrheit zu verstehen und sogar als eine Art verdrehtes religiöses Bekenntnis zu bewerten. Vor diesem Hintergrund ist die Selbstverständlichkeit auszusprechen, dass Todesdrohungen gegen einen Schriftsteller niemals akzeptabel, dass sie im Übrigen auch keinesfalls der Ausdruck eines aufrichtigen religiösen Bewusstseins sind.

Wenn der Eindruck entstehen kann, dass die Auseinandersetzung mit Rushdies Roman *Die satanischen Verse* gerade in den „Kampf der Kulturen“ hinein führt, den die interkulturelle Literaturwissenschaft durch die literarische und künstlerische Auseinandersetzung ersetzen will, so ist darauf zu verweisen, dass eine adäquate interkulturelle Deutung von Rushdies Roman diesen gerade in der Provokation als ein interkulturelles Gesprächangebot zu deuten hat, als ein Beispiel für die Grenzüberschreitungen und die Formen der Hybridität, die gerade das Miteinander der verschiedenen Kulturen erleichtern können.

Salman Rushdie

Salman Rushdie wurde 1947 in Bombay als Sohn einer reichen muslimischen Familie geboren; er schreibt über islamische Gegenstände also als jemand, der im Rahmen der muslimischen Kultur aufgewachsen ist. Einer seiner Vorbilder ist der deutsche Autor Günter Grass, dessen Roman *Die Blechtrommel* – wie gezeigt – ebenfalls durch interkulturelle, obszöne und blasphemische Aspekte gekennzeichnet ist. Es sollte nicht vergessen werden, dass Grass in den frühen 60er Jahren für seinen Roman, der heute als Klassiker der Nachkriegsliteratur gilt, zwar nicht mit dem Tode bedroht, aber doch heftig kritisiert wurde. 1961 ging Rushdie nach England, wo er nach dem Schulabschluss ein Studium der Geschichte in Cambridge aufnahmen. 1964 wurde Rushdie britischer Staatsbürger, und im Lichte seines Romans erscheint seine Biographie bis zu diesem Zeitpunkt als der Versuch einer vollständigen Assimilation an die britische Kultur und Sprache, was sich insbesondere durch das Studium an der exemplarischen Elite-Hochschule Englands manifestiert. Dass sich im weiteren Verlauf seiner literarischen Karriere diese besondere Vertrautheit mit der britischen Kultur und eine dezidierte Option für die Provokation kultureller Reinheitsvorstellungen verbanden, gerade dies macht das Besondere von Rushdies Schaffen aus. Im Jahre 1975 veröffentlichte Rushdie den Roman *Grimus* und stieß mit diesem Erstling nur auf eine bescheidene Resonanz. Dann aber im Jahre 1981 gelang Rushdie ein internationaler Durchbuch mit *Mitternachtskinder*, einem Roman, der die Erzählung von den Erfahrungen eines Außenseiters und Schelms mit einer epischen Darstellung der indischen Geschichte seit der Unabhängigkeit verband. Im Jahre 1988 erschien der umstrittene Roman *Die satanischen Verse*. 1989 wurde der Autor dann mit der „Fatwa" des iranischen Revolutionsführers Khomeini konfrontiert, die wegen der vermeintlichen Beleidigung des Islam ein Todesurteil gegen ihn aussprach. Gleichzeitig wurde eine Belohnung für denjenigen ausgelobt, der das Urteil vollstrecken würde. Diese Todesdrohung wurde auch nach dem baldigen Tod Khomeinis aufrecht erhalten. Rushdie lebte versteckt und unter Polizeischutz, während die Gewalt gegen seine Literatur auch auf Übersetzer und Verleger zielte. Im Jahre 1991 wurde das ausgesetzte Kopfgeld verdoppelt. Rushdies literarische Schaffenskraft wurde durch seine schwierigen Lebensumstände nicht nachhaltig beeinträchtigt. Er veröffentlichte im Jahre 1995 einen weiteren Roman mit einer explizit interkultu-

Khomeinis „Fatwa"

rellen Perspektive, *Des Mauren letzter Seufzer*, in dem er sich auf die historische Konstellation der Maurenherrschaft in Spanien und damit auf eine weitgehend friedliche Koexistenz von Muslimen, Christen und Juden im islamisch regierten Al-Andaluz bezog und diese historische Utopie den religiös-kulturellen Spannungen des zeitgenössischen Indien entgegen stellte. Im Jahre 1998 distanzierte sich die iranische Regierung offiziell von der Morddrohung gegen den Schriftsteller; fundamentalistische Kreise halten aber an ihr fest. Mit dem Roman *Der Boden unter ihren Füßen* von 1999 thematisierte Rushdie neben seinen bekannten Anliegen die globalisierte Pop-Kultur, und er zeigte eine zunehmende Faszination durch den Lebensstil der US-amerikanischen Metropolen, der sich auch in seinem Umzug nach New York manifestiert. In seinem 2005 erschienenen Roman *Shalimar, der Narr* verbindet der Autor die spannungsgeladene Situation eines Konflikts der Kulturen nach dem 11. September 2001 mit der Geschichte der zwischen Indien und Pakistan umstrittenen Region Kaschmir, die ein Paradies seiner Kindheitserinnerungen darstellt. In dem Text wird erzählt, wie eine relativ friedliche Koexistenz der Religionen und Kulturen in den Dörfern Kaschmirs durch den Einfluss der globalen Spannungen zu Ende geht. Shalimar, ein muslimischer Artist, heiratet die hinduistische Tänzerin Boonyi, die ihn nach einiger Zeit mit dem attraktiven amerikanischen Diplomaten Max Ophuls betrügt. Wie aus Liebe Hass wird, wie aus einem schwärmerischen Seiltänzer ein terroristischer Killer wird, das erzählt Rushdie in diesem traurigen Buch, das vom Schmerz über die Zerstörung der kaschmirischen Idylle gekennzeichnet ist und eine pessimistische Diagnose der aktuellen globalen interkulturellen Perspektiven stellt, ohne das Ziel einer Koexistenz des Differenten und eines positiven Umgangs mit den kulturellen und religiösen Differenzen aus den Augen zu verlieren.

Shalimar, der Narr

Der Plot des Romans *Die satanischen Verse* soll jetzt in groben Umrissen rekonstruiert werden. Der erste der beiden Protagonisten ist Saladin Chamcha (indisch: Salahuddin Chamchawalla), ein in Indien geborener, aus einer säkularisierten muslimischen Familie stammender Schauspieler und Stimmenimitator (!), der schon seit seiner Jugend in England lebt; sein Ziel ist es gewesen, zu einem perfekten Engländer zu werden; er war verheiratet mit der Engländerin Pamela Lovelace, hat aber bei einem Aufenthalt in seiner Heimat die indische Ärztin und Künstlerin Zeenat Vakil kennen gelernt, die sich für die aktive Auseinandersetzung mit einem hybriden Indien einsetzt. Die

Der Plot des Romans *Die satanischen Verse*

zweite Hauptfigur des Romans ist Gibril Farishta (= Engel Gabriel) (eigentlich Ismail Nalmuddin), ein ebenfalls aus einer muslimischen Familie stammender in Indien sehr erfolgreicher Schauspieler, der vor allem Götterfiguren in indischen „Theologicals" spielte; er hatte eine schwere Krankheit und bat Allah inständig um Hilfe; als er keine Reaktion erlebte, verlor er den Glauben. Beide überleben wundersamerweise zu Beginn des Romans einen Flugzeugabsturz, erleiden dabei aber seltsame Veränderungen: Saladin wird zu einer Art Ziege mit Teufelshörnern, während Gibril ein Heiligenschein wächst. Diese Veränderungen sind zu deuten als ein äußerlicher Ausdruck der Erwartungen, die andere Menschen an beide Figuren artikulieren: Saladin ist in der Perspektive eines eurozentrischen Reinheitswahns als der Fremde und Migrant der Böse, der Teufel, der die moralischen Grundlagen der europäischen Zivilisation zu zerstören droht; Gibril ist der Engel, der die religiösen Sehnsüchte vor allem der asiatischen Migranten befriedigt. Als Saladin in einer von Migranten aus Bangladesh betriebenen Pension versteckt wird, erwirbt er in seiner transformierten Gestalt die Sympathie zweier junger Bengalinnen und ganz langsam auch die vieler Angehöriger der jugendlichen Londoner Migranten-Subkulturen („Sympathy for the Devil"), während Gibril von schizophrenen Schüben heimgesucht wird, die dadurch hervorgerufen werden, dass er an eine wirkliche Identität als Engel glaubt. Chamcha verliert mit der Zeit seine Teufelsgestalt und überwindet gleichzeitig seine übertriebene Anpassungsbereitschaft an die britische Kultur; er erweckt mit anonymen Telefonanrufen („satanischen Versen") Gibrils Eifersucht gegenüber seiner Partnerin Alleluia Cone, einer englisch-polnisch-jüdischen Bergsteigerin. In London kommt es zu einer Katastrophe, weil Polizeikräfte die Aufdeckung einer migrantenfeindlichen Intrige verhindern; dabei kommt Saladins Frau mit ihrem neuen Liebhaber ums Leben, während Saladin von Gibril gerettet wird. Am Ende des Romans erschießt sich Gibril in Bombay, während Chamcha das Haus seines Vaters verkauft und beschließt, mit der einheimischen Ärztin und Künstlerin Zeenat in Indien zu leben.

Die Mohammed-Handlung

Mehrere Kapitel des Romans bestehen aus Träumen Gibrils; diese beziehen sich auf die Geschichte Mohammeds, vor allem auf dessen Beziehung zum Erzengel Gabriel, auf die Geschichte einer charismatischen jungen Frau, die ein ganzes muslimisches Dorf zu einer Pilgerreise bewegt, in deren Verlauf alle umkommen, weil sie versuchen, das Rote Meer zu Fuß zu durchqueren, und auf einen Imam, der im Londoner Exil von einem islamischen Gottesstaat träumt und sich gegen die Auswüchse der modernen westlichen Gesellschaft und gegen die Vergänglichkeit der Geschichte insgesamt wehrt. Im Mittelpunkt der Traumkapitel steht die in der islamischen Überlieferung verbürgte Episode der satanischen Verse: Mohammed hatte nach einer Vision den islamischen Monotheismus mit der Verehrung dreier traditioneller Göttinnen (u.a. der Göttin Al-Lat) verbunden, nach einer erneuten Vision diese Entscheidung aber rückgängig gemacht, weil sie ihm nicht von Gabriel, sondern vom Satan befohlen worden sei. Die Darstellung Mohammeds und des Islams rekonstruiert eine provozierende Perspektive auf die Entstehung einer Weltreligion, die als eine andere *Möglichkeit* und als Ausdruck einer historisch-kritischen Reflexion der Quellen zu verstehen ist. Die Fiktion hat nach Rushdies Konzeption das Recht und die Aufgabe, der zum Dogma erstarrten Überlieferung eben andere Versionen des historischen Hergangs entgegen zu setzen und damit eine Spekulation anzustellen, *wie es auch gewesen sein könnte.* Die ersten Anhänger Mohammeds erscheinen in dieser Optik (die keinesfalls als eine feindliche Stellungnahme zu begreifen ist) als gesellschaftliche Außenseiter, die sich gegen die Dekadenz der Herrscher in der Pilgerstadt Jahilia wehren.

Interkulturalität und Religion

Die Episode der satanischen Verse, die dem Roman ihren Titel gegeben hat, bezieht sich auf eine zentrale Problematik an der Schnittstelle interkultureller Konstellationen und religionsphilosophischer Reflexionen: Rushdie verweist auf die Subjektivität der religiösen Gewissheit, darauf, dass die Wahrheit der Offenbarung nicht objektiv dargelegt, nicht „bewiesen“ werden kann: Mohammed hat die erste Vision, mit der die Verehrung der traditionellen Göttinnen als Engel und Vermittlerinnen erlaubt wurde, für wahr gehalten und ihren Urheber in Gott gesehen; als er die zweite Offenbarung erhalten hat, ändert er seine Einschätzung und erklärt die erste zu einer Einflüsterung des Satans. Aus der Perspektive eines modernen säkularen Bewusstseins zeigt sich in dieser Konstellation die Unmöglichkeit, zwischen dem Engel und dem Satan zu unterscheiden und damit die objektive Gültigkeit der religiösen Wahrheit darzutun. Der Prophet als Mensch kann nicht uneingeschränkt die Göttlichkeit des Offenbarten verbürgen; für ihn bleibt dies eine subjektive Wahrheit. Damit ist keine negative Aussage über den Islam und den Koran getroffen; es wird lediglich dargetan, dass die muslimische Glaubenswahrheit wie die aller Religionen nur eine subjektiv geglaubte und keine objektiv wahre ist. Rushdie

Rushdie und Lessing

hat damit in seiner postkolonialen und interkulturellen Perspektive die Position aufgegriffen, die der deutsche Aufklärer Lessing im achtzehnten Jahrhundert zur Grundlage seiner Begründung der religiösen Toleranz gemacht hatte. Lessings Drama *Nathan der Weise* hat die Unfähigkeit des Menschen, die objektive Wahrheit zu besitzen, genau auf den Offenbarungscharakter der großen monotheistischen Religionen bezogen. Aus dieser Einsicht hat Lessing die Konsequenz gezogen, dass sich die Anhänger der verschiedenen Religionen durch ihr ethisch ausgezeichnetes Handeln bewähren sollen. Wie Lessing zeigt Rushdie, dass das Fundament der interkulturellen friedlichen Koexistenz in der Einsicht liegt, dass keine Religion und keine Kultur der Träger einer absoluten und objektiven Wahrheit ist, dass vielmehr aus der Pluralität der Religionen und Kulturen die Notwendigkeit folgt, die Kultur des Anderen zu achten und zu respektieren. Diese Einstellung muss keineswegs in den Atheismus und Nihilismus führen: Der Anhänger einer Religion kann vielmehr von der Wahrheit seines Glaubens subjektiv ohne jeden Zweifel überzeugt sein; er muss nur die Tatsache akzeptieren, dass es andere Menschen und andere Kulturen gibt, die von ihrer anderen Wahrheit genauso überzeugt sind.

Literarischer Widerstand gegen die Unterdrückung der Sinnlichkeit

Rushdie geht in seinem Roman aber noch einen Schritt weiter. Er sieht im Rigorismus eines dogmatischen Monotheismus (der im Text vor allem durch den Imam repräsentiert wird) die Grundlage einer unerträglichen Unterdrückung der Sinnlichkeit, und gegen diese Unterdrückung der Sinnlichkeit wendet sich der Roman mit seiner Fülle an überbordenden Episoden, mit seiner Vielfalt an Situationen in England und Indien und mit seiner Neigung zu Digressionen, Komik und Phantastik, mit seinem Plädoyer für die Phantasie als ein Vermögen der Darstellung und Entdeckung neuer menschlicher Möglichkeiten. Zu diesen menschlichen Möglichkeiten gehören auch die Körperlichkeit, die Erotik und die Sexualität, und Rushdie polemisiert gegen die Religion, wenn sie diese Dimensionen der menschlichen Existenz unterdrücken will. Die Traumkapitel präsentieren einen satirischen Dichter namens Baal, der sich über die Sinnenfeindlichkeit der neu entstehenden muslimischen Religion lustig macht und der schließlich ein Bordell führt, dessen Angestellte die Namen der Frauen des Propheten tragen. Diese Profanisierung des Heiligen hat viele Muslime besonders verletzt. Sie ist aber dadurch zu erklären, dass Rushdie – wie bereits dargelegt – der Fiktion das Recht zuweist, die Geschichte des Propheten und seiner

Zeit so zu erzählen, *wie sie auch gewesen sein könnte.* Der kritischen Phantasie fällt dabei der Widerspruch auf, dass der historische Mohammed zwölf Frauen hatte, dass seine religiöse Lehre aber Sinnlichkeit und Erotik sehr weitgehend tabuisiert. Gegen diese Tabuisierung wendet sich der erotische Schriftsteller Rushdie, und er provoziert damit nicht nur muslimische, sondern auch christliche Tugendwächter, die an der Obszönität seines Schreibens Anstoß nehmen. Zu betonen ist aber aus unserer Perspektive die Verbindung von Interkulturalität und Erotik (die wir auch in unserer Diskussion der deutsch-türkischen Literatur wieder finden werden): Wenn nämlich in der interkulturellen Konstellation die Normen und Werte der einzelnen Kulturen und Religionen als relativ erkannt werden (einfach aufgrund der Tatsache, dass es mehrere gibt), dann führt dies zu einer Reflexion über grundlegende anthropologische Dimensionen. Dabei ergibt sich die Möglichkeit des Tabubruchs, weil sich die Relativität der Tabus erwiesen hat: Was in Indien als unschicklich gilt, kann in England alltäglich sein – und umgekehrt. Die Überschreitung rigider Normen führt im postkolonialen Migrationsroman – wie im modernen und postmodernen Roman insgesamt – zu einer Tendenz, die körperlichen und erotischen Bedürfnisse des Menschen frei auszustellen und sich damit gegen jene zu wenden, die rigide Vorstellungen von der Regulierung der menschlichen Triebe durchzusetzen versuchen. In diesem Zusammenhang sind die als besonders blasphemisch empfundenen Passagen der *Satanischen Verse* zu verstehen: Sie sind von einem Autor geschrieben, der sich von seiner Herkunftskultur und von deren Tabus gelöst hat, der sich aber keineswegs mit den Normen der „neuen" (hier: der britischen) Kultur vorbehaltlos identifiziert hat, sondern sie genauso provoziert wie die Kultur seiner Herkunft.

Interkulturalität und Erotik

Vor diesem Hintergrund sind zwei Ebenen der Interpretation von Rushdies Roman zu unterscheiden:

Die Geschichte Saladins

1) die Geschichte Saladins, die als postkolonialer „Entwicklungsroman" beschreibt, wie eine übertriebene Anpassung an die Kultur der Kolonialherren scheitert. Saladin muss erkennen, dass das Establishment Englands in ihm nach wie vor den „Teufel" sieht; es zeigt sich, dass das „Gute" in der etablierten europäischen Perspektive mit dem Reinen identifiziert und dass das Hybride als das Teuflische angesehen wird. Die Konsequenz liegt demnach in der Identifikation mit dem Hybriden/Teuflischen; die Rückkehr nach Indien ist als die Annahme einer indischen Identität zu verstehen, wobei das Indische aber in gleicher Weise als hybrid und nicht homogen begriffen wird;

Die Geschichte Gibrils

2) die Geschichte Gibrils, die als postkoloniales Religionsdrama zu verstehen ist; Gibril hat als Person den islamischen Glauben verloren, identifiziert sich aber in seinen Träumen und schizophrenen Wahnvorstellungen immer wieder mit dem Erzengel Gabriel; hierin zeigt sich der Versuch, eine anti-eurozentrische Perspektive mit Hilfe einer religiösen Identifikation zu entwickeln; dieser Versuch scheitert aber, weil die Identifizierung des Menschen mit dem Göttlichen unmöglich ist, weil sich zeigt, dass im „Kampf" des Propheten mit dem Engel nicht entschieden werden kann, ob die menschliche Subjektivität oder eine göttliche Instanz spricht; es kann auch nicht entschieden werden, ob die göttliche Stimme wirklich die Gottes oder die des Satans oder nur die eigene Stimme des Propheten ist.

Eine Nebenfigur der Traumkapitel, der Perser Salman (!), wundert sich darüber, dass die Offenbarungen Gabriels durch den kaufmännischen Geist des Propheten charakterisiert erscheinen; als Schreiber Mohammeds verändert er willkürlich einiges vom Propheten Diktierte; und als Mohammed die Veränderungen nicht bemerkt, fällt Salman vom Glauben ab.

Interkulturalität und Metamorphosen

Zu betonen ist der Grundgedanke des postkolonialen Romans, der die Reflexion über die interkulturelle Konstellation zu einer anthropologischen, ja sogar allgemein philosophischen Konzeption erweitert: Die menschliche Wirklichkeit ist durch ständige Transformation, durch ständige Wandlung und Veränderung gekennzeichnet; deshalb können die Menschen nicht als rein im Sinne einer dogmatischen Vorstellung von britischer Kultur gedacht werden; ebenso wenig können die Menschen ihr sich ständig veränderndes Leben nach den dogmatischen Vorstellungen einer Religion einrichten. Die dogmatischen Vorstellungen von Religion und Kultur versuchen diesen ständigen Wandel still zu stellen, und die Literatur ist das Medium, in dem die Metamorphosen und Transformationen des Lebens und der Menschen dargestellt werden können.

Angst vor Hybridität als Gemeinsamkeit aller Dogmatiker

Die religiöse Überzeugung beruht – wie bereits skizziert – auf Offenbarung und Glauben, das heißt letztlich auf einer subjektiven Überzeugung, die jedermann als Individuum vertreten kann, die er aber nicht anderen aufzwingen sollte; der religiöse Dogmatismus ist letztlich psychologisch zu begründen als Angst vor der ständigen Transformation des Menschen, vor der Hybridität der postkolonialen Persönlichkeit. „Hybridität" ist damit ein theoretisches Konstrukt, das sich aus der permanenten Transformation, aus den permanenten Metamorphosen des Menschen entwickelt. Rushdies entscheidende These lautet nun: *In dieser*

Angst vor der Hybridität treffen sich die ausländerfeindliche Perspektive des britischen Establishments und der religiöse Dogmatismus der Mullahs. Das „Böse“, das Teuflische, das Furcht erregt, ist das sich ständig Wandelnde, aber auch das Obszöne, Groteske, den Regeln Widersprechende. Die Literatur ist demgegenüber der Anwalt des Heterogenen, des Obszönen, der tabuisierten Sexualität, auch des Wunderbaren (d.h. auch: der nicht-orthodoxen Religiosität); indem die Literatur das Medium ist, in dem sich die Transformationen des Menschen artikulieren, opponiert sie gegen den religiösen Dogmatismus ebenso wie gegen den eurozentrischen Homogenitäts-Wahn.

Die blasphemischen Passagen des Romans (vor allem die erwähnte Beschreibung eines Bordells des Dichters Baal, bei dem die Damen des Hauses die Namen der Frauen Mohammeds tragen) beruhen nicht auf der Intention, die Gefühle gläubiger Menschen zu verletzen (auch wenn Rushdie dies billigend in Kauf nimmt); sie beruhen vielmehr auf der Überzeugung, dass die Tabuisierung der Sexualität ein Symptom der Menschenfeindlichkeit einer dogmatischen Religion sei, einer Wendung gegen das „Unreine“ des Menschen. Auf der anderen Seite stellt der Roman im Kontext der Sendung Mohammeds immer wieder die Frage: „Was für eine Idee bist du?“ – wodurch Mohammed für die Konsequenz seines Denkens und Handelns gelobt wird. Rushdie geht in Analogie zu Positionen Nietzsches davon aus, dass in bestimmten historischen Situationen die „Umwertung aller Werte“ durch asketische Bewegungen erreicht werden kann, die repressive und dekadente Herrschaftssysteme stürzen können, wobei hier eine deutliche Analogie zwischen Judentum, Christentum und Islam zu erkennen ist.

Der Sache nach plädiert Rushdie aber für einen aufgeklärten Islam, der Religion als Privatsache ansieht und der die ständige Transformation des Menschen und der Geschichte als eine anthropologische Grundtatsache akzeptiert, wobei Rushdie eine ähnliche Offenheit auch vom europäischen Denken und von der europäischen Politik fordert. So wird der postkoloniale und interkulturelle Roman zu dem Träger einer neuen Weltliteratur, die sich den Herausforderungen der Globalisierung stellt. Sie beschränkt die Bedürfnisse des Menschen nicht auf die Suche nach ökonomischem Reichtum, sondern begreift die kulturelle Fülle der Welt als eine Gesamtheit ehemaliger Kolonien und Kolonialmächte, verschiedener Weltreligionen, aber auch der enttabuisierten Anliegen des Erotischen und Körperlichen. Die neue Weltliteratur wendet sich gegen die dogmatische Rede von den homogenen und starren Leitkulturen und plädiert für ein Nebeneinander des Differenten, aber auch für die ständige Durchdringung der Kulturen und die permanente Veränderung der Individuen. Diese Position ist eine Herausforderung für die Bewohner der Industriegesellschaften wie der anderen Länder. Sie postuliert eine Abschaffung ungerechter Herrschaftsverhältnisse in politischer und ökonomischer Hinsicht; sie bietet als Literatur einen utopischen Raum, wo sich die Kulturen der Welt begegnen und wo vor dem Hintergrund einer ständigen Transformation provisorische Synthesen ausgehandelt werden, die sich dem Einfluss der Dogmatiker in West und Ost, Nord und Süd mit Nachdruck entziehen.

Anmerkungen:

1 Mit der Sigle „HF“ wird im Folgenden zitiert aus Joseph Conrad: Herz der Finsternis. Übersetzt und hrsg. v. Daniel Göske. Stuttgart 1991.

2 Vgl. Chinua Achebe: Ein Bild von Afrika: Rassismus in Conrads *Herz der Finsternis.* In: Ch. A.: Ein Bild von Afrika. Essays. 2., erweiterte Auflage Berlin 2000, S. 7-40, vor allem S. 25.

3 Mit der Sigle „O“ wird im Folgenden zitiert aus Chinua Achebe: Okonkwo oder Das Alte stürzt. Aus dem Englischen von Dagmar Heusler und Evelin Petzold. Frankfurt am Main 1983.

4 Vgl. Alexander Honold, Klaus R. Scherpe (Hrsg.): Mit Deutschland um die Welt. Eine Kulturgeschichte des Fremden in der Kolonialzeit. Stuttgart, Weimar 2004; Horst Gründer: Geschichte der deutschen Kolonien. 4., verbesserte und mit neuer Bibliographie ergänzte Auflage Paderborn u.a. 2000.

5 Mit der Sigle „M“ wird im Folgenden zitiert nach Uwe Timm: Morenga. Roman. München 2002.

6 Mit der Sigle „K“ wird im Folgenden zitiert nach Rudyard Kipling: Kim. Roman. Deutsch von Hans Reisiger. München 2003.

7 Edward Said: Die Wonnen des Imperialismus. In: E. S.: Kultur und Imperialismus. Einbildungskraft und Politik im Zeichen der Macht. Frankfurt am Main 1994, S. 190-227.

IV. Deutsch-türkische Literatur

Die Bedeutung der türkischen Migration nach Deutschland

Zu Beginn des neuen Jahrtausends, nach den Ereignissen vom 11. September 2001 und im Kontext der weltpolitischen Konstellation einer Spannung zwischen Europa/Amerika auf der einen und den muslimischen Ländern auf der anderen Seite, ist die deutsch-türkische Literatur der zentrale Begegnungsraum des Interkulturellen in Deutschland. Die türkische Minderheit ist seit dem Beginn der Einwanderung in den frühen 60er Jahren die zahlenmäßig stärkste, und die kontroverse Diskussion um Einwanderung und Integration hat ihren wichtigsten Gegenstand in der türkischen und türkischstämmigen Bevölkerung in Deutschland. Die Debatten um den möglichen EU-Beitritt der Türkei sind für die deutsche Gesellschaft von zentraler Bedeutung; sie entfalten eine polarisierende Wirkung, die in Wahlkämpfen immer wieder in fremdenfeindliche Polemik abzugleiten droht. In den 90er Jahren hat sich aber eine Literatur türkischstämmiger Autorinnen und Autoren entwickelt, die sich aus dem Umfeld sozialpolitischer Debatten und Konstellationen emanzipiert hat und die für deutsche Leser keineswegs ein gönnerhaftes Interesse aus einer ‚sozialpädagogischen' Fürsorge heraus erwartet und erfordert. In der angedeuteten weltpolitischen Konstellation und im Kontext einer Konfrontation der Kulturen ist die deutsch-türkische Literatur vielmehr zu einem Experimentierfeld der interkulturellen Kommunikation geworden. Wenn die deutsche Öffentlichkeit und das deutsche Publikum die Eingebundenheit ihres Landes in eine globalisierte Weltgesellschaft ernst zu nehmen bereit sind und sterile Diskussionen über die Existenz von Einwanderern nicht mehr allzu interessant finden, dann bietet die deutsch-türkische Literatur ein attraktives Angebot, mit dem die Möglichkeit eröffnet wird, deutsche Selbstbilder mit dem Blick von außen zu vergleichen, die vermeintlichen Selbstverständlichkeiten eigener Identitätsbildung mit einer unerwarteten Fremdwahrnehmung zu konfrontieren – und paradigmatisch die Begegnung mit einer islamisch inspirierten Kultur als kritischen und unvoreingenommenen Dialog und nicht als apokalyptischen „Clash of Civilizations" zu inszenieren.

Von entscheidender Bedeutung ist dabei, dass die deutsch-türkische Literatur der zweiten und dritten Generation einengende Erwartungen und Rollenzwänge mit Erfolg zu überwinden vermochte. Für die in Frage stehenden Autorinnen und Autoren gilt mit schöner Selbstverständlichkeit das, was grundlegender Konsens bei der Beurteilung gegenwärtiger Literatur ist: Sie repräsentieren nichts und niemanden; sie profilieren sich durch eine eigenständige Perspektive, durch eine eigenständige Sprache; sie entwickeln literarische Konzepte und Modelle, die aus einer produktiven Auseinandersetzung mit eigenen biographischen und gesellschaftlichen Erfahrungen heraus entstanden, auf diese Erfahrungen aber nicht zu reduzieren sind. Da der Erfahrungsraum dieser Autorinnen und Autoren aber interkulturell ist, sind ihre Texte ein aufschlussreiches Paradigma für die interkulturelle Literaturwissenschaft. Wurden in den bisherigen Teilen dieses Buches die Bilder des Fremden in der deutschen Literatur des 19. und 20. Jahrhunderts untersucht – und wurden des Weiteren die interkulturellen Konstellationen analysiert, die sich durch koloniale und postkoloniale Konfliktfelder herausgebildet haben, so zeigt sich jetzt, dass die Analyse der deutsch-türkischen Literastur durchaus von den Erkenntnissen dieser Felder profitieren kann. In der interkulturellen Konstellation der deutsch-türkischen Literatur geht es nämlich zuerst und dezidiert um die Überwindung klischeehafter Bilder des Deutschen wie des Türkischen. Und nicht nur die Existenz von Klischeebildern wird herausgestellt und kritisiert, auch die den Stereotypen zugrunde liegende Vorstellung, es existierten homogene Kulturen mit klar definierten Eigenschaften, wird zurückgewiesen. Grundlage der folgenden Analysen ist dabei die Einsicht, dass die Herausbildung einer deutsch-türkischen Literatur und Kultur eine Konstellation des Hybriden erzeugt: Es werden nicht (vermeintlich starre) deutsche und türkische Identitäten verbunden oder zu einer Synthese gebracht. Ganz im Sinne der Konzeption des „Aushandelns“ wird in der konkreten interkulturellen Konstellation herausgearbeitet, welche Differenzen zwischen der deutschen und der türkischen Kultur für den individuellen Schaffensprozess als relevant und fruchtbar erscheinen. Das Resultat ist durchaus an den von Homi Bhabha beschriebenen „dritten Ort“ gebunden; es handelt sich um die Hervorbringung von etwas Neuem, das sowohl für deutsche als auch für türkische Leser eine Herausforderung, ja eine Provokation darstellen kann. Die deutsch-türkische Literatur muss sich mit der „Exotismus-Falle“ auseinander setzen, mit der latenten Erwartung der Leser, die ‚orientalistische‘ Bildlichkeit und Phantasie einfordert. Auf diese Konstellation reagieren die produktiven deutsch-türkischen Autorinnen und Autoren mit verfremdenden Mechanismen ihrer Li-

Die interkulturelle Konstellation der deutsch-türkischen Literatur

Der „dritte Ort“ der deutsch-türkischen Literatur

teratur, die es dem Leser verbieten, sich in einer bequemen Rezeptionsperspektive einzuschließen. Dabei erweist sich der produktive Umgang mit Geschlechterrollenklischees und mit der Erfahrung von Körperlichkeit als ein wichtiges Element einer Literatur, die Erwartungen enttäuscht und weder der deutschen noch der (deutsch-)türkischen Leserschaft Identifikationsangebote liefert. Die Verwendung des Terminus „deutsch-türkisch" ist in unserem Kontext rein pragmatisch auf die Herkunft und kulturelle Prägung der erwähnten Autorinnen und Autoren bezogen; diese Prägung wird aber gerade nicht nationalistisch als fraglose Identität verstanden, sondern als ein Bezugsrahmen, der zum Ausgangspunkt von Vorgängen kreativen Überscheitens und Transzendierens wird.

Literatur in deutscher Sprache

Als wesentliches Element der deutsch-türkischen Literatur ist dabei die Emphase und die Selbstverständlichkeit zu registrieren, mit der die Autorinnen und Autoren der zweiten und dritten Generation sich als Teilhaber der *deutschen* Literatur begreifen. Indem nämlich die deutsche Sprache zu ihrem Erfahrungsraum geworden ist, zeigt sie sich auch selbstverständlich als der Raum, in dem sich die sprachliche Kreativität und die schöpferische Potenz der Schreibenden artikuliert. Für das deutsche Publikum erweist sich dabei der spezifische Umgang von Nicht-Muttersprachlern mit der deutschen Literatur und Sprache als besonders reizvoll – und zwar nicht einfach, weil im Sinne des Exotismus und Orientalismus einfach nur ein neuer Bildervorrat die deutsche Sprache bereichern würde, sondern weil die hybride sprachliche und literarische Form neue Weisen, auf Deutsch zu schreiben, hervorbringt – neue Weisen, die dem deutschen Leser die Vielfältigkeit seiner eigenen kulturellen Erfahrung verdeutlichen können und ihm somit eine Modifikation eines starren Selbstverständnisses aufdrängen.

Zur Geschichte der deutsch-türkischen Literatur

Im Hinblick auf die Geschichte der deutsch-türkischen Literatur ist darauf zu verweisen, dass diese in den 70er Jahren des 20. Jahrhunderts im Kontext einer „Literatur der Arbeitswelt" entstanden ist, die auch für die deutschsprachige Literatur der einheimischen Mehrheit als eine wichtige Strömung dieser Epoche anzusehen ist. Auch wenn es tatsächlich schreibende Arbeiter gab, welche die Erfahrungen aus ihrem Alltag (meistens auf Türkisch) dokumentarisch und aus einer subjektiven Betroffenheit heraus zu Papier brachten, so waren es doch von Anfang an professionelle Schriftsteller, die, von dieser „Literatur der Betroffenheit" ausgehend, schnell eine eigenständige literarische Perspektive entwickelten oder sich als Vermittler zwischen den Erfahrungen der Migranten und der Mehrheitsgesellschaft zu profilieren suchten. Aras Ören hat ein umfangreiches und eindrucksvolles Œuvre vorgelegt, das in türkischer Sprache verfasst wurde, seit den 70er Jahren aber in deutscher Übersetzung vorliegt und eine produktive Wirkung entfaltet hat. Ören begann mit einer „Berlin-Trilogie" (1973-1980: *Was will Niyazi in der Naunynstraße?*, *Der kurze Traum aus Kagithane*, *Die Fremde ist auch ein Haus*); in den 90er Jahren entwickelte sich dann ein in den frühen Texten schon angelegtes anspruchsvolles postmodernes literarisches Modell, das sich etwa in *Berlin-Savignyplatz* (1995) manifestierte und in den Tübinger Poetik-Vorlesungen (1999) einen theoretisch reflektierten Ausdruck fand. Yüksel Pazarkaya ist als Vermittler zwischen der deutschen und der türkischen Kultur in mannigfaltiger Weise hervorgetreten. Er leitete die türkische Redaktion des Westdeutschen Rundfunks, publizierte eigene Lyrik und Kinderbücher, aber auch eine profunde Einführung in die türkische Kultur für deutsche Leser (*Rosen im Frost*, 2. Auflage 1989). Im Schaffen Pazarkayas, des Chemikers und Germanisten, manifestiert sich die Beziehung und die Spannung zwischen dem türkischen Intellektuellen und den Arbeitsmigranten, für die der Autor arbeitete und für die er auch häufig sprach. Dabei zeigt sich eine Problematik, die auch noch das Schaffen eines Autors wie Feridun Zaimoglu kennzeichnet, indem nämlich einerseits der Anspruch auf Authentizität des publizistischen und literarischen Sprechens erhoben wird, andererseits diese *Authentizität gewissermaßen stellvertretend artikuliert wird.* Ein dritter Autor der ersten Generation war Güney Dal, der 1972 nach Deutschland kam und vorher in der Türkei als Journalist und Synchronsprecher gearbeitet hatte. Er betätigte sich zunächst in Berlin als Fabrik- und Transportarbeiter, veröffentlichte dann 1981 den Roman *Europastraße 5* und trat später noch mit den Roman *Der enthaarte Affe* (1988) und *Eine kurze Reise nach Gallipoli* (1994) hervor.

Zum Problem der Authentizität

In den 90er Jahren etablierte sich dann eine jüngere Generation von Autorinnen und Autoren türkischer Herkunft, der es gelang, sich innerhalb der deutschen Literatur Gehör zu verschaffen. Was bei den erwähnten Autoren bereits begonnen hatte, wurde jetzt einer breiten Öffentlichkeit deutlich: die Existenz einer deutschsprachigen Literatur von Autorinnen und Autoren nicht-deutscher Muttersprache, die selbstbewusst ihre Teilhabe an der deutschen Literatur einforderte und die ihre nicht-deutsche Herkunft nicht als „Entschuldigung" oder als eine Aufforderung zu einer Rezeption „von oben herab“ verstand. Die Verleihung des Ingeborg-Bachmann-Preises an Emine Sevgi Özdamar im Jahre 1991 kann als ein symbolisches Zeichen für die Verankerung der deutsch-türkischen Literatur innerhalb der ‚normalen‘ deutschen Literatur verstanden werden. Denn so verdienstvoll die Idee des Adelbert-von-Chamisso-Preises ist, den die Robert-Bosch-Stiftung und die Bayrische Akademie der Schönen Künste seit 1985 für Autorinnen und Autoren nicht-deutscher Muttersprache (zusammen mit einem zusätzlichen jährlichen Förderpreis) verleiht, so ist doch nicht zu verkennen, dass hier die Gefahr eines Reservats besteht, einer Etablierung eines separaten Raums für Schreibende mit einem besonderen Hintergrund und damit möglicherweise anderen Beurteilungskriterien als denen, die für alle gelten. Mit der Integration der deutsch-türkischen Literatur in die allgemeine Literaturszene ist die erfolgreiche Arbeit deutsch-türkischer Künstler im Rahmen der Bereiche Kabarett/Comedy und besonders im Film zu beobachten. Exemplarisch für diesen Bereich steht der Gewinn des Goldenen Bären der Berlinale 2005 für Fatih Akins Film *Gegen die Wand*.

Die interkulturelle Literaturwissenschaft nähert sich den deutsch-türkischen Autorinnen und Autoren selbstverständlich als gleichberechtigten Teilhabern an der deutschen Literatur der Gegenwart. Sie unterstreicht gerade die Bedeutung der interkulturellen Perspektive für die aktuelle Literatur, und sie verwendet das Instrumentarium ihrer Analysen, das in den bisherigen Kapiteln dieses Buches entwickelt wurde, mit der Absicht, die spezifische Relevanz und Leistungsfähigkeit der deutsch-türkischen Literatur herauszuarbeiten. Dabei ist aber selbstverständlich die individuelle Eigenart der zu behandelnden Autorinnen und Autoren zu respektieren. Im Folgenden werden in diesem Sinne Zafer Şenocak, Emine Sevgi Özdamar und Feridun Zaimoglu vorgestellt. Mit der Präsentation Şenocaks, der als ein intellektuell profilierter Autor gelten kann, wird der Anschluss an die Begrifflichkeit und die Themen des in diesem Buch bereits Dargestellten geleistet, indem sich zeigt, wie Şenocak eine Literatur des Hybriden konzipiert, die sich gegen orientalistische Stereotype in der Wahrnehmung der türkischen und allgemein der muslimischen Kultur wendet, und wie sich diese Literatur des Hybriden im Bezug auf Salman Rushdie in die neue postkoloniale Weltliteratur einordnet. Inhaltlich werden die Bedeutung der Reflexion deutscher Geschichte von außen, aber auch die kritische Diskussion von Geschlechterrollen und der Erfahrung von

Körperlichkeit als zentrale Anliegen Şenocaks deutlich. Im Falle von Emine Sevgi Özdamar verbindet sich der fremde Blick auf die deutsche Gesellschaft und die deutsche Geschichte seit den 60er Jahren mit einer Reflexion weiblicher Geschlechterrollen und einer kritischen Darstellung der türkischen Geschichte der späten 60er und der 70er Jahre. Darüber hinaus ist es Özdamar gelungen, einen originellen und eigenständigen Erzählton zu entwickeln, der eine als eigenwillig und attraktiv empfundene verfremdende Perspektive auf die deutsche Realität vermittelt. Feridun Zaimoglu ist als Vermittler (und Erfinder?) der „Kanak Sprak" bekannt geworden, eines hybriden Idioms, mit dem türkischstämmige Jugendliche vom „Rande der Gesellschaft" ihre Erfahrungen ausdrücken. Diese mit der Popkultur verbundene spezielle Sprache übernimmt in provozierender Weise bestimmte Vorurteile der Gesellschaft und macht sich negative Fremdbilder zu eigen, um aus der Erfahrung der Ausgrenzung ein Selbstbewusstsein zu entwickeln, das einer kulturellen Kraft entspringt, die von der Mehrheitsgesellschaft systematisch übersehen oder ausgegrenzt wird. Zaimoglu selbst steht einerseits als eine Art Vermittler zwischen den jugendlichen „Kanaksters" und dem Publikum dieser Mehrheitsgesellschaft, bemüht sich aber andererseits darum, Elemente der Kanak Sprak in eine spezifische neue deutsche Literatursprache umzuformen, auf deren Spuren sogar mit dem Roman *Liebesmale, scharlachrot* (2000) eine Art Neuschreibung eines kanonischen Textes wie Goethes *Werther* versucht wird.

Hybridität, dritter Ort, Neuformulierung von Geschlechterrollen und Körpererfahrungen – mit diesen Stichworten ist das interkulturelle Potential der deutsch-türkischen Literatur in ihren verschiedenen Ausprägungen angedeutet. Gleichzeitig erweist sich die Anbindung dieser Literatur an die Frage- und Problemstellungen der interkulturellen Literaturwissenschaft, die in diesem Buch bereits diskutiert wurden.

1. Die Vielfalt des Hybriden: Zafer Şenocak als Lyriker, Essayist und Romancier

Der Autor Zafer Şenocak hat ein literarisches Œuvre vorgelegt, das als ein wesentlicher Bestandteil der gegenwärtigen deutschen Literatur anzusehen ist. Der Verfasser dieser Texte benötigt keinen Schutzraum, kein Reservat, in dem er vor einer unvoreingenommenen Kritik mit dem Verweis auf seine Herkunft geschützt werden müsste. „Migrationsliteratur" – dieser Terminus ersetzt seit einiger Zeit den patriarchalisch-gönnerhaft-unverschämten Begriff „Gastarbeiterliteratur", der auf Autoren angewendet wurde, die nie als Gäste behandelt wurden und darüber hinaus fast nie Arbeiter waren – und ihre Literatur wurde in sozialpädagogischer Fürsorge lediglich als Dokument der Betroffenheit betrachtet. Heute wird auch der Terminus „interkulturelle Literatur"[1] verwendet – und dies durchaus zu Recht. Denn wenn auch zu konzedieren ist, dass letztlich jeder literarische Text interkulturelle Bezüge aufweist, so kann Zafer Şenocaks Werk ebenso wie die gegenwärtige deutsch-türkische Literatur insgesamt doch mit besonderem Recht als interkulturell bezeichnet werden, weil es den deutschen Leser herausfordert, weil es ihm etwas abverlangt, was ihm immer noch schwer fällt: eine Begegnung mit dem Anderen und eine Reflexion über das, was er als deutsche Literatur und deutsche Identität begreift.

In seinem Roman *Gefährliche Verwandtschaft* von 1998 lässt der Autor eine Schriftstellerfigur Zafer sprechen, die ‚authentische' Erfahrungen ihres Schöpfers artikuliert: „Doch schon bald wurde mir auf Lesungen die Frage gestellt, was denn meine Texte eigentlich mit dem Leben der Türken in Deutschland zu tun hätten? Warum schrieb ich denn nicht über die Erfahrungen der Gastarbeiter? Über Fremdenfeindlichkeit? Auch wollte man wissen, in welcher Sprache ich träumte. Ich konnte diese Fragen nicht beantworten. Ich schrieb weiter. Ich fühlte mich zu Dichtern wie Rimbaud, Celan, Eich, Huchel und Bachmann hingezogen. Romane von Kafka und Camus haben mir immer mehr bedeutet als die Werke von Yaşar Kemal."[2]

Zafer Şenocak

Zafer Şenocak[3] wurde 1961 in Ankara geboren, wuchs in Istanbul auf, zog dann 1970 mit seinen Eltern nach München, wo er auch das Abitur ablegte. Seit den frühen 80er Jahren verfasste er Gedichte und publizierte die Lyrikbände *Flammentropfen* (1985) und *Ritual der Jugend* (1987). 1990 ging er nach Berlin, veröffentlichte weiterhin Gedichte (*Das senkrechte Meer*, 1991), wurde dann aber darüber hinaus zu einem bedeutenden und brillanten Essayisten, der die Entwicklung der jungen Berliner Republik kritisch begleitete. Er veröffentlichte regelmäßig in Zeitungen, vor allem in der gemäßigt links-alternativen „Tageszeitung", und legte die glänzenden Essay-Bände *Atlas des tropischen Deutschland* (1992) und *War Hitler Araber? IrreFührungen an den Rand Europas* (1994) vor. Im Jahre 1995 publizierte Şenocak seinen ersten Roman *Der Mann im Unterhemd*, der sich schnell zu einer Prosa-Tetralogie ausweitete (*Die Prärie*, 1997; *Gefährliche Verwandtschaft*, 1998; *Der Erottomane. Ein Findelbuch*, 1999). Der bereits erwähnte Roman *Gefährliche Verwandtschaft* wurde in einer breiteren Öffentlichkeit kontrovers diskutiert, weil er eine Diskussion deutsch-türkischer Beziehungen mit Reflexionen zur Geschichte des deutsch-jüdischen Verhältnisses verband. Diese Dreiecks-Konstellation, die sehr heikle Fragen historischer Analogien und Verbindungen berührt, wird im Folgenden noch genauer betrachtet werden. 2001 trat Şenocak mit der Essay-Sammlung *Zungenentfernung. Bericht aus der Quarantänestation* hervor, die eine Tendenz zum Lakonisch-Aphoristischen mit einer beeindruckenden Steigerung sprachlicher Prägnanz verband. Dass auch Şenocaks Lyrik gereift ist, zeigt ein Band aus dem Jahre 2005 *Übergang. Ausgewählte Gedichte 1980-2005*, der neben älteren Texten zu fast zwei Drittel neue Gedichte enthält.

Şenocak und der Islam

Nach dem 11. September 2001 ist Zafer Şenocak zu einem gefragten Gesprächspartner geworden, wenn es um reflektierte Positionen zur Frage einer Konfrontation der Kulturen geht. Klar wendet er sich gegen eine bornierte Ausgrenzung des Islam und der türkischen Kultur wie der des „Orients" überhaupt, und ebenso klar ergreift er Partei für eine Aufklärung des Islam, welche die Vielfalt von dessen Tradition gegen eine fundamentalistische Verhärtung unterstreicht. Die Beschäftigung mit einer reichen türkisch-islamischen Kultur, die für Zafer Şenocak zu seiner hybriden kulturellen Identität gehört, manifestierte sich in Übersetzungen der 80er Jahre, vor allem im Blick auf Texte des alles andere als orthodoxen Mystikers Yunus Emre.[4] Eine Auseinandersetzung mit dessen Texten erscheint von besonderem Interesse, weil sie eben eine undogmatische Fülle des Islam demonstriert – eine Fülle, die auch bornierte Fremd- und Selbstbilder des Islam zu überwinden in der Lage sein könnte.

Şenocaks Teilhabe an der türkischen Kultur führt nicht zu einer Distanzierung von der deutschen Sprache, in der er lebt und arbeitet; vielmehr führt der Autor der deutschen Sprache Impulse und Traditionen zu, mit denen er die deutsche Kultur bereichert:

> Ich war froh, Dichter wie Yunus Emre und Behçet Necagitil in der Originalsprache lesen zu können. Und später auch Gedichte von ihnen ins Deutsche zu übersetzen. Durch diese Übersetzungen hatte ich das Gefühl, ihnen sehr nahe zu kommen. Dennoch war die Arbeit an diesen Übersetzungen keine Heimkehr für mich. Das Türkische in Deutschland empfand ich nie als Insel, auf die ich mich freiwillig zurückzog. Das Türkische

> in mir war nur ein Fenster mehr in dem Haus, das ich in Deutschland und in der deutschen Sprache aufgebaut hatte, ein Fenster mit Ausblick auf einen Teil meiner Kindheit, in der Wurzeln unterschiedlichen Geschmacks liegen.[5]

Zafer Şenocaks Texte bieten ein Modell für ein Selbstverständnis von literarischer Subjektivität, das als hybrid und polykontextuell bezeichnet werden kann und dessen Grundlagen im ersten Teil dieses Studienbuches vorgestellt wurden. Die alltägliche Erfahrung in unserer globalisierten Welt hat verdeutlicht, was immer schon latent wirkmächtig war: Es gibt so wenig homogene Gemeinschaften („Nationen"), wie es klar definierte homogene personale Identitäten gibt. Jedes einzelne Subjekt lebt in einem Kreuzungspunkt kultureller Zugehörigkeiten; Identität ist nicht als starre Selbst-Definition zu erreichen, sondern als ein Pendeln zwischen verschiedenen Polen, als eine Bastelei („bricolage") aus den verschiedenen Bausteinen, die eine plurale Welt zur Verfügung stellt. Aus dieser Einsicht, die schon im ersten Teil dieses Buches verdeutlicht wurde, folgt unmittelbar die fundamentale Bedeutung des Hybriditäts-Konzepts für die gegenwärtige Literatur- und Kulturwissenschaft. Zu betonen ist freilich, dass diese Zuschreibungen für alle Subjekte und damit auch für alle literarischen Texte unserer aktuellen globalisierten Gesellschaften gelten und somit beileibe nicht nur für Subjekte und Texte der Migranten. Hybrid und interkulturell ist insofern *per definitionem* jeder (heute) geschriebene Text. Dass aber die Texte, die wir als „Migrationsliteratur" bezeichnen und die wir aus einer interkulturellen Perspektive heraus betrachten, unsere besondere Aufmerksamkeit erfordern und erlangen, ist darin begründet, dass die Migranten und speziell in Deutschland die deutsch-türkischen Autorinnen und Autoren der zweiten und dritten Generation Erfahrungen von Hybridität und polykontextuellen Bezugnahmen in exemplarischer Weise darstellen. In Krisenzeiten treten Ideologien von kultureller Reinheit und Homogenität hervor, mit denen die bange Frage nach der eigenen Identität durch eine bornierte Selbstdefinition und eine aggressive Distanzierung von den Fremden beschwichtigt wird. Krisensituationen der beschriebenen Art stellen die Wiedervereinigung mit dem Aufflackern rechtsextremer Gewalt ebenso dar wie das Attentat auf die Twin Towers 2001 und seine Folgen. Gegen solche Tendenzen stehen Autorinnen und Autoren, die sich selbstbewusst und demonstrativ an der Schnittstelle zweier Kulturen positionieren.

In der Sammlung *Flammentropfen* aus dem Jahre 1985 findet sich das folgende Gedicht:

ich habe meine Füße auf zwei Planeten
wenn sie sich in Bewegung setzen
zerren sie mich mit
ich falle

ich trage zwei Welten in mir
aber keine ist ganz
sie bluten ständig

die Grenze verläuft
mitten durch meine Zunge
ich rüttle daran wie ein Häftling
das Spiel an einer Wunde.[6]

Migration als konkrete Erfahrung und als Metapher

Im Rückblick meinte der Autor bei einer Diskussion in Paderborn am 5. Dezember 2005, dass er bei der Abfassung dieses Gedichtes gar nicht an die Situation des Migranten gedacht habe, dass der Text aber dennoch als geradezu klassische Formulierung der Migrationserfahrung gedeutet worden sei. Beide Perspektiven haben ihr Recht: Eine Erfahrung des Pendelns zwischen zwei Welten ist typisch für die Angehörigen der zweiten Generation deutsch-türkischer Autorschaft, und diese Erfahrung ist schmerzhaft: Von Blut und Wunde ist die Rede. Auf der anderen Seite vermittelt die Grenze, die mitten durch die Zunge des Migranten verläuft, eine besondere Perspektive: Die „Bastardsprache"[7] des Migranten fordert die Kultur der deutschen Mehrheitskultur heraus, und diese findet in der Spannung der Migrantenexistenz eine existentielle Konstellation wieder, die für die postmoderne Welt insgesamt charakteristisch erscheint, wie unsere Darlegungen zu Salman Rushdie bereits verdeutlicht haben. So sind Şenocaks Gedichte Migrationsliteratur in zweifachem Sinne: einmal durch die Erfahrung der konkreten Migration (noch) geprägt, andererseits verweisend auf die existentielle Situation der Wanderung, des Übergangs, der Hybridität, die geradezu als Universalie der globalisierten Welt gelten kann. Şenocaks Gedichte gewinnen somit einen existentiellen Charakter und verweisen auf die Lyrik der deutschsprachigen Nachkriegsliteratur, die mit den Namen Eich, Bachmann, Celan angesprochen wurde; sie verweisen aber auch auf die lakonische Schreibweise des Lyrikers Brecht und auf die Sprachartistik des jungen Enzensberger. Ganz im Sinne der Literaturtheorie des existentialistischen Philosophen Jean-Paul Sartre vermeidet dabei die Lyrik jedes unmittelbare politisch-gesellschaftliche Engagement und reflektiert die eigene Sprachlichkeit ebenso wie die Situation des schreibenden und sprechenden Subjekts. Identitätssuche ist dabei das große Thema Şenocaks, wobei zu beachten ist, dass diese Suche nicht auf schnelle Lösungen aus ist, sondern durchaus in romantischer Tradition die Suche als einen unabschließbaren Prozess begreift. Der Migrant hat keine Heimat – aber seine Heimatlosigkeit ist ein Zustand, mit dem er zu leben gelernt hat, wie auch die ‚gewöhnlichen' Menschen den Verlust von Geborgenheit zu akzeptieren haben. So lautet ein Gedicht aus der Sammlung *Übergang* (2005):

Migration, Heimat, Identität

schau auf die Landkarte
und such dir ein behagliches Haus
alles Leben endet auf einmal dort

viel später wirst du feststellen
daß es das Land nicht mehr gibt
auf dem dein Haus steht
dein Grundbuch wird angezweifelt

du beschreibst in deinen Worten das untergegangene Land
werden dich die Kartographen verstehen
die Grenzen in deiner Sprache
jemals wieder den Grenzen
deines Grundstücks entsprechen

deine Väter haben vorgesorgt
ihre Grabsteine sind mehrsprachig[8].

Wenn Identität durch vertraute Räume hergestellt wird, dann bedeutet die Verwurzelung an einem Ort eine fraglose Identität. Wenn diese Verwurzelung aber mit dem Tod zu identifizieren ist, dann tritt eine neue Situation ein: Die Identität erscheint verloren, die Sprache wird zu einem Statthalter der Erinnerung an die verlorene Zeit, an die verlorene Harmonie; wenn aber die verlorene Zeit durch keine „Tricks der Erinnerung" (Uwe Johnson) wieder zurückgeholt werden kann, dann wird die Sprache endgültig zum Statthalter eines Verlusts. Sprache ist keine Substanz mehr, kein Ausdruck einer homogenen Identität, sondern der Ausdruck einer Verlusterfahrung, einer Spaltung zwischen dem Jetzt und dem Damals, zwischen der Existenz und der Essenz. Auch gibt es nicht mehr *eine* Sprache, sondern viele Sprachen, viele verlorene Orte ohne eine klare Verbindung, sodass „Mehrsprachigkeit" auch hier eine existentielle Bedeutung gewinnt. Die hybriden Subjekte sprechen verschiedene Sprachen mit divergierenden Erinnerungen an eine verlorene Einheit, die vielleicht nur in der verklärenden Retrospektive existiert.

Zur Idee eines „tropischen Deutschland"

Im *Atlas des tropischen Deutschland* bietet Şenocak eine fundierte Kritik homogener Nationalitäts- und Kulturkonzepte, die den deutschen Diskurs auch in der Zeit der multikulturellen Gesellschaft noch prägen. Der Titel des Essay-Bandes spielt auf einen Text Elias Canettis an, in dem der *deutsche Wald* mit seiner strengen Ordnung zu einem Symbol deutscher Mentalität stilisiert und der Anarchie und ungeordneten Fülle des *Tropenwaldes* gegenüber gestellt wird. Ein tropisches Deutschland zu befördern – das bedeutet also, die rigiden Phantasien von Reinheit und Homogenität zu erschüttern, die nach Şenocaks Meinung gerade nach der Überwindung der staatlichen Teilung Deutschlands eine ungeahnte Aktualität bekommen haben. Seine eigene Funktion und die Rolle der deutsch-türkischen Intellektuellen insgesamt versteht Şenocak als ein wichtiges Korrektiv, das die durchaus vorhandene „tropische" Hybridität der deutschen Kultur enthüllen sollte. Die Minderheitenkultur verlangt nicht eine Anerkennung im Sinne einer ungestörten Artikulation im abgetrennten Ghetto; sie beansprucht vielmehr ein Mitspracherecht bei der Konstituierung der neuen deutschen Kultur, die in der globalisierten Welt keine im engen Sinne nationale mehr sein kann. Diesem Bild des tropischen Deutschland stehen freilich politische, juristische und ideologische Traditionen entgegen. Dabei ist allein schon die Integration Deutschlands in ein vereintes Europa an einen Abschied von überkommenen nationalen Selbstbildern gebunden:

> In einem Staat, der danach drängt, daß die nationale und kulturelle Identität seiner Bürger identisch zu sein hat und der dazu noch die Abstammung seiner Bürger in erster Linie über den Blutsweg festlegt, können auf Dauer keine Minderheiten Wurzeln schlagen. Sie werden nur als Gäste toleriert, sie werden geduldet, aber nicht akzeptiert. Damit ist das türkische Dilemma in Deutschland umschrieben, das schon bald, wenn nicht schon heute, ein deutsches Dilemma in einem vereinten Europa sein wird. Denn ein Gemeinwesen, das keine Minderheiten in sich, als ihr angehörig akzeptieren kann, kann sich nur schlecht in ein multinationales System einordnen, in dem es selbst wiederum nur eine Minderheit darstellen wird.[9]

Mit dieser Kritik an einem starren Konzept deutscher Identität stehen aber die deutsch-türkischen Intellektuellen in der deutschen Gesellschaft nicht allein. Şenocak rät ihnen zur aktiven Intervention, zur engagierten Teilnahme am deutschen Diskurs. Er verwirft Resignation und plädiert für eine aktive Rolle der kulturellen Minderheit:

> Wir müssen an diesem Spiel endlich als Spieler teilnehmen und nicht als Figuren und Steine, mit denen gespielt wird.
> Wir müssen uns auf allen Ebenen der Frage stellen, wer an den Hebeln der Macht sitzt, wer über uns verfügt. Wir müssen uns bemühen, stärker am politischen Leben teilzunehmen, daran zu arbeiten, Institutionen für uns zu schaffen, Sprachrohre, um Medienwirksamkeit und Lautstärke zu gewinnen.[10]

Şenocak zeigt sich in diesen Essays als ein „poeta doctus", als ein gebildeter Dichter und Schriftsteller, und als ein Intellektueller, der den Anspruch erhebt, an dem philosophischen und kulturkritischen Diskurs der deutschen gebildeten Öffentlichkeit *als ein gleichberechtigter Partner* teilzunehmen. Er verwirft deshalb für sich und sein Schaffen bestimmte Rollenmodelle, mit denen Ausländerinnen und Ausländer aus der Türkei und dem „Orient" in Deutschland Erfolg haben. Er möchte nicht wie der Syrer Rafik Schami als ein Märchenerzähler angesehen werden, der die Erwartungen des deutschen Publikums an einen „Orientalen" in gewisser Weise wunschgemäß bedient; er möchte nicht wie die erfolgreiche deutsch-türkische Autorin Emine Sevgi Özdamar Bilder von der Türkei entwerfen, in denen diese als ein vormodernes Land erscheint und „fremde Sitten und Gebräuche, folkloristische Reminiszenzen"[11] einen exotistischen Reiz entfalten; und er möchte keine autobiographisch orientierte Prosa von fraglichem literarischen Niveau liefern wie die Schauspielerin Renan Demirkan. Selbstzuschreibungen orientalischer oder türkischer Identität, die klischeehaften Vorstellungen des deutschen Publikums entsprechen, erscheinen Şenocak ebenso problematisch wie eine an dem Modell der Authentizität orientierte Literatur, weil diese von der fraglosen Identität eines Ich und von dessen Artikulation ausgeht, die gerade im literarischen wie im politischen Diskurs zu problematisieren sind.

Gegen Klischeebilder der Türkei

Während so im *Atlas des tropischen Deutschland* eine Kritik an homogenen Kulturkonzepten der deutschen Gesellschaft vorherrscht und die kritische Funktion des Intellektuellen mit einem hybriden kulturellen Selbstverständnis hervorgehoben wird, bearbeitet Şenocak in dem Essayband *War Hitler Araber? IrreFührungen an den Rand Europas* eben die stereotypen Bilder von der Türkei und dem „Orient" insgesamt, die einem rigiden Selbstverständnis der deutschen und europäischen Kultur entsprechen und die seiner Meinung nach – wie soeben gezeigt – von der Migrationsliteratur zum Teil ungewollt bestätigt werden. Şenocak beruft sich auf die Thesen Edward Saids, der in seiner Studie *Orientalism* die klischeehaften Bilder, mit denen die Europäer den von ihnen eigentlich erst konstruierten „Orient" belegten, als Ausdruck von eurozentrischem Machtstreben gebrandmarkt hatte (vgl. zu Said die Ausführungen in Teil I); und er wehrt sich gegen eine dichotomische Betrachtungsweise, bei der Europa für Fortschritt, Vernunft, Toleranz und Aufklärung steht, während der orientalische Widerpart entsprechend Fanatismus, Despotie und Irrationalismus repräsentiert. In diesem Kontext kämpft der kritische Intellektuelle Şenocak an zwei Fronten, wenn er einerseits die klischeehaften Orient-Bilder der Europäer kritisiert, andererseits aber aufklärerische Traditionen des Islam beschwört und damit die Stärkung eines europäischen Islam gegen die wirkmächtigen Strömungen des Fundamentalismus unterstützt. Gerade der türkische Sufismus und die alevitischen Traditionen der Türkei sind ein Beweis für die Fülle der islamischen Tradition, die es für Türken wie Deutsche (neu) zu entdecken gilt. Şenocak plädiert insofern nicht für eine Missachtung der religiösen Traditionen des Islam, sondern für einen aufgeklärten Umgang mit ihnen, der durchaus den latenten metaphysischen und religiösen Sehnsüchten der Europäer wichtige Anregungen vermitteln könnte.

In der zweiten Hälfte der 90er Jahre hat Zafer Şenocak damit begonnen, die Konzeption der bastardisierten Sprache und der hybriden Literatur auf die Gattung des Romans zu übertragen. Kurze Bemerkungen zu *Gefährliche Verwandtschaft* und *Der Erottomane* sollen zeigen, dass sich hier eine anspruchsvolle Romanpoetik andeutet, von der noch manches zu erhoffen ist.

Der Plot des Romans *Gefährliche Verwandtschaft*

Die Erfahrung eines Verlusts von Identität, die als typisch für die Situation der Migranten anzusehen ist und die wir als konstitutives Element von Şenocaks Lyrik bezeichnet haben, gewinnt im Roman durchaus im Sinne einer komplexen Poetik eine besondere Produktivität. In *Gefährliche Verwandtschaft* lässt der Autor einen Erzähler auftreten, der als Sohn einer deutsch-jüdischen Mutter und eines türkischen Vaters die Hybriditätserfahrungen seines Verfassers gewissermaßen noch übertrifft. Im Zentrum des Plots steht die Recherche über den plötzlichen Tod des türkischen Großvaters im Jahre 1936. Im Spiel der Identitäten zwischen Tätern und Opfern wird der Großvater zum Täter, der für den Tod zahlreicher Armenier am Ende des Ersten Weltkriegs verantwortlich war. Ein ironisches Verweisspiel im Dreieck deutscher, deutsch-jüdischer und deutsch-türkischer Identität entwickelt sich in dem Roman, der die subjektive Identitätsproblematik mit historisch höchst belasteten und kontrovers diskutierten Gegenständen wie der Shoah und dem türkischen Völkermord an den Armeniern verbindet. Darüber hinaus kann der Text auch und vor allem als Wenderoman verstanden werden, weil ausdrücklich die Frage der kulturellen Identität der sich ausbildenden Berliner Republik diskutiert wird. Überhaupt ist als spezifischer Bezug zur europäischen Moderne der essayistische Zug des Romans zu bemerken, in dem viele Aspekte der eben diskutierten nicht-fiktionalen Texte aufgegriffen und in die fiktive Romanhandlung integriert werden. Während der Fall der Mauer bei den Bewohnern Berlins eine problematische Suche nach fester Identität in Gang setzt, versucht der Ich-Erzähler des Romans, seine spezifische „Eigenschaftslosigkeit“ zu bewahren:

> Ich hatte keine Identität. Damit hatten die Menschen in meiner Umgebung zunehmend Probleme. Es war, als hätte der Fall der Mauer, der Zusammenbruch der alten Ordnung, nicht nur eine befreiende Funktion gehabt. Ohne Mauer fühlte man sich nicht mehr geborgen. Identität ist zum Ersatzbegriff für Geborgenheit geworden. Man fixiert sich, den anderen, seine Herkunft, um Nähen und Distanzen zu bestimmen. Überall konnte man auf unsichtbare Mauern stoßen, die nach dem Fall der Mauer errichtet worden waren. Die Welt war komplizierter geworden, die Wege labyrinthartiger.[12]

Literatur als Identitätssuche

Diesem Sog der Selbstvergewisserung kann sich der Ich-Erzähler letztlich auch nicht entziehen, und so ist sein Bemühen, die Tagebücher seines Großvaters entziffern zu lassen, ein Versuch, die eigene Identität durch eine Rekonstruktion der Familientradition zu stabilisieren. Allerdings führt diese Bemühung zu dem Ergebnis, dass sich der Tod des Großvaters als Freitod und als Schuldeingeständnis herausstellt. Darüber hinaus bleibt der Ich-Erzähler in Berlin ein Außenseiter, einer, der sich in keine Gemeinschaft einfügt und damit keine stabile Identität gewinnt: „Eigentlich fühle ich mich wohler, wenn ich nicht Teil einer Schicksalsgemeinschaft bin. Ich komme mir verantwortungsloser vor. Wer erwartet schon etwas von einer Person wie mir? Wer kann mir vertrauen? Ich muß mich für nichts entschuldigen. Ich kam später dazu. Ich bin nichts Ganzes."[13] Die produktive Perspektive dieser speziellen Form von Hybridität liegt aber in der Dreieckskonstellation zwischen Deutschem, Deutsch-Jüdischem und Deutsch-Türkischem, die mit diesem Roman aufgerufen wird. Der Roman zog Kritik auf sich, weil der Gedanke nahe lag, es würde mit dieser Konstellation eine Analogie zwischen den türkischen Migranten der Nachkriegszeit und der jüdischen Minderheit im deutschen Dritten Reich suggeriert und damit womöglich die Fremdenfeindlichkeit in der Bundesrepublik mit dem Genozid an den europäischen Juden in Verbindung gebracht. Von solchen Kurzschlüssen sind Text und Autor aber weit entfernt (was sich schon in der Diskussion der türkischen Verantwortung für die Massaker an den Armeniern zeigt). Das Argument bezieht sich vielmehr auf das zentrales Thema des Autors, auf die Frage, wie die deutsche Gesellschaft deutsche Kultur versteht und wie sie ihr Kulturverständnis im Kontakt mit den im Lande lebenden Minderheiten ‚anwendet'. Und in dieser Hinsicht ist der Blick ins 19. Jahrhundert äußerst lehrreich. Denn der einzige Ausweg aus dem Antisemitismus der deutschen Gesellschaft schien damals in der Assimilation der deutschen Juden zu bestehen, in deren Eingliederung in die deutsche Kultur. Auch da-

Gegen die Assimilation kultureller Minderheiten

mals war also – selbst bei den ‚gutwilligen' Deutschen – ein starrer Kulturbegriff maßgebend, der eine Unterordnung der Minderheitenkultur unter die Mehrheitskultur postulierte. Wenn in unserer heutigen Gesellschaft das Konzept der hybriden Kulturen Gültigkeit haben soll, so betrifft es die wieder in Deutschland lebenden Juden ebenso wie die Angehörigen der deutsch-türkischen ‚Community': „Im Deutschland von heute stehen Juden und Deutsche einander nicht mehr allein gegenüber. Vielmehr ist eine Situation eingetreten, die meiner persönlichen Herkunft und Situation entspricht. In Deutschland entsteht ein Trialog zwischen Deutschen, Juden und Türken, zwischen Christen, Juden und Muslimen."[14] Ein Modell für ein deutsch-jüdisch-türkisches Bewusstsein ist der Ich-Erzähler von Şenocaks Roman, der allerdings vorsichtig erklärt: „Solche Phantasien habe ich nur, wenn ich gut gelaunt bin. Die Wirklichkeit gibt mir keinen Anlaß zu solch konkreten optimistischen Überlegungen."[15]

Eine wichtige Grundlage einer kritischen Reflexion gesellschaftlicher Wirklichkeit ist für den Ich-Erzähler des Romans auch eine Kritik an den Auswüchsen der gesellschaftlich-technologischen Modernisierung, die Anregungen der (auch „orientalischen") Mystik aufnimmt. Hier liegt eine spirituelle Quelle des Autors, die sich in seine Übersetzungen von Yunus Emre zeigte und die er auch als ein Reservoir religiöser Tradition in seinen Text einspeist:

> In den Werken von Mystikern steht, daß nur derjenige etwas von der Welt erfährt, der sie überwindet. Kann man mit Flugzeugen die Welt überwinden? Wie noch nie zuvor ist die Menschheit in die Welt verstrickt. Wir haben uns zu tief und zu hoch gewagt, zu weit haben wir uns von unserem Zentrum entfernt, und diejenigen, die danach suchen, die Suchenden, sind verloren. Sie eilen viel zu schnell aufeinander zu, richten sich nach alten Plänen, auf denen die neuen Wege nicht verzeichnet sind. Sie sehen und finden doch nichts mehr wieder.[16]

So zeigt sich die existentielle Dimension von Şenocaks Literatur auch in einem fiktionalen Text, der wie kein anderer auf die konkreten historischen und gesellschaftlichen Bedingungen Deutschlands bezogen ist.

Ein Dialog des Romans von 1998 verweist auf eine zentrale Dimension des folgenden: „‚Der Körper ist die einzige Heimat, die der Mensch hat', behauptete Heinrich kategorisch. Ich widersprach ihm. ‚Die Sprache ist wesentlich wichtiger. Nur in ihr kann man sich einrichten.' ‚Die Sprache entfremdet den Menschen sich selbst', argumentierte er. ‚Der Mensch ist ein namenloses Wesen.'"[17] Identitätssuche vollzieht sich sprachlich, aber auch im

Blick auf den Körper des Menschen, und diese letzte Dimension spielt eine zentrale Rolle in Şenocaks Roman *Der Erottomane*. Polyphonie und Erotik sind die zentralen Stichworte zur Interpretation dieses Textes, wobei sich hier Konstanten der Migrationsliteratur zeigen, die für Salman Rushdie ebenso gelten wie für die von Şenocak distanziert beurteilte Kollegin Emine Sevgi Özdamar. Vor allem die freizügige und bisweilen aufdringliche Thematisierung sexueller Phänomene spielt eine wichtige Rolle – und zwar deshalb, weil die angesprochene Identitätssuche eben gerade auch die Sphäre der Körperlichkeit einschließt und weil sich insbesondere im Hinblick auf die Geschlechterrollen eine hybride Identität im Kontext verschiedener Kulturen zu bestimmen sucht. Die Pluralität von männlichen Rollenmustern, die Şenocak im *Erottomanen* nicht ohne Ironie präsentiert, ist durch eine komplexe Erzählstruktur vermittelt. Ein Ich-Erzähler, der wie in *Gefährliche Verwandtschaft* als ein in Berlin lebender deutsch-türkischer Schriftsteller (hier freilich ohne jüdische Bezüge) vorgestellt wird, hat einen Freund Tom (ein Deutsch-Türke, der vor seiner Einbürgerung Tayfun hieß), der als Staatsanwalt arbeitet. Dieser berichtet ihm von einem Fall, bei dem ein junger Mann namens R. tot aufgefunden wurde, der wahrscheinlich von einer Prostituierten gemeinsam mit drei Helfern bei einem sado-masochistischen Ritual umgebracht worden ist. Tom übermittelt dem Ich-Erzähler Texte, die angeblich aus dem Nachlass dieses R. stammen, Notate und kürzere Erzählungen enthalten und die Erlebnisse dieses R., vornehmlich im Hinblick auf sexuelle Kontexte und eine ruhelose Reisetätigkeit, wiedergeben. Der Leser wird stutzig, als in diesen Aufzeichnungen die Rede davon ist, dass das Ich der Aufzeichnungen sich als aufgespalten in Tom und Robert erlebt, und er erfährt am Schluss, dass Tom diese Aufzeichnungen selbst verfasst hat – wobei die Vermutung erlaubt ist, die Figur des Tom wiederum als eine Projektion der Ansichten und Erfahrungen des Ich-Erzählers zu verstehen.

Polyphonie und Erotik

Der Plot des Romans *Der Erottomane*

Bedeutsam erscheint der Gedanke, dass die erotische Sehnsucht und die mit ihr verbundene sexuelle Praxis im Zusammenhang mit der Suche nach Sinn und Identität in einer komplexen und undurchschaubaren Welt eine zentrale Bedeutung gewinnen. Dabei ist ein Oszillieren zwischen verschiedenen Rollenmustern zu beobachten. Das Männlichkeitsbild kann sich in eine aggressive und aktive Männlichkeitsrolle auf der einen und in eine passive, masochistisch orientierte auf der anderen Seite aufspalten. So steht die Aufspaltung in „Tom" und „Robert" für diese divergierenden Tendenzen, wobei deutlich wird, dass

Männlichkeitsbilder und Erotik

der Gedanke der „Unterwerfung" (wörtliche Übersetzung des Wortes „Islam") im Bereich der Sexualität eine ehemals religiöse Funktion übernehmen kann, dass mit der Unterwerfung aber tabuisierte Praktiken und Mentalitäten verbunden sind, die mit einem konventionellen Verständnis von (orientalischer) Männlichkeit nicht kompatibel sind:

> Unterwerfung ist ein religiöses Gefühl. Jeder sucht seinen Gott. Robert hatte ihn gefunden <bei seiner ‚Domina'>. Gibt es Gnade? Ist nicht die Gnadenlosigkeit die eigentliche Erkenntnis beim Erdulden von Schmerzen? Robert konnte nicht an Gott glauben, glaubte aber fest an den Schmerz, den ein göttliches Wesen ihm zugefügt hatte, als es ihn erschuf. Er war ergeben, still, fügsam, willig. Tom <sein alter ego>, der Aufsässige, dieser Höllenhund, hatte ihn sein Leben lang davon abgehalten, nach seiner Bestimmung zu leben. Robert war sich sicher, daß er seinen Glauben nicht mehr verlieren würde.[18]

Umkehr der Geschlechterrollen

Diese zweifellos als blasphemisch zu bezeichnende Passage, die an Texte von Salman Rushdie erinnert, verweist darauf, dass die Beziehung von Sprache und Körperlichkeit in einem interkulturellen Roman nicht nach den dogmatischen Gesetzen einer fundamentalistischen Religiosität dargestellt werden kann; sie zeigt, dass zu der Offenheit der hybriden Kultur eine vorurteils- und klischeefreie Thematisierung von Körperlichkeit und Sexualität gehört. So wie in Emine Özdamars *Brücke vom Goldenen Horn* und in Fatih Akins preisgekröntem Film *Gegen die Wand* gegen das dogmatische Frauenbild des Islam im Blick auf die Befreiung der weiblichen Körperlichkeit rebelliert wird, genauso demonstriert Şenocaks Roman *Der Erottomane* die Befreiung des Mannes von den Erwartungen einer patriarchalischen Gesellschaft. Dabei geht das Spiel mit den geschlechtlichen Rollenerwartungen bis zur Umkehr der Geschlechterrollen: „Ihre erste Erektion war für Robert sehr schmerzhaft. Sein Loch war noch nicht weit genug. Er war ein Jungmann."[19] So ist die Hybridität als kulturelle Grunderfahrung auch auf den Bereich der Sexualität und der Geschlechterrollen zu beziehen, und die Suche nach einer männlichen Identität führt in eine Pluralität der Rollenerfahrungen, die im gewöhnlichen Leben verdrängt und durch die rigiden Regeln einer homogenen Kultur unterdrückt wird. In dieser Offenlegung des Verdrängten zeigt sich Şenocak von einer gedanklichen und sprachlichen Radikalität, die ein Zeichen für die Opposition der Literatur gegen jedes dogmatische Normbewusstsein ‚orientalisch-islamischer' oder europäisch-christlicher Tendenz darstellt. Diesen rigiden Normen und der Reinheit einer homogenen Kultur stemmt sich im erotisch-polyphonen Roman eine Sprache entgegen, die sich durch Fülle, Direktheit und Obszönität auszeichnet und dabei doch einen poetischen Charakter bewahrt. Die Wege der Hybridität sind verschlungen; sie führen in die Abgründe des Subjekts, in die Geheimnisse des Begehrens. Sie sind vom Schmerz des Außenseiters, aber auch von der Würde des Einsamen bestimmt. „Die Anderen stemmen mir ihre kollektive Identität entgegen," so schreibt Şenocak in den Aphorismen *Jenseits der Landessprache* in dem Band *Zungenentfernung*. „Kann man sich an etwas anlehnen, was einen zu erdrücken droht?"[20] Nein, die Stimme des deutsch-türkischen Dichters wird sich nicht assimilieren; sie wird eine Fremdheit und eine Provokation bewahren; sie wird mit den Elementen der deutschen Sprache eine neue Sprache erzeugen, eine „bastardisierte", eine hybride und prekäre Sprache: „Ich finde in der Sprache der Anderen Buchstaben, an die ich mich erinnere, aber es sind noch keine Wörter. Es sind Buchstaben, die zusammen an nichts erinnern. Ich stelle sie dennoch zusammen. Eine neue Sprache? Meine Sprache? Die Buchstaben sind bekannt, aber die Wörter sind neu für mich. Ich möchte diese Sprache so bauen, daß sie nach jeder Seite Fenster hat. Sie ermöglicht Zugang. Ich weiß nur nicht wo."[21]

Als Teilnehmer am Schaffens- und Kommunikationsprozess der deutschen Literatur arbeitet der türkischstämmige Zafer Şenocak an der Öffnung der deutschen Sprache wie an der Öffnung der deutschen Kultur. Diese Arbeit ist nach dem 11. September 2001 und mit dem drohenden Kampf der Kulturen noch wichtiger geworden. Wenn wir Deutschen einmal gelernt haben werden, dass es keine Vorteile bringt, im geschlossenen Raum einer Leitkultur-Debatte zu verharren, dass es vielmehr besser ist, mit der frischen Luft Unreines und Bastardisiertes in unsere Atmosphäre einzulassen, um deren Sterilität zu überwinden, dann werden wir einem Autor wie Zafer Şenocak in unserer Literatur und Kultur den Platz einräumen, der ihm gebührt.

2. Der verfremdende Blick des weiblichen Schelms: Emine Sevgi Özdamar als Erzählerin des Überschreitens

Emine Sevgi Özdamar gehört zu den profilierten Autorinnen der aktuellen deutschsprachigen Gegenwartsliteratur; ihre spezifische Erzählweise, die Verfremdung durch ausgefallene Perspektiven, durch Humor und Groteske bewirkt, hat in der deutschen Öffentlichkeit wahrscheinlich gerade deshalb einen durchschlagenden Erfolg erzielt, weil insbesondere mit ihren Romanen *Das Leben ist eine Karawanserei* (1991) und *Die Brücke vom Goldenen Horn* (1998) eine dezidierte Absage an die Perspektive der „Gastarbeiterliteratur“ verbunden ist. Denn obwohl gerade in dem zweiten Roman Erfahrungen der Autorin als Arbeiterin in Berliner Fabriken ausgewertet wurden, ist doch nicht der Ton der Betroffenheit und der sozialen Anklage vorherrschend. Vielmehr wird die interkulturelle Konstellation als eine Quelle kontrastiver Erfahrungen in den Vordergrund gerückt, die eine produktive Wirkung entfalten und die Kreativität und die Entwicklung der Protagonistin und eines spezifischen interkulturellen Schreibens positiv beeinflussen können. Ohne dass soziale und politische Fragen vernachlässigt werden – die Kritik an Aspekten ungerechter Herrschaft ist durchaus für Özdamars Schreiben konstitutiv –, ist doch die Entwicklung eines eigenständigen Blickwinkels entscheidend, die Reflexion gesellschaftlicher und individueller Erfahrungen im Medium einer Art Zerrspiegel, das die Selbstbilder der deutsche Gesellschaft und ihrer Kultur nachhaltig zu beeinflussen vermag.

Emine Özdamar

Emine Sevgi Özdamar wurde 1946 in Malatya in der Türkei geboren, verbrachte einen großen Teil ihrer Kindheit und Jugend in Istanbul und ging 1965 nach Berlin, wo sie sich in zwei Jahren Fabrikarbeit das Geld verdiente, das sie zur Finanzierung einer Ausbildung an einer Istanbuler Schauspielschule benötigte. Nachdem sie zwischen 1967 und 1970 diese Ausbildung absolviert hatte, ging sie angesichts der politischen Repression in der Türkei wieder nach Deutschland. Im Jahre 1976 arbeitete sie als Regieassistentin an der (Ost-)Berliner Volksbühne, und 1978/79 war sie mit einem Programm dieses Theaters als Schauspielerin in Frankreich tätig (mit einer Aufführung von Bertolt Brechts *Kaukasischem Kreidekreis*). In den 80er Jahren wirkte sie in Kinofilmen mit (unter anderem in *Yasemin* von Hark Bohm), und im Jahre 1982 veröffentlichte sie mit *Karagöz in Alamania* ihr erstes Theaterstück. Im Jahre 1990 veröffentlichte sie einen Band mit Erzählungen, *Mutterzunge*, und in den 90er Jahren die beiden bereits erwähnten Romane, die sie bekannt machten. 2001 erschien *Der Hof im Spiegel*, ein weiterer Band mit Erzählungen, und 2002 *Seltsame Sterne starren zur Erde*, das die autobiographisch inspirierte Reihe der Romane fortsetzte.

Die Brücke vom Goldenen Horn

Literarische Umsetzung von Fremdheitserfahrungen

Entsprechend der angedeuteten autobiographischen Grundlage schildert Özdamars Roman im ersten Teil die Erlebnisse eines jungen türkischen Mädchens, das sich als Arbeiterin in Berlin aufhält, während der zweite Teil Erfahrungen in Istanbul und Anatolien nach der Rückkehr der Protagonistin in die Türkei darstellt. Entscheidend für die literarische Konzeption der Autorin ist die Art und Weise, wie die Erfahrungen von Fremdheit und eine Ausbildung von Identität literarisch umgesetzt und zu einer exemplarischen interkulturellen Konstellation ausgestaltet werden. Die folgenden Darlegungen zeigen zunächst einige Textbeispiele und arbeiten dann den Zusammenhang zwischen der spezifischen Erzählperspektive des Romans, der Figurengestaltung und der interkulturellen Dimension des Textes heraus.

Kurz nach dem Beginn des Romans findet sich die folgende Passage:

> Ich lebte mit vielen Frauen in einem Frauenwohnheim, Wonaym sagten wir. Wir arbeiteten alle in der Radiofabrik, jede mußte bei der Arbeit auf dem rechten Auge eine Lupe tragen. Auch wenn wir abends zum Wonaym zurückkamen, schauten wir uns oder die Kartoffeln, die wir schälten, mit unserem rechten Auge an. Das linke zwickte sich immer zusammen und blieb halb geschlossen. Wir schliefen auch so, das linke immer etwas gezwickt, und am Morgen um fünf Uhr, wenn wir im Halbdunkel unsere Hosen oder Röcke suchten, sah ich, daß die anderen Frauen wie ich nur mit dem rechten Auge suchten. Seitdem wir in der Radiolampenfabrik arbeiteten, glaubten wir unserem rechten Auge mehr als unserem linken Auge. Mit dem rechten Auge hinter der Lupe konnte man mit der Pinzette die dünnen Drähte der kleinen Radiolampen biegen. Die Drähte waren wie die Beine einer Spinne, sehr fein, ohne Lupe fast unsichtbar. Der Fabrikchef hieß Herr Schering. Sherin sagten die Frauen, Sher sagten sie auch. Dann klebten sie Herr an Sher,

so hieß er in manchen Frauenmündern Herschering oder Herscher. (GH 16)[22]

Interkulturalität und Verfremdung

Der Blick durch die Lupe wird zu einem Modell für die verfremdende Wahrnehmungsweise, mit der die Ich-Erzählerin die ihr unvertraute Erfahrungswelt der Stadt Berlin zu erfassen sucht. Der Blick durch die Lupe zeigt Details in einem stark vergrößerten Ausschnitt, ermöglicht aber nicht die Einordnung einer Einzelheit in ein größeres Ganzes. Während der Einheimische daran gewohnt ist, das einzelne Phänomen in eine kausal geordnete Kette von Erscheinungen einzuordnen und es damit einer eventuellen Sonderlichkeit oder Bedrohlichkeit zu berauben, ist das Bewusstsein der Ich-Erzählerin ganz auf die Einzelheiten der konkreten Erfahrung bezogen und damit auch diesen Details ausgesetzt, weil eine Orientierung in einem strukturierten Ganzen ausbleibt. Für den Rezipienten des Romans ergeben sich aus dieser spezifischen Wahrnehmungsweise verfremdende Effekte: Das ihm Vertraute erscheint in einem ungewohnten Licht; die üblichen Proportionen der Dinge sind verschoben. Diese Aufmerksamkeit auf die isolierte Einzelheit und der Verzicht auf deren Einbettung in eine vertraute Ordnung können komische und satirische Effekte bedingen; sie können aber auch in der Groteske die Grenze zwischen Komischem und Schrecklichem besetzen. Ein weiterer verfremdender Effekt, der mit der Perspektive der jungen Erzählerin verbunden ist, besteht in deren Verhältnis zur deutschen Sprache. Da diese wie ihre Freundinnen in der Fabrik nicht mit den semantischen und syntaktischen Strukturen der Sprache vertraut ist, behandelt sie die einzelnen Elemente der Sprache ähnlich wie die Einzelphänomene der Wahrnehmung, indem sie sie isoliert – und das heißt hier auch in ihrer phonetischen Materialität betrachtet. Dabei ist in dem zitierten Beispiel eine Form der Mimikry zu beobachten, wie sie auch in der von Homi Bhabha beschriebenen kolonialen Konstellation auftritt: Indem „Herr Schering" in „Herscher" umgeformt wird, zeigen sich in einer subversiven Verkehrung die Herrschaftsverhältnisse, die das Verhältnis von einheimischen Deutschen und „Gastarbeitern" bestimmen. Diese Entlarvung repressiver Strukturen ist aber nicht durch den penetranten Ernst einer dokumentarisch orientierten engagierten Literatur gekennzeichnet, sondern durch die leichte Komik eines subversiven Bewusstseins, das sich naiv und unbedarft gibt und auf die Heiterkeit eines befreienden Lachens setzt.

Mimikry

Die entscheidende interkulturelle Dimension dieses Verfahrens liegt darin, dass der verfremdende Blick von außen, der auf einer mangelnden erkenntnistheoretischen und sprachlichen

Vertrautheit mit den Verhältnissen im fremden Land beruht, zu einem enthüllenden und subversiven Blick wird, mit dem verdrängte Aspekte der Wirklichkeit dieses fremden Landes ans Tageslicht gebracht werden. Dies kann an einem anderen Beispiel belegt werden. Die Ich-Erzählerin und ihre Freundinnen gehen abends oft zum vom Krieg beschädigten Anhalter Bahnhof, um dort mit ihren Eltern in der Türkei zu telefonieren: „aus dem linken Busfenster sah ich den Anhalter Bahnhof, der wie das Hebbeltheater gegenüber unserem Wohnaym stand. Wir nannten ihn den zerbrochenen Bahnhof. Das türkische Wort für ‚zerbrochen' bedeutet gleichzeitig auch beleidigt. So hieß er auch ‚der beleidigte Bahnhof'" (GH 25). „Der beleidigte Bahnhof" heißt auch der erste Teil des Romans, der in Berlin spielt. Der Erkenntniswert der verfremdenden Perspektive auf die deutsche Wirklichkeit zeigt sich in diesem Fall besonders eindrucksvoll: Die zufällige Assoziation zwischen „zerbrochen" und „beleidigt", die nur in der fremden Sprache des Türkischen funktioniert, wird produktiv, weil sie eine generelle Aussage über die Stadt Berlin und ihre Menschen ermöglicht, wie die folgende Passage zeigt, die einen Sommertag in der deutschen Metropole beschriebt:

> Alle wollten die Sonne fangen, festhalten, unter ihren Mänteln, in den Wohnungen einsperren. <...> Die Menschen, die in den dunklen Bussen saßen, schauten auf die Ladenbesitzer, als ob diese ihnen gerade die Sonne weggenommen hätten und drehten ihre Köpfe hinter den Glasscheiben von ihnen weg. Unter der schwachen Sonne war Berlin eine beleidigte Stadt. Jeder guckte jeden an und dachte, meinem Nachbarn geht es besser als mir. (GH 101)

Die Körperlichkeit der Sprache

In ihrer Dankesrede zur Verleihung des Adelbert-von-Chamisso-Preises im Jahre 1999, ein Jahr nach Erscheinen des Romans *Die Brücke vom Goldenen Horn*, erklärte Emine Özdamar: „Meine deutschen Wörter haben keine Kindheit, aber meine Erfahrung mit deutschen Wörtern ist ganz körperlich. Die deutschen Wörter haben Körper für mich."[23] Diese Körperlichkeit der Wörter betrifft deren Lautgestalt, die in ihrer Materialität betrachtet wird, ohne dass unmittelbare semantische Zuordnungen erfolgen würden. Die deutschen Wörter werden aber auch in ihrer Bedeutung analysiert, wobei die Ich-Erzählerin von den Konventionen ausgeschlossen erscheint, an die sich die Teilnehmer der Sprachgemeinschaft in ihrer Sozialisation gewöhnt haben. Diejenige Sprecherin, die keine Kindheit mit der deutschen Sprache erlebt hat, kann also den deutschen Wörtern in einer gewissermaßen künstlichen Kindheit gegenüber treten; sie kann die Wörter und die Sätze betrachten und ihnen Bedeutungen entnehmen oder verleihen, die hinter den Konventionen der Sprachgemeinschaft verborgen sind. So wird verständlich, wie die Forschung von der zentralen Bedeutung inszenierter Naivität in der Erzählperspektive Özdamars sprechen konnte.[24] Dieser Zusammenhang von inszenierter Naivität und interkultureller Konstellation, speziell in der deutsch-türkischen Begegnung, soll im Folgenden etwas genauer analysiert werden.

Inszenierte Naivität und interkulturelle Konstellation der deutsch-türkischen Begegnung

Schiller und Adorno über Naivität

Die Kategorie des Naiven ist in der Tradition der deutschen Literaturtheorie von herausragender Bedeutung. In seiner Schrift *Über naive und sentimentalische Dichtung* (1796) gibt Friedrich Schiller folgende Elemente einer Definition des Naiven[25]:

- Das Naive ist das Kindliche, wo es nicht mehr erwartet wird;
- Im Naiven steht die Natur mit der Kunst im Kontrast und beschämt sie;
- Wir lieben in den Kindern das stille schaffende Leben, das ruhige Wirken aus sich selbst;
- Die Kinder als die Naiven sind, was wir waren; sie sind, was wir wieder werden wollen.

Theodor W. Adorno hat in seinem Essay *Über epische Naivetät* eine Verbindung zwischen dem Phänomen des Naiven und den Grundzügen des Epischen, des Erzählens hergestellt. „In der epischen Naivität“, so erklärt er, „lebt eine Kritik der bürgerlichen Vernunft. Sie hält jene Möglichkeit von Erfahrung fest, die zerstört wird von der bürgerlichen Vernunft, die sie gerade zu begründen vorgibt.“[26] Das Naive des Erzählens impliziert ein unbewusstes Vertrauen in die Bedeutung von Individualität, die sich trotzig den Unifomierungstendenzen der modernen Massengesellschaft entgegen stellt. „Etwas erzählen heißt ja: etwas *Besonderes* zu sagen haben, und gerade das wird von der verwalteten Welt, von Standardisierung und Immergleichheit verhindert.“[27]

Diese Bestimmungen können nun auf Özdamars Roman angewendet und auf ihre interkulturelle Tragweite hin analysiert werden. Zunächst ist zu betonen, dass Schiller wie Adorno darauf verweisen, dass das Naive wie auch die erzählerische Naivität eigentlich ein Phänomen darstellen, das uns gewissermaßen nur in seinem Verschwinden auffällt. Keiner kann im Sinne einer bewussten Selbstreflexion sagen: „Ich bin naiv!" (Man kann höchstens im Nachhinein und dann mit negativer Konnotation zum Beispiel sagen: „Es war naiv von mir, diesem Menschen zu vertrauen.") Vor diesem Hinterrund ist zu unterstreichen, dass hier nicht der Autorin Özdamar Naivität unterstellt werden soll. Es handelt sich um eine Form der Naivität, die als literarisches Prinzip und als Erkenntnismittel eingesetzt wird, um die Konfrontation eines türkischen Mädchens mit der unbekannten Wirklichkeit Deutschlands in der zweiten Hälfte der 60er Jahre literarisch zu gestalten. Diese inszenierte Form der Naivität kann demnach Konventionen einer deutschen Gesellschaft entlarven, die es vordergründig nicht versteht und nur von außen ohne ein adäquates Vorverständnis zu analysieren in der Lage ist. Der deutsche Leser des Romans trifft somit auf eine verfremdende Darstellung seiner Welt, wobei dieses Verfemdungsphänomen durch eine Erzählinstanz hervorgerufen wird, welche die alltäglichen Konventionen nicht teilt, die jede Erfahrung von Wirklichkeit innerhalb der Gesellschaft bestimmen. Indem das Bewusstsein des Naiven Vorstellungen von ‚natürlichem' Leben, von der Spontaneität und dem freundlichen Gefühl der Menschen voraussetzt und darauf setzt, dass in der Erzählung positive Erfahrungen dieses ‚natürlichen' Bewusstseins mit der fremden Welt beschrieben werden können, zeigt sich die Entfremdung und das Widernatürliche der Konventionen, welche die „verwaltete Welt", die moderne Gesellschaft, regieren.

Inszenierte Naivität

Entscheidend ist aber nun, dass dieser Effekt des Naiven in Özdamars Roman als ein interkulturelles Phänomen zu verstehen ist. Die Ich-Erzählerin ist ja in Wirklichkeit kein „Kind der Natur", sondern stammt aus einer anderen Kultur als der deutschen; in der Konfrontation mit der deutschen Gesellschaft wird aber die Ich-Erzählerin, die in der deutschen Sprache ein Kind ist, zu einer Art kindlichen Beobachterin, die bestimmte Fehlentwicklungen der ‚erwachsenen' deutschen Gesellschaft zu enthüllen vermag. Es sei wiederholt: Dieses naive Bewusstsein ist nicht das der Autorin, und es wird auch kein Zurück zur Natur gegenüber den Verhältnissen einer modernen Gesellschaft postuliert. Es gelingt Özdamar vielmehr im ersten Teil ihres Romans, in der Konfrontation des ‚naiven' Bewusstseins der jungen Türkin mit der deutschen Gesellschaft einen verfremdenden Blick auf diese zu inszenieren, der beim deutschen Lesepublikum der späten 90er Jahre sehr positiv aufgenommen wurde.

Inszenierte Naivität als interkulturelles Phänomen

Dies liegt nicht zuletzt daran, dass durch den Kontrast zwischen der naiven Perspektive der Ich-Erzählerin und den Verhältnissen der deutschen Gesellschaft Effekte des Komischen, des Schwankhaften, des Grotesken und des Absurden entstehen. Das befreiende Lachen über die Merkwürdigkeit des Dargestellten führt zu einer Komplizenschaft zwischen dem Leser und der Ich-Erzählerin, hinter der man die Autorin zu erkennen meint, die durchaus humorvoll die Effekte des Komischen und Heiteren zu inszenieren weiß. Ein Beispiel für diese Effekte zeigt die folgende Episode, die von dem noch zu erörternden wesentlichen Thema des möglichen Verlusts der weiblichen Unschuld mitbestimmt ist. Rezzan, eine Freundin der Ich-Erzählerin, ist mit einem türkischen Studenten allein auf ihr Zimmer gegangen, und vor dem Liebesspiel haben die beiden eine Currywurst gegessen:

Naivität, Komik, Groteske

> Sie zogen sich aus, das Bett war alt und wackelte, und irgendwann brach das Bett über der Currywurst und dem Ketchup zusammen. Der Ketchup beschmierte ihre Arme, ihr Gesicht und ihre Beine, und Rezzan rief voll Schrecken unseren kommunistischen Heimleiter an: „Hilfe, ich verblute!" Der kommunistische Heimleiter alarmierte sofort die Feuerwehr und lief selbst zu Rezzans Wohnung. Die Feuerwehrmänner lachten: „Das ist kein Blut, das ist Currywurst mit Ketchup." (GH 89)

Hier zeigt sich die Naivität der Freundin, und der literarische Effekt liegt in einer Mischung aus Komik und Groteske, der sich dadurch ergibt, dass das auf die existentiellen körperlichen Erfahrungen bezogene Denkens des Mädchens mit einem Phänomen der deutschen und Berliner Alltagskultur („Currywurst") verbunden wird. Während aber hier die interkulturelle Konstellation nicht zu einem bedrohlichen und bedenklichen Resultat führt, ist es bei einer weiteren Episode ganz anders. Als vier junge Deutsche die Ich-Erzählerin in eine Westberliner Villa mitnehmen, wird Folgendes erzählt:

> Es war dunkel im Zimmer, nur der Fernseher gab etwas Licht.<...> Während ich über Scharlo <Charlie Chaplin> lachte, schob einer der Jungen schnell meinen Pulli an meinem Rücken hoch und drückte seine brennende Zigarette an meinem Rücken aus. Ich schrie auf und drehte mich um, um zu sehen, welche Hand das getan hatte. Die vier jungen Männer aber saßen, die Hände über ihren Beinen, da und schauten weiter auf den Fernseher. Ich blieb sitzen und konnte mich nicht mehr bewegen, nicht aufstehen und aus dem Zimmer gehen. Die vier jungen Männer saßen da, als ob die vier Körper nur einen Kopf

> und ein Gesicht hätten, und dieses gemeinsame Gesicht versteckte vor mir, wer die Zigarette auf meinem Rücken ausgedrückt hatte. <...> Als ich in unserem Frauenwohnnaym angekommen war, ging ich ins Bad und schaute mir sofort im Spiegel meinen Rücken an. Eine braune Wunde. (GH 78f.)

Das Besondere an der Erzählperspektive liegt in dieser Passage darin, das die Ich-Erzählerin eigentlich auf jede moralische Bewertung des Vorfalls verzichtet. Ihre Beschreibung des Vorgefallenen erinnert an das Modell der Lupe: Sie erkennt Einzelheiten, ist aber nicht in der Lage, kausale Beziehungen herzustellen und den Täter zu identifizieren. Der Verfremdungseffekt liegt in dieser Passage darin, dass diese Episode, in welcher der Ich-Erzählerin von Deutschen Gewalt angetan wird, in dem gleichen Ton erzählt wird wie die komischen und grotesken Schilderungen der übrigen Erlebnisse. Die Wirkung auf den Rezipienten des Romans ist aber durchaus intensiv, da dieser ja gerade von der inszenierten Naivität der Erzählerin absehen und die Bewertung des Geschilderten selbst vornehmen kann. Dabei ist bezeichnend, dass die Gewaltanwendung gerade in der gut situierten Villa geschieht, dass also die Aggression gegen die Fremde als ein Phänomen dargestellt wird, das gerade in sogenannten besseren Kreisen zu beobachten ist.

Die besondere interkulturelle Dimension von Özdamars Roman liegt nicht in der Konfrontation starrer Bilder des Türkischen und des Deutschen und auch nicht in der Herstellung einer imaginären deutsch-türkischen Synthese, sondern darin, dass die Ich-Erzählerin eine Perspektive von außen einnimmt, mit welcher die stillschweigenden Übereinkünfte und fraglosen Selbstverständlichkeiten der deutschen Gesellschaft kritisch in Frage gestellt werden – und zwar einfach dadurch, dass sie ihre Selbständigkeit verlieren. Indem das vermeintlich Normale als komisch, grotesk und/oder borniert erscheint, wird deutlich, dass das Engagement des interkulturellen Schreibens eine Orientierung des Denkens und des Verhaltens bewirken möchte, das von einer permanenten Bereitschaft zur Veränderung und Neudefinition gekennzeichnet ist. Starre Identitäten und homogenen Selbstbilder werden dadurch in Frage gestellt. Es wird nicht ein vermeintlich typisches Bild der Deutschen gezeichnet (auch nicht das einer deutschen Leitkultur); es wird vielmehr aufgezeigt, dass eine problematische Haltung im Deutschland der 60er und 70er Jahre verbreitet ist, die sich als Borniertheit und als Beharren auf rigiden Denk- und Verhaltensmustern beschreiben lässt. Die Ich-Erzählerin als Migrantin steht für eine Offenheit und 'naive' Neugier sowie für die Fähigkeit einer ,natürlichen' Bereitschaft zur Neudefinition und Veränderung – und diese Haltung kann auch für die Mitglieder der Mehrheitsgesellschaft von besonderer Attraktivität sein. Das besondere Interesse der deutschen Leserinnen und Leser an Özdamars Texten beruht möglicherweise auf einer Offenheit bestimmter Schichten und Kreise der aktuellen deutschen Gesellschaft gegenüber einem solchen Konzept einer hybriden Identität und einer permanenten Veränderung.

Ein weiblicher Schelmenroman

Vor dem Hintergrund dieser Überlegungen wird auch deutlich, warum *Die Brücke vom Goldenen Horn* auch unter Verweis auf das Paradigma eines weiblichen Schelmenromans gelesen werden konnte.[28] Mit ihrer Weigerung, eine feste Identität anzunehmen, mit ihrer Bereitschaft, sich den ,natürlichen' Anregungen zur ständigen Veränderung zu stellen, und mit ihrer komischen Distanz zu den für selbstverständlich erachteten Normen und Konventionen der (deutschen) Gesellschaft erfüllt Özdamars Ich-Erzählerin das traditionelle Schema des Picaro, der als Außenseiter der Gesellschaft dieser satirisch einen (Zerr-)Spiegel vorhalten konnte. Der Schelm provoziert die Vorstellungen von Normalität, die für eine Gesellschaft kennzeichnend sind, und lädt diese zu einer Selbstreflexion über die eigenen Normen und Verhaltensmuster ein. Der interkulturelle Roman kann ein ähnliches Wirkungsmuster entwickeln, bei dem allein die Tatsache, dass sich die Mehrheitsgesellschaft der Relativität und Kontingenz vieler eigener Werte und Praktiken bewusst wird, ein kritisches Potential entfalten kann.

Die Entwicklung der Ich-Erzählerin

Von entscheidender Bedeutung für die Interpretation des Romans *Die Brücke vom Goldenen Horn* ist freilich die Einsicht, dass die inszenierte Naivität der Erzählfigur nicht ungebrochen durchgehalten werden kann. Es würde nicht plausibel erscheinen, wenn im gesamten Roman eine Erzählperspektive vorherrschen würde, die ohne erkennbare Entwicklung und ohne einen Zugewinn an Erfahrung gewissermaßen immer die gleichen Kriterien und Maßstäbe zur Interpretation der fremden Wirklichkeit anlegen würde. Konsequenterweise verbindet Özdamar die von ihr durchaus intendierte Weiterentwicklung der Ich-Erzählerin (und damit auch die Modifizierung der Erzählperspektive) mit einem Raumwechsel. Es erscheint konsequent, dass im Kontext eines deutsch-türkischen interkulturellen Romans eine

Konfrontation der Erzählfigur mit der deutschen wie der türkischen Gesellschaft thematisch wird. Özdamar gewährt ihrer Erzählerin aber eine Zwischenstation, einen Aufenthalt in Paris, wo es auf der Handlungsebene zu einer erotischen Beziehung mit einem spanischen Studenten kommt. Wie in Şenocaks Roman *Der Erottomane* erweist sich die Frage nach der Körperlichkeit und dem Verständnis der Geschlechterrollen als eine zentrale für die interkulturelle Romanperspektive. Wie sich im Hinblick auf die Frage nach dem Verlust des „Diamanten", das heißt der weiblichen „Unschuld", zeigt, ist die Ausgestaltung der Sexualität von entscheidender Bedeutung für Personen, die nicht bereit sind, sich den rigiden Moral- und Ehrenvorstellungen einer bestimmten Kultur und Religion zu unterwerfen. Es zeigt sich in diesem Zusammenhang, dass gerade der Bereich der Sexualität ein wesentlicher Bestandteil des Selbstverständnisses bestimmter Kulturen ausmacht. Wenn sich aber jemand aus dem Geltungsbereich dieser Kultur hinaus begibt, dann kommt es zu einer Situation der Freiheit und Selbstbestimmung, die mit einem neuen System von Normen und Verhaltensmustern ‚aufgefüllt' werden muss. Für die Ich-Erzählerin als eine junge Türkin steht fest, dass eine Emanzipation von der Herkunftskultur mit einer Befreiung aus den Rollenmustern der konservativen islamischen Weltanschauung verbunden sein muss. Es geht ihr also darum, so schnell wie möglich ihren „Diamanten" zu verlieren, damit sie die Freiheit gewinnt, eine souveräne Künstlerin und Schauspielerin zu werden. Gleichzeitig sucht sie aber nicht nur nach einer schnellen körperlichen Befriedigung, sondern auch nach einer intensiven emotionalen Bindung. Dabei ist es weder ein Partner aus ihrer Herkunftskultur noch ein Deutscher (hier wirkt das Erlebnis mit der ausgedrückten Zigarette möglicherweise nach), der ihr das ersehnte Initiationserlebnis vermittelt, sondern eben der erwähnte spanische Student. So ist es charakteristisch, dass der deutsch-türkische Roman eine Erweiterung in die Richtung einer europäischen Dimension erfährt, wenn die körperliche und erotische Befreiung der Protagonistin dargestellt werden soll. Allgemein gesprochen, gehören die Sexualität und die Erotik zu den Bereichen, die im Kontext einer interkulturellen Konstellation neu bestimmt und neu definiert werden müssen. In der Wendung gegen die rigide Sexualmoral der türkisch-muslimischen Gesellschaft ist bei den deutsch-türkischen Autoren (wie auch in Akins Film *Gegen die Wand*) eine Art anthropologischer Grundüberzeugung zu erkennen, die sich als Wendung gegen die Unterdrückung se-

Bilder von Weiblichkeit und Sexualität

xueller Triebe und Bedürfnisse artikuliert. Es ließe sich wohl die These aufstellen, dass in der interkulturellen Konstellation die Praktiken und Normen der Sexualität neu ausgehandelt werden müssen und dass die Dimension des Erotischen ein Modell der Grenzüberschreitung vermittelt, das für die Utopie einer permanenten Selbstveränderung und Selbstüberschreitung einen Vorbildcharakter gewinnt.

Istanbul als Handlungsraum

Im zweiten Teil des Romans vollzieht sich ein weiterer wesentlicher Abschnitt der Entwicklung, welche die Perspektive der Ich-Erzählerin verändert und erweitert. Sie kehrt nach Istanbul zurück und erlebt diese Stadt als einen Ort des Übergangs zwischen Asien und Europa. Die Brücke vom Goldenen Horn als ein weiterer, diesmal innereuropäischer Übergang innerhalb der türkischen Metropole wird zum Bild für den ständigen Übergang und die permanente Selbstüberschreitung, die für die Entwicklung der Ich-Erzählerin charakteristisch ist. Sie besucht in Istanbul eine Schauspielschule und wird dabei mit den Entwicklungen einer türkischen Avantgarde konfrontiert, die im Kontext der weltweiten Jugendrebellion der Jahre um 1968 wesentliche Entwicklungen der europäischen Avantgarden aufnimmt und selbständig verändert. Das erzählende Ich erlebt in gewissem Sinne eine Enkulturation, eine Durchdringung der politischen, theatralischen, cineastischen und allgemein künstlerischen Moderne, und auch auf einer Reise nach Anatolien eine erschütternde Konfrontation mit der Rückschrittlichkeit der türkischen Provinz. Gegenüber diesen von großem Engagement und existentiellem Ernst getragenen ‚fortschrittlichen' Bestrebungen nimmt die Ich-Erzählerin eine bewundernde Haltung ein, die Perspektive einer Schülerin, die sich darum bemüht, die Intellektuellen (bei denen es sich durchweg um Männer handelt) zu verstehen und ihnen nachzueifern. Trotz einer gestiegenen Ernsthaftigkeit des Erzähltons gewinnen aber auch im türkischen Teil des Romans immer wieder die ‚naiven' und ‚schelmenhaften' Momente des Erzählens die Oberhand, wie etwa im Hinblick auf die auch hier zentrale Frage der Sexualität. Nachdem ihr bewunderter Freund Kerim der Ich-Erzählerin erklärt hat, dass die chinesischen Mädchen der Kulturrevolution und die italienische Schauspielerin Anna Magnani auf eine neue, bewusstere Art Sex machten, erklärt sie im Rückblick Folgendes:

> <...> ein bewußtes chinesisches Mädchen mit bewußem Sex zu sein, war schwierig. Wir blieben drei Tage in einem Zimmer und liebten uns. Manchmal ging er kurz aus dem Haus, kaufte viel Obst, kam und schüttete es aus der Tüte über mich ins

> Bett. Ich nahm einen Pfirsich in die Hand, roch daran und wollte bewußter werden, konnte aber an nichts anderes denken, als Sex mit ihm zu machen. Mein Körper lernte neue Gefühle kennen und vergaß sie nicht mehr und fing an, süchtig nach ihnen zu werden. (GH 252)

Hier zeigt sich, dass die Wendung gegen gesellschaftliche Konventionen und starre Regelungen menschlichen Verhaltens sich auch gegen eine Art linken Konformismus wendet, der sich für die Befreiung der Menschen einsetzt, gleichzeitig aber neue Mechanismen der rigiden Verhaltenslenkung einführt. Dass die Ich-Erzählerin am Ende der Romanhandlung beschließt, die Türkei zu verlasen, liegt aber nicht an dieser Distanz zu den herrschenden Diskursen der progressiven Protestbewegung, sondern an dem repressiven Klima in der Türkei im Umfeld des Militärputsches von 1970, in dessen Verlauf auch ihr Geliebter Kerim verhaftet und gefoltert wird.

Die Entwicklung der Ich-Erzählerin ist insofern als ein Durchgang durch bestimmte Momente der deutschen wie der türkischen Kultur zu verstehen (wobei aufgrund der Lebenssituation die Anregungen durch das deutsche Umfeld nicht in kulturellem Wissen bestehen können), als ein Durchgang, der aber nicht zu einer Identifizierung mit einer der beiden kulturellen Einheiten führt, sondern vielmehr die Erzählperspektive des Romans ermöglicht, die sich in einer charakteristischen Distanz gegenüber den jeweiligen Kulturen befindet. Wenn die zentrale Metapher der Brücke für das Zwischen des Interkulturellen steht, so zeigt sich dieses Zwischen in Özdamars Roman als die Notwendigkeit für das Individuum, jenseits der rigiden kulturellen Normbildungen einen eigenen Weg zu finden, der Anregungen von verschiedenen Seiten aufnimmt, sich aber auch nicht in einem wiederum klar definierten Zwischenraum einschließen lässt. Der erwähnte Abstecher der Ich-Erzählerin nach Frankreich verstärkt die Einsicht, dass das Interkulturelle der deutsch-türkischen Literatur nicht als Summe oder Schnittmenge von zwei Kulturen zu verstehen ist, sondern als eine souveräne Position, die sich jeder Identifikation verweigert und eine Position der ständigen Bewegung einnimmt, die zwischen den Kulturen, aber auch zwischen den Stühlen angesiedelt ist – ohne diese Außenseiterposition aber als einen Makel zu empfinden. Nein, die Position der inszenierten Naivität und des weiblichen Schelms hält den jeweiligen (Sub-)Kulturen einen Spiegel vor und kritisiert damit deren Borniertheiten; sie propagiert keine neu zu definierende deutsch-türkische Kultur, sondern eine Freiheit, die sich der Aufgabe stellt, neue Verhaltensmuster und Normen in der Gestaltung des Lebens in der interkulturell bestimmten Welt der Gegenwart zu entwickeln. So ist die deutsch-türkische Literatur im Paradigma Emine Sevgi Özdamars nicht nur zweidimensional auf die beiden Kulturen des Deutschen und des Türkischen bezogen, sondern durch einen offenen Horizont charakterisiert, der eine europäische und eine im weitesten Sinne weltliterarische Dimension annimmt.

3. Die subversive Kraft der Außenseiter: Feridun Zaimoglus *Kanak Sprak*

„Kanak Sprak" als Protest und als Ausdruck einer hybriden kulturellen Identität

Mit Feridun Zaimoglus *Kanak Sprak* sind wir mit einem Modell deutsch-türkischer Literatur konfrontiert, das eine provozierende Attitüde demonstriert und von der Prämisse ausgeht, dass das Zusammenleben zwischen Deutschen und Migranten (und vor allem den Kindern der zweiten und dritten Generation) keinesfalls konfliktfrei verläuft, sondern durch eine Stigmatisierung der als fremd empfundenen jugendlichen Außenseiter gekennzeichnet ist.[29] „Kanak Sprak" war zunächst eine Initiative und ein Text eines bestimmten Autors, wurde aber schnell zu einer Art Bewegung jugendlicher Migranten eben der zweiten und dritten Generation, die auf die Diskriminierung der Mehrheitsgesellschaft nicht mehr durch Anpassung und Assimilation reagieren wollen, sondern trotzig den Wert und die Stärken ihrer eigenen Kultur und ihres eigenen Selbstverständnisses hervorkehren möchten. In dem Wort „Kanake", das aus Neukaledonien stammt und in der Sprache der „Ureinwohner" schlicht „Mensch" bedeutet, von den Franzosen aber schnell in ein Schimpfwort für vermeintlich primitive und kulturlose „Eingeborene" verwandelt wurde[30], zeigt sich beides: die verächtliche Abwertung (vor allem) türkischer Jugendlicher durch viele Deutsche und diese trotzige Inanspruchnahme des Schimpfwortes als Definition der eigenen Identität. In dem Wort „Kanake" zeigt sich somit die subversive Potenz einer Stigmatisierung, die Umkehrung von „hate speech" (Judith Butler), die subversive Aneignung eines Schimpfwortes, die Ausnutzung des Unterschiedes zwischen „genannt werden" und „sich nennen". Denn wenn sich jemand selbst „Kanake" nennt, führt er eine Reflexion über die Grundlagen einer verächtlichen Herabwürdigung herbei – und insbesondere eine kritische Besinnung auf die Werte der Mehrheitsgesellschaft, die zu der Stigmatisierung der Außenseiter führen. Das Projekt „Kanak Sprak" nähert sich im Gegensatz zu den Konzepten von Şenocak und Özdamar deutlich der postkolonialen Perspektive, weil Zaimoglus Fragestellung sich mit Überlegungen von Gayatri Chakravorty Spivak berührt, die das Problem aufgeworfen hatte, dass der „Subalterne", der Angehörige einer kolonialisierten Minderheit, sich schon allein deshalb nicht selbst artikulieren kann, weil die kolonialistische Kultur ihm (oder ihr) sogar die eigene Sprache weggenommen hat.[31] Den Diskurs des Kolonialherren aufzunehmen, bedeutet nach dieser Auffassung in eine Falle zu tappen, weil der Subalterne die eigene Identität und die eigenen Bedürfnisse niemals in der fremden Sprache oder in der Logik des kolonialen Diskurses artikulieren kann. Diese Aporie bezieht sich auch auf den Diskurs der „fortschrittlichen" europäischen Intellektuellen, so etwa des Marxismus oder – im aktuellen Fall – eines poststrukturalistisch-alternativen Multikulturalismus, der sich zwar die Achtung der Minderheitenkultur auf die Fahne geschrieben hat, aber – in Zaimoglus Perspektive – die Tendenz erkennen lässt, seinerseits an Stelle der Minderheit zu sprechen und sie damit zu bevormunden. Zaimoglus Intention ist also, die „Kanaken" selbst sprechen zu lassen, und zwar in einer Sprache, die sich in Syntax, Metaphorik und Logik den Normen des Standarddeutsch verweigert und auf diese Weise in der Lage seien soll, authentische Befindlichkeiten auszudrücken, die aber keineswegs den Erwartungen einer „political correctness" entsprechen. Zwei Aporien zeigen sich freilich auch bei Zaimoglus Projekt: Einerseits ist – wie zu zeigen sein wird – die „Authentizität" der präsentierten Texte zweifelhaft, sodass sich die Frage stellt, ob Zaimoglu selbst hier nicht als Repräsentant derer auftritt, die sich nicht selbst artikulieren können, und ob er nicht sogar aus der Sprachnot seiner „Kanakster" einen ästhetisch-poetischen Funken schlägt, der letztlich seiner eigenen literarischen Ausdrucksfähigkeit zugute kommt. Andererseits stellt sich die Frage, ob die Abgrenzung von der deutschen Mehrheitsgesellschaft und die Suche nach einem kulturellen Gegenmodell nicht zu antizivilisatorischen Affekten (in der Opposition gegen den Diskurs des deutschen „Establishments") und zu einer Art „Selbst-Orientalisierung", das heißt zu einer Identifikation mit Klischees des Türkisch-Orientalischen führt. Im Hinblick auf den Autor Zaimoglu selbst ist

Gegen die Rolle des Schriftstellers als Repräsentanten einer Minderheit heute bereits zu erkennen, das die „Kanak Sprak" für ihn nur eine Durchgangsstation war hin zu der Ausbildung einer eigenen literarischen Sprache, die sich dezidiert als ein Teil der deutschen Literatur begreift und auf deren weitere Entwicklung man durchaus gespannt sein darf.

Feridun Zaimoglu

Feridun Zaimoglu wurde 1964 im anatolischen Bolu geboren. Er kam schon als Kind nach Deutschland, legte dort das Abitur ab und studierte in Kiel Kunst und Humanmedizin. Er arbeitet als Schriftsteller, Drehbuchautor und Journalist und veröffentlichte Texte in namhaften deutschen Tages- und Wochenzeitungen. 1995 veröffentlichte er die Sammlung *Kanak Sprak*, 1997 und 1998 als ‚Fortsetzungen' *Abschaum* und *Koppstoff*. Im Jahre 2000 legte er mit *Liebesmale, scharlachrot* einen Briefroman vor und feierte damit seinen Einstieg in die ‚seriöse' deutsche Literatur. 2004 erschien eine bemerkenswerte Sammlung von Erzählungen: *Zwölf Gramm Glück*. Während in dem Roman noch sprachliche Manierismen aus dem *Kanak Sprak*-Kontext nicht zu übersehen waren, beruhigte sich der Sprachgestus in den erwähnten Erzählungen, die als Ausdruck einer Reifung und Neuorientierung verstanden werden können. Zaimoglu erhielt im Jahre 2002 den Hebbel-Preis und 2003 den Preis der Jury beim Ingeborg-Bachmann-Wettbewerb in Klagenfurt und 2005 den Adelbert-von-Chamisso-Preis. Der Roman *Leyla*, der im Februar 2006 erschienen ist und in epischer Breite die Geschichte einer jungen Türkin in der patriarchalischen Gesellschaft ihres Heimatlandes schildert, eröffnet neue Perspektiven, die hier noch nicht verfolgt werden können.

Aspekte der „Kanak Sprak"

Zaimoglu bietet 24 autobiographische Stellungnahmen, „Mißtöne vom Rande der Gesellschaft"; die „Original-Sprache" der „Kanaksters" besteht aus einer Mischung aus Türkischem und Deutschem; für den Text wurde sie übersetzt; außerdem spricht Zaimoglu von einer „Nachdichtung" (im Original in Anführungsstrichen); es sei ihm darum gegangen, „ein in sich geschlossenes, sichtbares, mithin ‚authentisches' Sprachbild zu schaffen. Im Gegensatz zu der ‚Immigrantenliteratur' kommen hier Kanaken in ihrer eigenen Zunge zu Wort." (K 18)[32] Hier ist der angesprochene Impetus dieser Texte und ihres Kompilators zu erkennen: Es soll nicht für die Außenseiter gesprochen werden, sondern diese sollen selbst zu Wort kommen; damit wollen sie nicht gefallen, sondern sich mit provozierender Verve gegen das zur Wehr setzen, was sie als einen durch Diskriminierungen geprägten Alltag empfinden. Es bleibt freilich das bereits angedeutete Problem der Authentizität: Die Protokolle wurden auf Tonband aufgenommen, dann aber gelöscht; der Leser oder die Forschung kann nicht überprüfen, welche Eingriffe der Autor vorgenommen hat. Dabei ist über den Status der „Autors" hier gerade nachzudenken. Ähnlich wie im Falle der Dokumentarliteratur, die in den 60er und 70er Jahren des 20. Jahrhunderts eine große Bedeutung in der deutschen Literatur hatte, will Zaimoglu gar nicht als derjenige gelten, der die verschiedenen Texte „hervorgebracht" hat; sie sind nicht seine Erfindung, sondern die Transkription dessen, was die jugendlichen Gesprächspartner (angeblich) gesagt haben. Im Sinne der postkolonialen Kritik muss freilich die Tatsache, dass die Texte für ein deutsches Publikum übersetzt worden sind, als eine schwer wiegende Anpassung an den Diskurs der Mehrheitskultur angesehen werden: Denn wenn sich der „Subalterne" der Sprache und damit der Logik der Mehrheitskultur bedient, kann er ihr gar nicht mehr in der angestrebten Form opponieren. Insofern ist festzuhalten: Die „Misstöne vom Rande der Gesellschaft" sind für ein deutsches Publikum aufbereitet; sie sind im Hinblick auf eine „Geschlossenheit" des Textes stilistisch bearbeitet; „Kanak Sprak" ist – rundheraus gesagt – doch eher ein Produkt des Autors Zaimoglu, der keiner sein will (zumindest in den hier zur Diskussion stehenden Texten). Letztlich haben wir es also auch hier wie in der frühen „Gastarbeiterliteratur" mit einer produzierten Authentizität und mit einer Repräsentation von Außenseitern zu tun. Fragwürdig kann auch ein Effekt der Ästhetisierung wirken, der sich einstellt, wenn die Sprache der „Kanakster" als ursprünglich, metaphernreich und vital angesehen wird, wobei der Protest und die Wendung gegen ungerechte Verhältnisse bei dieser Art der Textrezeption möglicherweise ignoriert werden.

Trotz dieser Vorbehalte ist Zaimoglus Ansatz zu würdigen, weil er radikal mit harmonisierenden Vorstellungen vom konfliktfreien Zusammenleben der Kulturen aufräumt und der deutschen Mehrheitsgesellschaft einen Zerrspiegel vorhält, in dem sie ihren Konformismus und ihre spießbürgerliche ‚Normalität' nur zu gut erkennen kann. Bedeutsam ist dabei auch die Wendung gegen die „fortschrittlichen" Deutschen, die auf Konfliktvermeidung und eine abstrakte Anerkennung des Andersseins der Fremden setzen. In diesen Kontext gehört Zaimoglus polemische Wendung gegen die bisherige „Ausländerliteratur":

> Eine weinerliche, sich anbiedernde und öffentlich geförderte „Gastarbeiterliteratur" verbreitet seit Ende der 70er Jahre die Legende vom „armen, aber herzensguten Türken Ali". Sie verfaßt

> eine „Müllkutscher-Prosa", die den Kanaken auf die Opferrolle festlegt. Die „besseren Deutschen" sind von diesen Ergüssen „betroffen", weil sie vor falscher Authentizität triefen, ihnen „den Spiegel vorhalten", und feiern jeden sprachlichen Schnitzer als poetische Bereicherung ihrer „Mutterzunge". Der Türke wird zum Inbegriff für „Gefühl", einer schlampigen Nostalgie und eines faulen „exotischen" Zaubers. (K 11f.)

Polemisch setzt sich Zaimoglu auch von Emine Sevgi Özdamars literarischer Konzeption ab, wenn er spöttisch auf die eigenwillige Form des Deutschen in deren erster Erzählsammlung *Mutterzunge* hinweist. Jenseits einer emotionalen und auf die Konkurrenz von Literaten zu beziehenden Abgrenzung ist zu erkennen, dass Zaimoglu dezidiert ein anderes wirkungsästhetisches Konzept verfolgt als seine bekannte Kollegin: Es geht ihm keinesfalls darum, dass sich die deutschen Leser in die Gefühlswelt und die Mentalität des fremden Sprechers und des fremden Subjekts einfühlen sollen; diese artikulieren vielmehr explizit und lustvoll ihrer Andersheit, ihre Alterität – wobei die Frage offen bleibt, ob dies aus Überzeugung oder aus dem Gefühl einer Kränkung über erfahrene Ablehnung heraus geschieht. Der deutsche Leser soll aber jedenfalls in Zaimoglus Sinne über die Anforderungen der Gesellschaft und der Mehrheitskultur an die jungen Migranten der zweiten und dritten Generation nachdenken. Eine bedeutende Konsequenz aus Zaimoglus Konzept, die sicherlich in der politisch-gesellschaftlichen Debatte kontrovers zu diskutieren ist, liegt in der eindeutigen Wendung gegen jede Form von Assimilation an die Mehrheitskultur. Deutlich ist der Effekt in jedem Fall für die Literatur und für die Sprache der Texte, die sich den Normen eines Standarddeutsch entziehen und gerade dadurch die deutsche Literatur und ihre Sprache bereichern.

Inszenierung von Alterität

Bedeutsam erscheint, dass die Texte von *Kanak Sprak* damit aber nicht nur gegen den Rassismus und die Ausländerfeindlichkeit eines kleinbürgerlichen Spießertums gerichtet sind, dass vielmehr linke Positionen, die für Integration eintreten, mit ätzendem Spott bedacht werden. So geißelt Zaimoglu das „Märchen von der Multikulturalität":

Gegen multikulturelle Gemütlichkeit

> Der Kanake taugt in diesem Falle als schillerndes Mitglied im großen Zoo der Ethnien, darf teilnehmend beobachtet und bestaunt werden. „Türkensprecher" gestalten bunte Begleitprospekte für den Gang durch den Multikulti-Zoo, wo das Kebab-Gehege neben dem Anden-Musikpavillon plaziert wird. (K 11)

Zaimoglu schätzt die Situation der deutsch-türkischen Jugendlichen und ihrer Familien sehr kritisch ein:

> Auf das ungemütlicher, gar bedrohlich werdende Deutschland reagieren türkische Eltern mit der Forderung nach unbedingter Treue zur Tradition, mit dem Bekenntnis zum Gastarbeiter-Ethos in den Ghettos. Manche entdecken die Religion neu. Eine mögliche Assimilation erstickt im Korsett deutscher Paragraphen. Der Weg in die endgültige Auflösung der Gruppe, die nie eine homogene „Ethnie" gewesen ist, ist vorgezeichnet. Als selbstbewußtes Individuum aber existiert der Kanake auch nur auf dem Paßfoto. Er lebt in dem Gefühl, minderwertig zu sein, fehlzugehen oder auf Abwege zu geraten. (K 11)

Wichtig ist die Frage nach der Reaktion der „Kanaken" auf diese Situation: Sie verweigern sich sowohl der türkischen als auch der deutschen Identität; sie gehören keiner Gemeinschaft mehr an, die ihnen Identität vermittelt. Diese Entwurzelung ist jenseits aller modischen Lobpreisungen des Hybriden der problematische Ausgangspunkt jeder Suche nach Identität:

> Auch wenn sie zu einer endgültigen Entscheidung gezwungen würden, die Kanaken suchen keine kulturelle Verankerung. Sie möchten sich weder im Supermarkt der Identitäten bedienen, noch in einer egalitären Herde von Heimatvertriebenen aufgehen. Sie haben eine eigene innere Prägung und ganz klare Vorstellungen von Selbstbestimmung. (K 12)

Mit dem „Supermarkt der Identitäten" bezieht sich Zaimoglu kritisch auf Vorstellungen, dass die interkulturelle Konstellation umstandslos als Chance zu begreifen wäre, eine eigene Identität gewissermaßen aus dem vielfältigen Angebot der „multikulturellen Gesellschaft" auszuwählen. Bedenkenswert erscheint dabei der assoziierte Zusammenhang zwischen der Vielfalt des kapitalistischen Warenangebots und eines postmodern-multikulturellen Patchworks der Identitäten. Auf der anderen Seite wendet sich der Autor ebenso klar gegen die Zurückwendung zu der Tradition des Herkunftslandes, die er mit der Rede von der „egalitären Herde der Heimatvertriebenen" geißelt. Die Selbstbestimmung des „Kanaksters", die Zaimoglu postuliert, ist damit aber doch eine interkulturelle und hybride, die sich einen eigenen Weg zwischen den Kulturen – oder durch sie hindurch suchen muss.

Das Phänomen der „Kanak Sprak" besteht nun darin, dass die Deklassierung der fremdkulturellen Minderheit reflektiert und das ‚Ungehörige' zu einer Qualität gemacht wird. Die Kritik an den Normen der Gesellschaft artikuliert sich in einer obszönen Sprache, in einer Sprache, die aus dem Ausgegrenzten eine eigene Bilderwelt entwickelt:

> Die Wortgewalt des Kanaken drückt sich aus in einem herausgepreßten, kurzatmigen und hybriden Gestammel ohne Punkt und Komma, mit willkürlich gesetzten Pausen und improvisierten Wendungen. Der Kanake spricht seine Muttersprache nur fehlerhaft, auch das „Alemannisch" ist ihm nur bedingt geläufig. Sein Sprachschatz setzt sich aus „verkauderwelschten" Vokabeln und Redewendungen zusammen, die so in keiner der beiden Sprachen vorkommen. In seine Stegreif-Bilder und -Gleichnisse läßt er Anleihen vom Hochtürkisch bis zum dialektalen Argot anatolischer Dörfer einfließen. (K 13)

Der interkulturelle Charakter der *Kanak Sprak*-Texte ist damit dadurch gekennzeichnet, dass sie sich den Normen des Standarddeutschen widersetzen und Bilder und Metaphern des Türkischen durch eine mehr oder weniger unmittelbare Übersetzung in die deutsche Sprache einbringen (ein Verfahren, das die so heftig kritisierte Emine Özdamar vor allem in dem Roman *Das Leben ist eine Karawanserei* von 1992 angewendet hatte). Hervorzuheben ist dabei die Bedeutung des Obszönen und damit des Erotischen und Körperbezogenen, die uns ebenfalls bei Özdamar und auch bei Şenocak bereits aufgefallen waren. Der aus den fraglosen Konventionen der Kulturen heraus gefallene Migrant empfindet es als ein unabweisbares Bedürfnis, den Bereich des Körperlichen und Sexuellen zu gestalten, und in seiner Sprache fällt eine ungeschminkte Auseinandersetzung mit dieser Dimension der menschlichen Existenz auf. Für *Kanak Sprak* ist dabei kennzeichnend, dass Zaimoglu nur junge Männer befragt hat, sodass hier eindeutig der männliche Blick vorherrscht. Die Betonung des Sexuellen und ein in den Texten zu beobachtendes Imponiergehabe sind dabei offensichtlich als Reaktion auf eine Verunsicherung zu verstehen, die dadurch zu erklären ist, dass die gesellschaftliche Deklassierung der jungen Deutsch-Türken auch die traditionell dominante Männer-Rolle in der türkischen Kultur in Frage gestellt hat. So ist die Geschlechterbeziehung ein Bereich, in dem Selbstwertgefühl und Identität jenseits konventioneller Sicherheiten und Regelungen stabilisiert werden müssen. Am Rande der Gesellschaft, im Kontext von Prostitution, Drogenhandel und Arbeitslosigkeit, werden Frauen häufig als Bestätigung männlicher Phantasien, aber auch als Objekte erotischer und ökonomischer Interessen behandelt. Zaimoglu selbst hat die Begrenztheit dieser männlichen Perspektive erkannt und

Der männliche Blick der „Kanakster"

einen Band mit Zeugnissen weiblicher „Kanakas" publiziert, der aber bei Weitem nicht so viel Aufmerksamkeit erregt hat wie sein Erstlingswerk.[33] Wenn die Obszönität und das „Proletenhafte" der *Kanak Sprak* manchen gutbürgerlichen deutschen Leser provoziert, so sollte dieser freilich nicht übersehen, dass hinter vielen reinlichen Fassaden der Bourgeoisie Abgründe lauern, die keineswegs den Normen einer konventionellen Moral entsprechen.

Exemplarisch sollen jetzt zwei „Protokolle" besprochen werden, in denen sich ein 25-jähriger Arbeitsloser und ein 29-jähriger „Dichter" vorstellen.

„Erbarmen is's wahre Vitamin". Fikret, 25, arbeitslos

Die Mentalität der „Alemannen"

In dieser Einlassung ist das Bild der Deutschen von besonderem Interesse. Wir erkennen hier den erwähnten Mechanismus, dass durch die Übernahme der stigmatisierenden Bezeichnung „Kanake" das Wertesystem der stigmatisierenden Mehrheitskultur subversiv in Frage gestellt wird. In diesem Falle bezieht sich die Kritik darauf, dass das Handeln der „Alemannen" nicht durch ihre Gefühle bestimmt, sondern durch Konventionen und unkritisch verinnerlichte Regeln determiniert sei. Die Deutschen, so lesen wir (vgl. K 79), haben statt einer Haut eine Glasur, d.h. sie empfinden nicht wirklich und sie handeln wie ferngesteuert:

> Ne einzige spange hält die man zusammen, mann wie frau: zwingewille, und die stehn innem machtgefüge in reih und glied, wo das man die verdirbt und denen ihre schöne seele klaut, so daß sie im schlummer mit'n ollen zähnen mahlen wie'n wiederkäuer, ne latte von oberfiesen störungen kriegen die eingebastelt <...>. (K 80)

Als relevante Differenz zwischen den Angehörigen der Mehrheitskultur und den deutsch-türkischen Außenseitern werden die Disziplin und das autoritäre Bewusstsein der Deutschen identifiziert, von dem sich der (arbeitslose) Kanake anarchisch abzugrenzen sucht. Hier zeigt sich eine gewisse Problematik des interkulturellen Diskurses, weil der Eindruck entstehen kann, das hier bekannte Klischees über die Deutschen reproduziert werden. Wir erkennen sofort die im ersten Teil dieses Buches diskutierten Probleme der Fremderfahrung: Wenn man eine eigene Identität bestimmen will, muss man sich von den Anderen abgrenzen, und diese Abgrenzung kann zu einem klischeehaften Bild des Fremden und zu dessen Abwertung führen. Es ist im Kontext der *Kanak Sprak* zu betonen, dass eine gewisse Verbindung zu der deutschen Popliteratur der 90er Jahre besteht, bei der ebenfalls eine Wendung gegen konventionelle Normen und den Opportunismus einer in die Jahre gekommenen Erwachsenengeneration zu beobachten ist. Dabei tritt neben die Wendung gegen das autoritäre Bewusstsein (das auf die deutsche Geschichte mit Militarismus und Nationalsozialismus verweist) eine Antipathie gegen die Generation der sogenannten 68er, denen ein übertriebenes moralisches Bewusstsein und eine Neigung zu einer Art Dauerreflexion nachgesagt wird. Ein gewisser vitalistischer und hedonistischer Zug, der für die Popliteratur typisch ist, findet sich auch in den Texten der *Kanak Sprak*, und diese neigen dazu, die beiden erwähnten Mentalitätstypen des Autoritären und des Moralisierend-Reflexiven als Wesenszüge der „Alemannen" und damit der Deutschen insgesamt zu verstehen. Damit vermischen sich aber intrakulturelle und interkulturelle Differenzen, indem ein innerdeutscher Generationenkonflikt und die deutsch-türkische Differenz ineinander verwoben werden. Dies ist aber insofern verständlich, als die interkulturelle Konstellation dadurch gekennzeichnet ist, dass – wie wir gezeigt haben – die relevanten Differenzen zwischen den konkreten Beteiligten einer Begegnung herausgestellt werden, und das sind in diesem Falle eben die Diskrepanz zwischen dem jugendlichen Deutsch-Türken und den älteren Deutschen des rechten und linken Establishments.

Die Mentalität der Deutschen, so die Auffassung Fikrets, verhindert, dass diese „erbarmen" und Solidarität mit Schwachen empfinden und praktizieren; der Kanake Fikret fordert dagegen eine Solidarität unter den ausgegrenzten Minderheiten („afrikabruder"). „Ich seh die hier im land also nur würgen" (K 81), erklärt er: Selbst im Vergnügen sind viele Deutsche verkrampft; charakteristisch erscheint eine übertriebene Reflexion und Melancholie: „Der alemanne, bruder, frißt krise, scheißt krise, und steckt dich mit ner grübelmikrobe an, daß es auch in dir man kriselt und scheppert bis zum jüngsten tag." (K 83)

Aus der Opposition gegen das spießige konventionelle deutsche Bewusstsein erwächst also eine oppositionelle Position, die sich emotionaler Bilder bedient, die Körperlichkeit betont und in „stolzem Trotz" gegen die Normen der deutschen Gesellschaft protestiert.

„Die Beschmutzten kennen keine Ästhetik". Memet, 29, Dichter

Hybridität: der „Kanake" als Bastard

„Sie sind menschenmüll, eine verschwendung in den straßen der metropolen, sie haben das spiel verloren, weil die karten gezinkt sind, die man ihnen in die hand drückt. Deshalb sind sie kanaken <…>. Wir sind bastarde, freund, das heißt, daß wir gedanken und empfindungen haben, für die wir nichts können"; sie sind Menschen ohne „gebrauchsanweisung": Es handelt sich also um einen Zustand der extremen Entfremdung, der aber auch misstrauisch und skeptisch macht gegenüber den vermeintlich klaren Selbstdefinitionen der „Alemannen"; der Mensch ohne Definition und „Gebrauchsanweisung" muss sich selbst erfinden, er braucht einen „kodex" im „rudel", in der „gang" (K 109f.).

Der Kanake wehrt sich gegen die Diagnose, dass er zwischen zwei Kulturen stehe und sich für eine entscheiden müsse: „Man sagt dem bastard, er fühle sich unwohl, weil zwei seelen bzw. zwei kulturen in ihm wohnen. Das ist eine lüge. Man will dem bastard einreden, er müsse sich nur für eine einzige seele entscheiden, als ginge es um einen technischen handgriff, damit die räder sich verzahnen, als sei seine psyche ein lahmgelegter betrieb. <...> Der kanake ist so etwas wie ein synthetisches produkt, das sich und die fabrik haßt, in dem <sic!> es gefertigt wurde" (KS 110): Die Rede von den „zwei Seelen" in der Brust ist als deutlicher Verweis auf Goethes *Faust* zu verstehen und damit darauf, dass auch der Nicht-Kanake eine potentiell gespaltene und zerrissene Persönlichkeit ist und dass deshalb nicht die ‚Homogenisierung' des Abweichenden die Lösung der Entfremdung bedeuten würde. Die Ambivalenz der Kanaken-Persönlichkeit liegt in dem Hass und der gleichzeitigen Bewunderung, die er gegenüber den Deutschen empfindet: „die jungen tun sich gewalt an, zum einen, um zu sein wie die eingeborenen, zum anderen, um sich zu bewahren in diesem tollhaus".

Das Bild des Deutschen lässt sich so bestimmen: Ihm fehlt eine gewisse emotionale Intelligenz, über welche der Kanake verfügt („Er hat instinkte, die die einheimischen nicht haben", K 110), andererseits ist er das Vorbild, dem die Kanaken nacheifern: „Dabei sind wir bloß besessen von der idee, besser zu sein als der eingeborene, der uns sehr früh einbleut, daß nur besonders schöne, besonders tüchtige oder besonders intelligente kanaken die zielgerade erreichen. Wir haben die botschaft gefressen und befolgen sie wie die letzten preußen." (K 113)

Problematisch ist die Vergangenheit der Deutschen, die noch latent eine Rolle spielt: „Wir wollen uns mit den insignien der blonden übermenschen schmücken. Unser eigener schlechter geschmack kommt uns in die quere und das uns eingeflößte gefühl, daß wir minderwertig sind." (K 113) Hier wäre Bhabhas Kategorie der Mimikry zu bemühen: Die variierende Imitation des „Vorbildes" zeigt einen anderen Weg und eine implizite Kritik an den Normen der Mehrheitsgesellschaft. Der „schlechte Geschmack" (z.B. das ‚machohafte' Gehabe, die übertriebenen Goldkettchen oder die Posen beim Sprechen) kritisiert das konventionelle Verhalten, das zum „guten Ton" gehört, und verkörpert eine Form der Befreiung von dem einengenden Opportunismus der deutschen Mehrheitsgesellschaft.

Methodisch ist die Frage zu stellen, ob hier nicht klischeehafte Vorstellungen von den Deutschen verbreitet werden; es ist aber zu erkennen, dass bestimmte Eigenschaften als ‚typisch' und als relevant für die kulturelle Differenz erkannt werden, und dazu gehört die von Konventionen, autoritärem Bewusstsein und übertriebener Sachlichkeit beherrschte Verhaltensweise ‚des' Deutschen.

Dabei ist zu beachten, dass zumindest die Eltern der Kanaken einen drastischen Übergang von einer agrarisch strukturierten in eine moderne Industriegesellschaft hinter sich haben: „Den wechsel vom ackerland zum fließband haben wir nicht verdaut". Die „Kanak Sprak" hält damit auch einer entfremdeten Industriegesellschaft einen Zerrspiegel vor, indem sie einerseits in der Mimikry typische Eigenschaften und Verhaltensweisen karikierend nachahmt, andererseits andere Formen des Zusammenlebens und der Artikulation von Subjektivität in die deutsche Gesellschaft einbringt (die im Alltag gar nicht genutzt werden, die Zaimoglu aber in die Literatur einführt).

Ausblick

Die in diesem Buch skizzierten Fragestellungen der interkulturellen Literaturwissenschaft sind in den aktuellen Diskussionen in Deutschland, aber auch in den Auseinandersetzungen der globalisierten Weltgesellschaft von hoher Bedeutung. Weitere Themenfelder, die hier nicht ausführlich diskutiert werden konnten, wären zu ergänzen und auszuführen, wie Darstellungen zum Bereich der Reiseliteratur und zur Bedeutung von Übersetzungen und Übersetzungstheorien in interkulturellen Konstellationen.

Im Kontext der Debatten um den vermeintlichen „Clash of Civilizations" wird die Einsicht in den hybriden Charakter kultureller Identitäten zu einer Grundlage zivilisierten Umgangs mit Widersprüchen und Gegensätzen. Dabei hat die Literatur eine wesentliche Rolle zu spielen. Die Beschäftigung mit den drei Bereichen der interkulturellen Literaturwissenschaft, die wir ausführlicher präsentiert haben, kann durchaus einen Beitrag zu dieser Zivilisierung interkultureller Konflikte leisten. Dabei zeigt sich, dass die hier skizzierten Positionen und Tendenzen keineswegs Ergebnisse abgeschlossener Erkenntnisprozesse darstellen, sondern dass es sich um die Skizzierung von Auseinandersetzungen und Denkbewegungen handelt, die im Fluss sind. So wird an der Literaturgeschichte des Fremden gerade im Hinblick auf die deutsche Literatur weiter geschrieben, und die postkolonialen Konstellationen haben eine neue Weltliteratur hervorgebracht, die weiter wächst und deren Neuerscheinungen in der ganzen Welt aufmerksame Leserinnen und Leser finden. Auch und gerade im Bereich der deutsch-türkischen Literatur ist eine rege Publikationstätigkeit zu beobachten, die sich mit einem intensiven und auch kontroversen öffentlichen Diskussionsprozess verbindet. So ist die Frage nach der Stellung der türkischen Frauen in der Türkei und Deutschland der Gegenstand einer regen Diskussion, die von Necla Kelek mit ihrem kritischen Traktat *Die fremde Braut*[34] angeheizt wurde. Während Keleks Thesen von manchen als klischeehaft und allzu islamfeindlich angesehen wurden, begrüßten andere ausdrücklich einen Realismus der Darstellung, der als notwendiger Einspruch gegen illusionäre multikulturelle Denkschablonen begriffen wurde. Dass die interkulturelle Literatur in der Lage ist, gesellschaftliche Diskussionen zu begleiten und zu prägen, zeigt sich in der Tatsache, dass wichtige deutsch-türkische Autoren gerade die Rolle der Frau in ihren neuesten Veröffentlichungen reflektieren, so Selim Özdogan mit *Die Tochter des Schmieds* (2005) und Feridun Zaimoglu mit *Leyla* (2006).

Die deutsche Öffentlichkeit sollte die intensiven Diskussionen um die Migration als einen Ansporn begreifen, das interkulturelle Profil unserer Gesellschaft zu schärfen und die Hybridität der eigenen kulturellen Identität produktiv zu nutzen. Dass die Literatur zu diesem positiven Umgang mit Interkulturalität einen entscheidenden Beitrag leisten kann, das wollte dieser Band demonstrieren. Die interkulturelle Literaturwissenschaft sollte als ein Angebot an die Gesellschaft verstanden werden, die Probleme und Chancen interkultureller Konstellationen zu reflektieren und die Vielfalt der Kulturen als Gewinn zu begreifen. Das vorliegende Studienbuch versteht sich als Einführung in einen Bereich der Literaturwissenschaft, der in voller Entwicklung begriffen ist, und sein Autor hofft, viele Leserinnen und Leser zu einer Weiterarbeit in diesem faszinierenden Gebiet motiviert zu haben.

Anmerkungen:

1 Vgl. Carmine Chiellino (Hrsg.): Interkulturelle Literatur in Deutschland. Ein Handbuch. Stuttgart, Weimar 2000.

2 Zafer Şenocak: Gefährliche Verwandtschaft. Roman. Berlin 1998, S. 107 (im Original kursiv).

3 Die Forschung ist repräsentativ und innovativ versammelt bei Tom Cheesman, Karin Yesilada: Zafer Şenocak. Cardiff 2003. In einer grundlegenden neuen Studie über die deutsch-türkische Literatur wird Zafer Şenocak ein privilegierter Platz eingeräumt. Vgl. Leslie A. Adelson: The Turkish Turn in Contemporary German Literature. Toward a New Critical Grammar of Migration. New York 2005. Am 5. Dezember 2005 hielt Zafer Şenocak einen Gastvortrag und eine Lesung an der Universität Paderborn. Ich danke ihm für die intensiven Gespräche bei diesem Anlass, deren Ertrag in meinen Text eingegangen ist.

4 Vgl. Yunus Emre: Das Kummerrad. Detli Dolap. Gedichte. Türkisch/Deutsch. Übersetzt von Zafer Şenocak. Köln o.J.

5 Şenocak: Gefährliche Verwandtschaft, S. 107 (im Original kursiv).

6 Zafer Şenocak: Übergang. Ausgewählte Gedichte 1980-2005. Berlin 2005, S. 147.

7 Zafer Şenocak: Atlas des tropischen Deutschland. Essays. Berlin 1992, S. 89.

8 Şenocak: Übergang, S. 10.

9 Şenocak: Atlas des tropischen Deutschland, S. 25.

10 Ebd., S. 28.

11 Ebd., S. 69.

12 Şenocak: Gefährliche Verwandtschaft, S. 47.

13 Ebd., S. 121.

14 Ebd., S. 89f.

[15] Ebd., S. 90.
[16] Ebd., S. 50.
[17] Ebd., S. 82.
[18] Zafer Şenocak: Der Erottomane. Ein Findelbuch. Berlin 1999, S. 63.
[19] Ebd., S. 64.
[20] Zafer Şenocak: Zungenentfernung. Berlin 2001, S. 87.
[21] Ebd., S. 89.
[22] Mit der Sigle „GH" wird im Folgenden zitiert aus Emine Sevgi Özdamar: Die Brücke vom Goldenen Horn. Roman. Köln 2002.
[23] Emine Sevgi Özdamar: Meine deutschen Wörter haben keine Kindheit. Eine Dankrede. In: E. S. Ö.: Der Hof im Spiegel. Erzählungen. Köln 2001, S. 125-132, hier S. 131.
[24] Vgl. Sargut Sölcün: Gespielte Naivität und ernsthafte Sinnlichkeit der Selbstbegegnung – Inszenierungen des Unterwegsseins in Emine Sevgi Özdamars Roman *Die Brücke vom Goldenen Horn.* In: Aglaia Blioumi (Hrsg.): Migration und Interkulturalität in neueren literarischen Texten. München 2002, S. 92-111.
[25] Vgl. Friedrich Schiller: Über naive und sentimentalische Dichtung. In: F. Sch.: Sämtliche Werke. Auf Grund der Originaldrucke hrsg. v. Gerhard Fricke und Herbert G. Göpfert. 5 Bde. 9., durchgesehene Auflage München 1993. Bd. 5, S. 694-780, hier S. 694-701.
[26] Theodor W. Adorno: Über epische Naivetät. In: Th. W. A.: Noten zur Literatur. Hrsg. v. Rolf Tiedemann. Frankfurt am Main 1981, S. 34-40, hier S. 36.
[27] Theodor W. Adorno: Standort des Erzählers im zeitgenössischen Roman. In: Adorno Noten zur Literatur, S. 41-48, hier S. 42.
[28] Vgl. Norbert Mecklenburg: Ein weiblicher Schelmenroman. Das Erzählprinzip der komischen Verfremdung in Emine Sevgi Özdamars *Brücke vom Goldenen Horn.* In: Abteilung für deutsche Sprache und Literatur an der Philosophischen Fakultät der Universität Istanbul (Hrsg.): Studien zur deutschen Sprache und Literatur XVI. Istanbul 2004, o.S.
[29] Die folgende Darstellung erhielt zahlreiche Anregungen von Volker C. Dörr: „N gefälliga Kanaksta". Feridun Zaimoglus „Liebesmale scharlachrot". Migrantenliteratur im „transkulturellen" Kontext? In: Zeitschrift für Germanistik Neue Folge 15 (2005), 3, S. 610-628. Ich danke Volker Dörr auch für aufschlussreiche Gespräche im verspäteten ICE Köln-Hamm.
[30] Vgl. Dirk Skinba: Ethnolektale und literarisierte Hybridität in Feridun Zaimoglus *Kanak Sprak.* In: Klaus Schenk, Almut Todorov, Milan Tvrdík (Hrsg.): Migrationsliteratur. Schreibweisen einer interkulturellen Moderne. Tübingen, Basel 2004, S. 183-204, hier S. 184f.
[31] Vgl. Gayatri Chakravorty Spivak: Can the Subaltern Speak? In: Bill Ashcroft, Gareth Griffiths und Helen Tiffin (Hrsg.): The Post-Colonial Studies Reader. London, New York 2001, S. 24-28.
[32] Feridun Zaimoglu: Kanak Sprak. 24 Mißtöne vom Rande der Gesellschaft. Hamburg 1995. Künftig zitiert mit der Sigle „K".
[33] Vgl. Feridun Zaimoglu: Koppstoff. Kanak Sprak vom Rande der Gesellschaft. Hamburg 1998.
[34] Vgl. Necla Kekel: Die fremde Braut. Köln 2005.

Literatur

In diesem Literaturverzeichnis werden nur solche Titel aufgeführt, die für die interkulturelle Literaturwissenschaft und für die Argumentation einzelner Teile dieses Studienbuches von zentraler Bedeutung sind. Nachweise zu anderen Texten der Primär- und Sekundärliteratur, die ebenfalls in diesem Buch zitiert werden, finden sich in den jeweiligen Anmerkungen.

Erster Teil

Allkemper, Alo und Norbert Otto Eke: Literaturwissenschaft. Paderborn 2004.

Ashcroft, Bill, Gareth Griffins und Helen Tiffin: The Empire Writes Back. London, New York 2002.

Ashcroft, Bill, Gareth Griffins und Helen Tiffin (Hrsg.): The Post-Colonial Studies Reader. London, New York 1995.

Ashcroft, Bill, Gareth Griffins und Helen Tiffin: Post-Colonial Studies. The Key Concepts. London, New York 2000.

Bachmann-Medick, Doris: 1+1=3? Interkulturelle Beziehungen als „dritter Raum". In: Weimarer Beiträge 45 (1999), H. 4, S. 518-531.

Bachmann-Medick (Doris (Hrsg.): Kultur als Text. Die anthropologische Wende in der Literaturwissenschaft. Frankfurt am Main 1996.

Benjamin, Walter: Illuminationen. Ausgewählte Schriften 1. Frankfurt am Main 1983.

Benthien, Claudia und Hans Rudolf Velten (Hrsg.): Germanistik als Kulturwissenschaft. Eine Einführung in neue Theoriekonzepte. Reinbek bei Hamburg 2002.

Bhabha, Homi: Die Verortung der Kultur. Mit einem Vorwort von Elisabeth Bronfen. Deutsche Übersetzung von Michael Schiffmann und Jürgen Freudl. Tübingen 2000.

Bronfen, Elisabeth, Benjamin Marius und Therese Steffen (Hrsg.): Hybride Kulturen. Beiträge zur anglo-amerikanischen Multikulturalismusdebatte. Tübingen 1997.

Buruma, Ian und Avishai Margalit: Okzidentalismus. Der Westen in den Augen seiner Feinde. Aus dem Englischen von Andreas Wirthensohn. München, Wien 2005.

Danneberg, Lutz und Friedrich Vollhardt (Hrsg.): Wie international ist die Literaturwissenschaft? Methoden- und Theoriediskussion in den Literaturwissenschaften: kulturelle Besonderheiten und interkultureller Austausch am Beispiel des Interpretationsproblems (1950-1990). In Zusammenarbeit mit Hartmut Böhme und Jörg Schönert. Stuttgart, Weimar 1996.

During, Simon (Hrsg.): The Cultural Studies Reader. London, New York 1993.

Eagleton, Terry: Was ist Kultur? München 2001.
García Márquez, Gabriel: Hundert Jahre Einsamkeit. Roman. Deutsch von Curt Meyer-Clason. München 1984.
Geertz, Clifford: Dichte Beschreibung. Beiträge zum Verstehen sozialer Systeme. Frankfurt am Main 1983.
Geisenhanslüke, Achim: Einführung in die Literaturtheorie. Darmstadt 2004.
Hamann, Christof und Cornelia Sieber (Hrsg.): Räume der Hybridität. Postkoloniale Konzepte in Theorie und Literatur. Hildesheim, Zürich, New York 2002.
Hofmann, Michael: Literatur und kulturelle Differenz. Problemkonstellationen in Geschichte und Gegenwart. In: Weimarer Beiträge 47 (2001), H. 3, S. 387-402.
Honneth, Axel: Kritik der Macht. Reflexionsstufen einer kritischen Gesellschaftstheorie. Frankfurt am Main 1988.
Horkheimer, Max und Theodor W. Adorno: Dialektik der Aufklärung. Philosophische Fragmente. Frankfurt am Main 1988.
Kreutzer, Leo: Literatur und Entwicklung. Studien zu einer Literatur der Ungleichzeitigkeit. Frankfurt am Main 1989.
Kristeva, Julia: Fremde sind wir uns selbst. Aus dem Französischen von Xenia Rajewsky. Frankfurt am Main 1990.
Krusche, Dietrich und Alois Wierlacher (Hrsg.): Hermeneutik der Fremde. München 1990.
Loomba, Ania: Colonislism/Postcolonialism. London, New York 1998.
Macfie, Alexander Lyon (Hrsg.): Orientalism. A Reader. New York 2000.
Polaschegg, Andrea: Der andere Orientalismus. Regeln deutsch-morgenländischer Imagination im 19. Jahrhundert. Berlin, New York 2005.
Rivkin, Julie und Michael Ryan (Hrsg.): Literary Theory. An Anthology. Malden/Massachusetts, Oxford 1998.
Said, Edward: Kultur und Imperialismus. Einbildungskraft und Politik im Zeitalter der Macht. Frankfurt am Main 1984.
Said, Edward W.: Orientalism. Western Conceptions of the Orient. With a New Afterword. London 1995.
Waldenfels, Bernhard: Grundzüge einer Phänomenologie des Fremden. Frankfurt am Main 2006.
Waldenfels, Bernhard: Topographie des Fremden. Studien zur Phänomenologie des Fremden I. Frankfurt am Main 1997.
Wierlacher, Alois: Architektur interkultureller Germanistik. München 2001.
Wierlacher, Alois (Hrsg.): Das Fremde und das Eigene. Prolegomena zu einer interkulturellen Germanistik. München 1985.
Zimmermann, Peter (Hrsg.): „Interkulturelle Germanistik“. Dialog der Kulturen auf Deutsch? Frankfurt am Main u.a. 1989.

Exkurs

Pamuk, Orhan: Das neue Leben. Roman. Aus dem Türkischen von Ingrid Iren. Frankfurt am Main 2001.
Pamuk, Orhan: Schnee. Roman. Aus dem Türkischen von Christoph K. Neumann. München, Wien 2005.

Zweiter Teil

Beise, Arnd: Peter Weiss. Stuttgart 2002.
Günderrode, Karoline von: Der Schatten eines Traums. Gedichte, Prosa, Briefe, Zeugnisse von Zeitgenossen. Hrsg. und mit einem Essay v. Christa Wolf. Frankfurt am Main 1997.
Fick, Monika: Lessing Handbuch. Leben – Werk – Wirkung. 2., durchgesehene und ergänzte Auflage Stuttgart, Weimar 2004.
Gutjahr, Ortrud (Hrsg.): Westöstlicher und nordsüdlicher Divan. Goethe in interkultureller Perspektive. Paderborn u.a. 2000.
Hofmann, Michael: Reine Seelen und komische Ritter. Aspekte literarischer Aufklärung in Christoph Martin Wielands Versepik. Stuttgart, Weimar 1998.
Jørgensen, Sven-Aage u.a: Wieland. Epoche – Werk – Wirkung. München 1994.
Kade-Luthra, Veena (Hrsg.): Sehnsucht nach Indien. Ein Lesebuch von Goethe bis Grass. München 1991.
Kontje, Todd: German Orientalisms. Ann Arbor 2004.
Kuschel, Karl-Josef: „Jud, Christ und Muselmann vereinigt"? Lessings *Nathan der Weise*. Düsseldorf 2004.
Matussek, Peter: Goethe zur Einführung. Hamburg 1998.
Mecklenburg, Norbert: Die Buddhas von Bamian und der reine Osten. Goethes Polemiken gegen „indische Götzenbilder". In: Wirkendes Wort 53 (2003), S. 5-15.
Mecklenburg, Norbert: Differenzierender Universalismus. Leitende Konzepte als interkulturelle Konzepte in Goethes *Divan*. In: Jahrbuch Deutsch als Fremdsprache 26 (2000), S. 63-86.
Moser, Sabine: Günter Grass. Romane und Erzählungen. Berlin 2000.
Neuhaus, Volker: Günter Grass: *Die Blechtrommel*. Interpretation. 2., überarbeitete und ergänzte Auflage München 1988.
Rückert, Friedrich: Werke. Ausgewählt und hrsg. v. Annemarie Schimmel. 2 Bde. Frankfurt am Main 1987.
Schwarz, Hans-Günther: Der Orient und die Ästhetik der Moderne. München 2003.
Weiss, Peter: Die Ästhetik des Widerstands. Roman. 3 Bde. Frankfurt am Main 1988.

Dritter Teil

Achebe, Chinua: Ein Bild von Afrika. Essays. 2., erweiterte Auflage Berlin 2000.

Achebe, Chinua: Okonkwo oder Das Alte stürzt. Aus dem Englischen von Dagmar Heusler und Evelin Petzold. Frankfurt am Main 1983.
Conrad, Joseph: Herz der Finsternis. Übersetzt und hrsg. v. Daniel Göske. Stuttgart 1991.
Diallo, M. Moustapha und Dirk Göttsche (Hrsg.): Interkulturelle Texturen. Afrika und Deutschland im Reflexionsmedium der Literatur. Bielefeld 2003.
Gründer, Horst: Geschichte der deutschen Kolonien. 4., verbesserte und mit neuer Bibliographie ergänzte Auflage Paderborn u.a. 2000.
Honold, Alexander und Klaus Scherpe (Hrsg.): Mit Deutschland um die Welt. Eine Kulturgeschichte des Fremden in der Kolonialzeit. Stuttgart, Weimar 2004.
Innes, C. L.: Chinua Achebe. Cambridge 1992.
Kipling; Rudyard: Kim. Roman. Deutsch von Hans Reisiger. München 1981.
Rushdie, Salman: Die satanischen Verse. Roman. München 1997.
Rushdie, Salman: Heimatländer der Phantasie. Essays und Kritiken 1981-1991. München 1992.
Rushdie, Salman: Shalimar der Narr. Aus dem Englischen von Bernhard Robben. Reinbek bei Hamburg 2006.
Timm, Uwe: Morenga. Roman. München 2000.

Vierter Teil

Adelson, Leslie A.: The Turkish Turn in Contemporary German Literature. Toward a New Critical Grammar of Migration. New York 2005.
Amadeo, Immacolata: Die Heimat heißt Babylon. Zur Literatur ausländischer Autoren in der Bundesrepublik Deutschland. Opladen 1996.
Blioumi, Aglaia: Migration und Interkulturalität in neueren literarischen Texten. München 2002.
Blioumi, Aglaia: „Migrationsliteratur", „interkulturelle Literatur" und „Generation von Schriftstellern". Ein Problemaufriß über umstrittene Begriffe. In: Weimarer Beiträge 46 (2000), H. 4, S. 595-601.
Cheesman, Tom und Karin Yesilada (Hrsg.): Zafer Şenocak. Cardiff 2003.
Chiellino, Carmine (Hrsg.): Interkulturelle Literatur in Deutschland. Ein Handbuch. Stuttgart, Weimar 2000.
Emre, Yunus: Das Kummerrad/Dertli Dolap. Übersetzt von Zafer Şenocak. Köln o.J.
Fischer, Sabine und Moray McGowan: (Hrsg.): Denn du tanzt auf einem Seil. Positionen deutschsprachiger MigrantInnenliteratur. Tübingen 1997.
Frederking, Monika: Literatur türkischer Migranten in der Bundesrepublik Deutschland. Berlin 1985.
Kelek, Necla: Die fremde Braut. Köln 2005.

Kemal, Yaşar: Memed mein Falke. Aus dem Türkischen von Horst Wilfrid Brands. Zürich 1990.

Littler, Margaret: Guilt, Victimhood, and Identity in Zafer Şenocak's *Gefährliche Verwandtschaft*. In: The German Quarterly 78. 3 (Summer 2005), S. 357-373.

Özdamar, Emine Sevgi: Das Leben ist eine Karawanserei, hat zwei Türen aus einer kam ich rein aus der anderen ging ich raus. Roman. Köln 1999.

Özdamar, Emine Sevgi: Der Hof im Spiegel. Erzählungen. Köln 2001.

Özdamar, Emine Sevgi: Die Brücke vom Goldenen Horn. Roman. Köln 2002.

Özdamar, Emine Sevgi: Mutterzunge. Erzählungen. Köln 1998.

Özdamar, Emine Sevgi: Seltsame Sterne starren zur Erde. Wedding-Pankow 1976/77. Köln 2003.

Pazarkaya, Yüksel: Rosen im Frost. Einblicke in die türkische Kultur. Zürich 1982.

Rösch, Heidi: Migrationsliteratur im interkulturellen Kontext. Eine didaktische Studie zur Literatur von Aras Ören, Aysel Özakin, Franco Biondi und Rafik Shami. Frankfurt am Main 1992.

Schenk, Klaus, Almut Todorov und Milan Tvrdík (Hrsg.): Migrationsliteratur. Schreibweisen einer interkulturellen Moderne. Unter Mitarbeit von Nikoletta Enzmann. Tübingen, Basel 2004.

Şenocak, Zafer: Atlas des tropischen Deutschland. Essays. Berlin 1992.

Şenocak, Zafer: Das senkrechte Meer. Gedichte. Berlin 1991.

Şenocak, Zafer: Der Erottomane. Ein Findelbuch. Berlin 1999.

Şenocak, Zafer: Der Mann im Unterhemd. Berlin 1995.

Şenocak, Zafer: Die Prärie. Hamburg 1997.

Şenocak, Zafer: Gefährliche Verwandtschaft. Roman. Berlin 1998.

Şenocak, Zafer: Übergang. Ausgewählte Gedichte 1980-2005. Berlin 2005.

Şenocak, Zafer: War Hitler Araber? IrreFührungen an den Rand Europas. Essays. Berlin 1994.

Weigel, Sigrid: Literatur der Fremde – Literatur in der Fremde. In: S. W. und Klaus Briegleb (Hrsg.): Gegenwartsliteratur seit 1968. München 1992.

Zaimoglu, Feridun: Kanak Sprak. 24 Mißtöne vom Rande der Gesellschaft. Hamburg 1995.

Zaimoglu, Feridun: Koppstoff. Kanaka Sprak vom Rande der Gesellschaft. Hamburg 1998.

Zaimoglu, Feridun: Leyla. Roman. Köln 2006.

Zaimoglu, Feridun: Liebesmale, scharlachrot. Roman. Köln 2002.

Zaimoglu, Feridun: Zwölf Gramm Glück. Erzählungen. Köln 2004.

Personenregister

pro Studium Literaturwissenschaft

UTB